语言生活与语言规划研究丛书

中国语情与社会发展研究中心 组编

赵世举 总主编

网络语言规范问题的社会观察及治理研究

覃业位 著

中国社会科学出版社

图书在版编目（CIP）数据

网络语言规范问题的社会观察及治理研究／覃业位著．—北京：中国社会科学出版社，2023.4

（语言生活与语言规划研究丛书）

ISBN 978－7－5227－1681－7

Ⅰ．①网…　Ⅱ．①覃…　Ⅲ．①网络用语—规范—研究　Ⅳ．①H034

中国国家版本馆 CIP 数据核字（2023）第 052898 号

出 版 人　赵剑英
责任编辑　许　琳
责任校对　李　硕
责任印制　郝美娜

出　　版　中国社会科学出版社
社　　址　北京鼓楼西大街甲 158 号
邮　　编　100720
网　　址　http://www.csspw.cn
发 行 部　010－84083685
门 市 部　010－84029450
经　　销　新华书店及其他书店

印刷装订　北京市十月印刷有限公司
版　　次　2023 年 4 月第 1 版
印　　次　2023 年 4 月第 1 次印刷

开　　本　710×1000　1/16
印　　张　16.75
插　　页　2
字　　数　256 千字
定　　价　98.00 元

走进语言生活　服务社会和国家

——《语言生活与语言规划研究丛书》总序

人类创造了语言，语言也塑造了人类。语言是人性的重要组成部分，也是人类最重要的思维工具、交际工具、信息载体和社会纽带。缘此，语言生活便成为人类生活最为重要的组成部分；它也犹如社会的万花筒，折射出社会万象，纷繁复杂而又多姿多彩。顺畅、和谐、健康、美好的语言生活，无论对于个人，还是对于社会、国家和世界，都至关重要。因此，全面关注社会语言生活，深入研究和助力语言治理现代化，切实解决语言生活中的各种问题，充分满足社会和国家语言需求，也就具有不同寻常的重要意义。

我国自古就非常重视观测社会语言生活。“三代周秦轩车使者、遒人使者，以岁八月巡路，求代语、僮谣、歌戏”（刘歆《与扬雄书》），加以整理，呈奏朝廷，以供其观风俗，察民意，知得失。后来，虽然輶轩使者制度未能得以延续，但以不同方式考察和研究社会语言生活者并未间断。例如汉代大学者扬雄，遍访官员、卫卒等不同阶层人士，广采各方异言殊语，并参以石室奏籍，撰就我国第一部方言著作《輶轩使者绝代语释别国方言》，志在使人“可不出户庭，而坐照四表，不劳畴咨，而物来能名……辨章风谣而区分，曲通万殊而不杂。”（郭璞《方言注》序）至今仍为学界奉为方言研究的开山之作。隋朝李谔注意到南朝以来“文笔日繁，其政日乱”的不良状况，奏请朝廷“屏黜轻浮，遏止华伪”，肃正文风，得到了隋文帝采纳等等（赵世举 2015），不胜枚举。

当今，由于新一代计算机技术、网络技术、人工智能技术等迅猛发展，“人机共生社会”正在走来，人类生存空间、生存方式、社会结构、生产方式和生活方式等都在发生前所未有的变化，“元宇宙”、Chat GPT 等带给人们的震撼，预示了人类社会的新图景。随之，语言功能和社会语言生活也在发生全方位的、深刻的乃至颠覆性的变化，而且变得更加丰富多彩。我们每一个人都是变者，也都在接受不断的变。以下这些方面都是显而易见的：语言使用主体在变——过去人使用语言，现在机器也在使用语言；语言使用场域在变——过去只有现实空间使用语言，现在虚拟空间也在使用语言；语言使用方式在变——表达方式变了、接受方式变了、存储方式变了、处理方式变了、传输方式变了、表现方式变了、阅读及信息获取方式变了；语言本体也在变，语言服务方式也在变，语言应用也在变。与此同时，语言关系、语言格局、人们的语言观和语言意识等也在变……这些纷繁复杂而又丰富多彩的变化，又不断产生新的语言需求和问题，亟需深入研究和切实解决。这是时代赋予语言学者和相关工作者的使命。

我国地域辽阔，人口众多，语言方言丰富，语言生活中的需求和问题自然也就更加复杂多样，因此，及时关注语言生活动态，把握社会脉搏，研究和解决语言问题，引导健康和谐的社会语言生活，发展语言事业，做好语言服务，化解语言矛盾，增强国家语言能力，都至关重要。这不仅是语言文字领域的根本任务，也是社会治理的要务，直接关系到人民福祉、社会稳定、国家发展和安全，乃至人类进步。需要全社会高度重视，也需要学界积极尽责。张寿康先生早在 20 世纪八十年代初就指出，“愚以为语言是为社会服务的，因此语言学也要为社会服务。语言工作者要关心人们的社会语言（语文）生活，人们才能关心语言学，关心语言学的发展，拥护语言学工作者的工作。”这至今仍具有指导意义。

武汉大学中国语情与社会发展研究中心作为国家语委科研基地和国家语言文字智库首批试点单位，自创立以来，就以“观测语言生活，解读社会万象，提供决策咨询，服务国家发展”为宗旨，主要从事中国语情观测分析以及当代语言生活、国家语言战略、语言政策与规划、有关国计民生的重大现实语言问题研究，致力于打造集语情观测、学术研究、咨政建言、学科建设、人才培养等为一体的多功能学术平台和高水平智库。为此，我们创建了系统化、立体化的语情观测发布平台，主办有《中国语情》《中国语情特稿》《中国语情月报》《中国语情年报》等连续性系列内参，建设了“中国语情动态资源库”，开办了“语言与社会”网站和“中国语情”微信公众号，以服务国家、社会和学术为己任，及时编发语情信息和关于语言生活中的重大问题、热点问题及突发事件的研究成果，成为国家有关部门和相关领域专家的重要参考。正是这些实实在在的工作基础，孕育了这套《语言生活与语言规划研究丛书》。

《语言生活与语言规划研究丛书》所研究的问题，全部来自我们长期对现实社会语言生活的实时观测，都是与国计民生关系密切的重要问题。作者均为中国语情与社会发展研究中心长期从事语情观测和研究的中青年骨干学者，各部著作都聚焦当代语言生活中的一些重大问题、热点问题和有争议的问题，开展追踪性的研究。所呈现的信息资料和思想观点，都是作者长期在语情观测和研究实践中日积月累的结晶，具有浓郁的生活气息和时代特征。近期推出的是李佳博士的《“方言文化进课堂”的现状与思考》和覃业位博士的《网络语言规范问题的社会观察及治理研究》，后续会有持续跟进。编撰这套丛书的目的，旨在对我国现实语言生活中的一些重要问题进行全面而系统的追踪和梳理，摸清其状况，剖析其因由，探讨其规律，捕捉其难点，寻觅其锁钥。力求为语言政策与规划的制定、语言生活治理和相关领域学术研究提供参考，进而为我国和谐语言生活建设和社会治理、国家语言能力提升，以及社会语言学、应用语言学、语言规划学、社会学、人类学、管理学、政治学等学科的理论创新贡献力量。

与本丛书密切关联的还有我们组编的《中国语情档案丛书》和《语言智库论丛》，前者以本中心主编的内参《中国语情》《中国语情特稿》《中国语情月报》为基础，致力于全面搜集、整理和综合分析我国历年的重要语情信息及相关研究信息，依年序精选汇编，力图建立一套连续的中国语情历史记录，供有关方面研究、参考；后者则旨在会聚中国语情与社会发展研究中心内外的重要学术力量，聚焦国计民生攸关的某一重大现实语言问题和前瞻性话题，开展专题探讨，提出相关对策。三套丛书各有侧重，互为补充，可从不同维度较全面地反映我国当时的语情状况及其演进动态和研究成果。

本丛书的出版，得到了中国社会科学出版社的支持，尤其是许琳博士为本丛书的出版付出了大量的辛劳，谨致谢忱！也一并感谢参与丛书撰写的各位作者！

赵世举

2022 年 12 月 16 日

目　　录

第一章　绪论 ……………………………………………………… (1)

第一节　网络语言与网络语言规范 ………………………………… (1)

一　网络语言的内涵 ………………………………………………… (1)

二　网络语言的规范与治理 ………………………………………… (3)

第二节　网络语言规范与国家治理 ………………………………… (7)

一　网络语言规范关系国家通用语言稳定 ………………………… (7)

二　网络语言规范关系国民语言能力 ……………………………… (8)

三　网络语言规范关系国家安全 …………………………………… (9)

第三节　社会语言意识与网络语言规范 …………………………… (10)

一　社会语言意识是语言规范的基础 ……………………………… (10)

二　社会语言意识通过社会观察呈现 ……………………………… (11)

第二章　网络语言规范的内容、理念与实践 …………………… (15)

第一节　网络语言规范的内容及其演变 …………………………… (15)

一　网络语言生活发展的三个阶段 ………………………………… (15)

二　网络语言规范面对的四大议题 ………………………………… (18)

三　网络语言规范议题的演变 ……………………………………… (21)

第二节　网络语言规范的理念及其演变 …………………………… (26)

一　语言观与语言规范观的演变 …………………………………… (26)

二　网络语言规范的理念及其演变 ………………………………… (34)

第三节　网络语言规范的实践及其演变 …………………………… (52)

一　实践的社会平台和主体 ………………………………………… (52)

二　实践的社会平台及主体的演变 …………………………（57）

第三章　网络语言与国家通用语言文字本体规划 ………………（69）
第一节　网络新造字……………………………………………（69）
一　网络新造字的类型和特点 ………………………………（70）
二　网络新造字的热度和重要语情事件 ……………………（71）
三　社会关注的主要议题和各方态度 ………………………（76）
第二节　网络新造“成语” ……………………………………（81）
一　网络新造“成语”的特点 ………………………………（82）
二　网络新造“成语”的热度和重要语情事件 ……………（83）
三　社会关注的主要议题和各方态度 ………………………（86）
第三节　网络表情符号…………………………………………（90）
一　网络表情符号的类型和特点 ……………………………（91）
二　网络表情符号的热度和重要语情事件 …………………（93）
三　社会关注的主要议题和各方态度 ………………………（97）
第四节　本章小结 ……………………………………………（103）

第四章　网络语言使用与青少年语言能力 ……………………（105）
第一节　网络时代年轻人的“语言贫乏” ……………………（105）
一　“语言贫乏”的基本表现和事件热度 …………………（106）
二　社会关注的主要议题和各方态度………………………（107）
三　网络时代年轻人语言能力的提升策略…………………（111）
第二节　网络中的拼音缩略词 ………………………………（114）
一　拼音缩略词的基本特点 …………………………………（114）
二　拼音缩略词的热度和重要语情事件……………………（115）
三　社会关注的主要议题和各方态度………………………（118）
第三节　信息时代的“提笔忘字” ……………………………（125）
一　“提笔忘字”的现状和重要语情事件 …………………（126）
二　社会关注的主要议题和各方态度………………………（129）
三　信息时代“提笔忘字”的应对策略……………………（134）

第四节　本章小结 …………………………………………… (138)

第五章　网络语言使用与社会文风 …………………………… (140)
第一节　网络语言进政务公文 ……………………………… (140)
一　政务公文使用网络语言的类型 ………………………… (141)
二　网络语言进政务公文的热度和重要语情事件 ………… (143)
三　社会关注的主要议题和各方态度 ……………………… (147)
第二节　网络“××体” ………………………………………… (150)
一　“××体”的类型及特点 ………………………………… (151)
二　“××体”的热度和重要语情事件 ……………………… (152)
三　社会关注的主要议题和各方态度 ……………………… (156)
第三节　网络“××文学” …………………………………… (161)
一　“××文学”的类型及特点 ……………………………… (162)
二　“××文学”的热度和重要语情事件 …………………… (164)
三　社会关注的主要议题和各方态度 ……………………… (168)
第四节　阴阳话术 ………………………………………… (171)
一　“阴阳话术”的基本特点 ……………………………… (172)
二　阴阳话术的热度和重要语情事件 ……………………… (174)
三　社会关注的主要议题和各方态度 ……………………… (175)
第五节　本章小结 ………………………………………… (180)

第六章　网络语言使用与国家治理 …………………………… (181)
第一节　网络低俗语言 ……………………………………… (181)
一　网络低俗语言的基本特点 ……………………………… (182)
二　网络低俗语言的热度和重要语情事件 ………………… (182)
三　社会关注的主要议题和各方态度 ……………………… (188)
第二节　“祖安文化”入侵校园 ……………………………… (191)
一　“祖安文化”的基本特点 ……………………………… (191)
二　社会对“祖安文化”的态度 …………………………… (196)
三　治理“祖安文化”的思考和建议 ……………………… (204)

第三节　网络“标题党”现象 …………………………………（206）
一　网络“标题党”的基本特点 ……………………………（206）
二　网络“标题党”的热点语情事件…………………………（207）
三　社会对“标题党”现象的态度 …………………………（212）
四　治理“标题党”现象的措施 ……………………………（215）
第四节　网络语言暴力 ………………………………………（218）
一　网络语言暴力的基本特点 ………………………………（218）
二　网络语言暴力的热度和重要语情事件 …………………（219）
三　社会关注的主要议题和各方态度 ………………………（225）
第五节　本章小结 ……………………………………………（229）

参考文献 ……………………………………………………（230）

后　记 ……………………………………………………（257）

第一章　绪论

第一节　网络语言与网络语言规范

一　网络语言的内涵

网络语言是网络兴起的产物。通常认为，网络语言主要有两层涵义，一是指网络通信语言，包括与网络软件硬件有关的各类术语（如“宽带”“光纤”“病毒”“鼠标”“信息高速公路”）；二是指网民间特定的交际用语（如“大虾”“槑”“YYDS”“蓝瘦香菇”）。后者更容易影响普通人的生活，更为大众熟知，其形式与功能一直是语言学界关注的对象。

网络语言同时也是网络发展的结果，对它的理解并非一成不变，而是带有深刻的网络世界（也被称为虚拟世界）与现实世界二元对立及演变的烙印。我们可以从三个层次来剖析这一概念的内涵：

第一个层次是网络世界内部，网络通信需要解决语言问题，此时与它相关的问题都是语言技术问题。比如，刘海涛《跨语言计算机网络中语言通讯障碍及解决办法》、狮醒《通用网络语言》、张普《关于网络时代语言规划的思考》等，讨论的都属于这一范畴。[①]

第二个层次是现实世界，网民交际、信息传播等在网络中都

---

① 刘海涛：《跨语言计算机网络中语言通讯障碍及解决办法》，《情报科学》1994 年第 2 期；狮醒：《通用网络语言》，《外语电化教学》1997 年第 3 期；张普：《关于网络时代语言规划的思考》，《语文研究》1999 年第 3 期。

产生了与现实世界区别显著的情形，单在语言学领域，学者们就这些“新新人类语言”进行过激烈争论，讨论它们对语言系统纯洁和健康的影响。这种情况可以用“以旧律新”来概括①，是从现实世界既有知识体系出发来审视网络“黑话”、剖析网民们的言语行为。

第三个层次兼顾网络世界与现实世界，此时的网络语言意为网络语言生活，即网络空间中运用语言文字所进行的一切活动，包括前两个层次的内容，同时也与所谓的现实世界的语言生活有很多交叉之处。这两类语言生活的区隔并不是泾渭分明，它们都是社会生活的重要组成部分，是社会网络化和网络社会化的直观体现。

网络语言不再为虚拟世界所独有，这在21世纪第二到三个十年中表现得越发明显。根据国家互联网络信息中心2022年3月发布的第49次报告，截至2021年12月，我国网络用户达到10.32亿，互联网普及率达到73%。② 这里有两个数据尤其值得关注。一是70后和80后是我国目前互联网络使用的主体，占全体网民的53.6%。二是未成年人的互联网普及率高达94.9%，远高于成年群体。其中，小学生互联网普及率达到92.1%，且学龄前就接触互联网的人比例已达33.7%。网络已然成为年轻人和未成年人生活最重要的场所，他们高兴了只会“哈哈哈”，会“提笔忘字”，甚至连刚跨入学校的小学生写作文也会用“YYDS”“栓Q”等潮词新语。这既是他们的网络语言生活，同时也是他们的现实语言生活。

本书使用“网络语言”统称网络空间中的语言生活，涵括以上三个层次的内容，即它不仅包括那些独特的言语表达，也包括其中所有的语言活动。这既是出于行文便捷的目的，更是与其现实发展相一致、与学界和社会对它的认识不断深化相一致。

---

① “以旧律新”为《中国语言生活状况报告2015》的序言《新媒体语语言学》中所提。

② 国家互联网络信息中心：《第49次互联网络发展状况报告》，http：//www.cnnic.cn/hlwfzyj/hlwxzbg/hlwtjbg/202202/P020220407403488048001.pdf，2022年3月15日。

二 网络语言的规范与治理

（一）网络语言规范的内涵

语言的“规范”理念比“治理”概念出现要早得多。罗常培、吕叔湘两位先生1955年就发表了题为《现代汉语规范问题》的报告。[①]“规范”预设着某些情况“不规范”“不标准”“有问题”，是带有标准的匡谬，需要一个一个去解决，侧重于微观层面。“语言治理”则是最近十来年才提出来的（具体见第二章第一节中的相关讨论），它所面临的“问题”更多地体现为“新”，往往没有先例或标准可以参考，需要有体系成机制地从更宏大的层面去认识和协调解决。由于“语言规范”概念被广泛使用，加之本书的研究材料也多为此范畴下的产物，因而我们采用“语言规范”这个术语，但在行文中也会使用“规范与治理”这样的表述。

作为新出现的现象，无论什么层次内涵的网络语言都要受到某些“约束”，即规范和治理，以维护有序、和谐和文明的网络生活。要指出的是，语言规范和治理的主要是人的语言使用和语言生活，而不侧重语言自身。[②] 因此，“网络语言规范”主要就是关于网络语言生活的规范和治理。

网络语言生活亟需新的语言规范，这是学界的共同认识。李宇明、王敏就指出，网络语言生活与现实语言生活既不同又深刻关联相互影响，但是，网络语言生活有自己的运行特点和语言运用特点，而且网络媒体还在快速发展变化中，因此不能草率地用现实语言生活的规范对其进行简单规范。[③]

网络语言生活需要新规范，但规范什么？怎么规范？这些都是非

---

① 罗常培、吕叔湘：《现代汉语规范问题》，载现代汉语规范问题学术会议秘书处编《现代汉语规范问题学术会议文件汇编》，科学出版社1956年版，第4—22页。

② 于根元：《应用语言学的基本理论》，《语言文字应用》2002年第1期；李宇明：《语言治理的若干思考》，载国家语言文字工作委员会组编《中国语言生活状况报告2020》，商务印书馆2020年版，第Ⅲ—Ⅳ页。

③ 李宇明、王敏：《语言规范化的时代必要性及须重视的若干关系》，《辞书研究》2020年第5期。

常复杂的问题，而且还会随着网络生活的发展而不断变化，因而需要更多新的探索。就规范的对象来看，早期主要指向语言本身，后来则指向网络中语言内容的各种问题。2021 年 6 月，李宇明、周洪波、郭熙、苏新春等多位知名学者齐聚武汉举行了一次论坛，主题就是“网络空间的语言问题及其治理”。学者们一致认为，网络空间与现实世界的界限已日趋模糊，对于其中的语言问题需要给予高度关注。主持人赵世举教授在开场导语中表示，网络空间的语言问题越来越突出，要从资源建设、网络秩序、信息安全、网络技术等方面重视网络空间语言的规划与治理。①

（二）网络语言规范研究的基本状况

对网络语言生活的研究几乎一直伴随着互联网络的发展。最早讨论网络中语言使用问题的主要是从事自然语言信息处理的学者。到了 2000 年前后，汉语学界开始讨论网络“新新人类语言”的健康和纯洁问题，《语文建设》期刊就此主题先后刊发了多篇文章，如立鑫《谈谈网络语言的健康问题》、邝霞、金子《网络语言——一种新的社会方言》、闪雄《网络语言破坏汉语的纯洁》、王均《网络时代的语言生活和语言教学》和颈松、麒珂《网络语言是什么语言》。②《文汇报》记者吴娟的《网络语言不规范引起关注》报道更是引发了针对网络语言的“三个冲击波”。③ 自此，作为新生事物的网络语言开始进入大众视野，逐渐成为被使用和引发争论的对象。

我们以“（网络 + 新媒体）× 语言 ×（治理 + 规范 + 规划）”为主题检索式在中国知网进行全库检索，时间限制为 1994 年 1 月 1 日

① 参见赵世举《重视网络空间语言的规划与治理》，《光明日报》2018 年 1 月 11 日第 11 版。

② 立鑫：《谈谈网络语言的健康问题》，《语文建设》1998 年第 1 期；邝霞、金子：《网络语言——一种新的社会方言》，《语文建设》2000 年第 8 期；闪雄：《网络语言破坏汉语的纯洁》，《语文建设》2000 年第 10 期；王均：《网络时代的语言生活和语言教学》，《语文建设》2000 年第 10 期；颈松、麒珂：《网络语言是什么语言》，《语文建设》2000 年第 11 期。

③ 吴娟：《网络语言不规范引起关注》，《文汇报》2000 年 6 月 26 日第 8 版；于根元主编：《网络语言概说》，中国经济出版社 2001 年版，第 1 页。

至 2022 年 6 月 30 日，共得到学术期刊论文 1676 篇（其中 CSSCI、北大核心、EI 和 CSCD 等来源期刊刊文 345 篇）、博士学位论文 986 篇和硕士学位论文 2383 篇。其中，“哲学与人文科学”下两个子库“中国语言文字”“外国语言文字”中收录学术期刊论文 694 篇（CSSCI、北大核心和 EI 等来源期刊刊文 156 篇），博士学位论文 78 篇，硕士学位论文 304 篇。

除开“中国语言文字”“外国语言文字”两个库后，全库 189 篇 CSSCI 等源刊文献从 1994 年以来的整体发文趋势并不平稳：在 2005 年以前年发文量基本上都低于 5 篇，2006—2016 年基本呈上升趋势，于 2016 年达到峰值 20 篇，但随后急遽下降，2018—2019 年一度回落到 10 篇以内。从知网提供的关键词角度则可以将这些文献分为两大组：A 组关注机器学习、智能搜索和数据推理等，B 组则在数量上占据更多优势，侧重新闻媒体语言、受众以及语言暴力和网络谣言等。整体上看，这些文献主要为社会科学领域的成果，多数都是社会行为、新闻传播、公共治理等领域的文献。

在“中国语言文字”“外国语言文字”两个子库中，CSSCI 等源刊学术论文共有 156 篇，几乎接近总库的一半。这两个子库中的学术论文出现得要比总库晚一些，1998 年才开始有相关讨论，之后的发文量形成了三个峰值：2001 年、2008 年和 2017 年，但自 2017 年后也开始急剧回落。从关键词的角度可以将这两个库中讨论网络语言生活规范的 156 篇论文分为三组：A 组占主导位置，关注网络语言生活的性质，共现的核心关键词有语言生活（频次 22）、语言变异（频次 21）和社会方言等；B 组也是热门之一，主要聚焦网络中的微观现象，共现的核心关键词有新词新语（频次 19）、字母词（频次 16）、网络流行语（频次 10）等；C 组关注网络中的语言政策（频次 14），但与之相关联的核心关键词（如语言服务、语言濒危、语言教育等）总体出现频次不高。

这里需要指出的是，虽然中国知网中网络语言规范主题无论是总库还是“中国语言文字”“外国语言文字”两个子库的博士学位论文检索结果的数量都很高，前者为 986 篇，后者为 78 篇，但是真正与这个主题密切关联的学位论文并不理想。比如，中国知网的数据进一步显示，“中国语言文字”“外国语言文字”两个子库的78篇博士学位论文集中在“孔子学院”“语料库”“现代汉语”“外语教育”“大学英语课程”等主题中，这与本书要关注的方向还相差甚远。

国家图书馆中收录的专著情况则显示，题名含有“网络”“语言”或“新媒体”“语言”等关键词的专著共计64部，其中与“网络语言规范”“网络语言治理”直接相关的既有对网络语言生活的整体把握，如早期的《网络语言概说》、《网络语言》和最近的《中国网络语言发展研究报告》，也有分领域深入报告并讨论其状况和规范的，如《政务新媒体话语应用与传播研究》、《新媒体时代的语言生活》、《新时期语言文字规范化问题研究》、《网络语言暴力问题研究》、《我国网络空间语言使用及治理研究》等。①

（三）网络语言规范研究有待深入的一些问题

以上比较粗略地总结了网络语言规范的研究状况，整体而言可以总结为以下三点：

其一，研究成果的数量较为丰富，但与我国快速发展的网络语言生活以及其不断生发出的各类“问题”的速度不太匹配。尤其是在质上，以网络语言规范为主题的重要索引期刊论文近30年来才156篇（语言学领域），显得非常不够。

其二，研究成果的主题侧重对网络语言性质和概貌的讨论，以及对网络中新的语言（变异）现象的观察与研究，进而做出规范和治理层面的结论，而对网络中的语言使用和网络语言的现实使用的深度调查的成果并不多见。

其三，研究成果重视语言行为的具体表现，如各类变异形式、特

① 于根元主编：《网络语言概说》，中国经济出版社2001年版；刘海燕编著：《网络语言》，中国广播电视出版社2002年版；李艳、盛静：《新媒体时代的语言生活》，光明日报出版社2017年版；沈阳、邵敬敏主编：《新时期语言文字规范化问题研究》，商务印书馆2017年版；王建华主编：《政务新媒体话语应用与传播研究》，上海交通大学出版社2017年版；柳思思：《网络语言暴力问题研究》，人民日报出版社2018年版；袁伟：《我国网络空间语言使用及治理研究》，吉林人民出版社2019年版；李玮主编：《中国网络语言发展研究报告》，人民出版社2020年版。

定群体的语言行为和实践等，对使用主体的语言态度和意识关注得还不够，对这一语言使用空间产生以来各类主体的语言意识的变化还没有多少跟进。亦即对语言社会性的关注侧重在语言本身，对其使用者问题的关注还远远不够。

第二节　网络语言规范与国家治理

语言在国家治理中的重要地位已毋庸多言，赵世举教授主编的《语言与国家》一书有非常详细的讨论。[①] 单从网络领域来看，自党的十八大召开以来，习近平总书记多次指示要加强网络伦理和网络文明建设。党的十八届四中全会《决定》（2014 年 10 月 23 日）指出，“加强互联网领域立法，完善网络信息服务、网络安全保护、网络社会管理等方面的法律法规，依法规范网络行为”。2021 年 9 月 14 日，中共中央办公厅、国务院办公厅印发了《关于加强网络文明建设的意见》，指出要加强网络空间行为规范，并明确要求要“规范网上用语，把网络文明建设要求融入行业管理规范”。[②] 由此可见，网络治理、网络语言的规范与治理已经成了国家治理的一个重要方面。

一　网络语言规范关系国家通用语言稳定

网络语言自产生以来一直被社会各界高度关注的一个重要原因，就是它的形式（包括字形构造、语音、语法结构等）和用法偏离通用语言太多，其大范围流行势必会冲击通用语言系统。比如，曾风靡一时的火星文和网络四字格（“虽迟但到”“人艰不拆”之类）就与现行的汉字构造规则和成语系统迥异，往往让人觉得莫名其妙。尽管语言纯洁的观念不断遭到质疑，但维持通用语言系统稳定是学界和语言文字工作管理部门的共识。规范地使用网络语言，营造健康和谐的网

① 赵世举主编：《语言与国家》，商务印书馆、党建读物出版社 2015 年版。

② 中共中央办公厅、国务院办公厅印发《关于加强网络文明建设的意见》，中央人民政府网，http://www.gov.cn/zhengce/2021-09/14/content_5637195.htm，2021 年 9 月 14 日。

络语言生活环境，关系国家通用语言的稳定和发展。

相关部门一直在加强这方面的工作。近些年来，国家语言文字工作委员会每隔四年发布一次的语言文字事业五年发展规划，均有规范网络语言文字使用的若干内容。如 2012 年 2 月发布的《国家中长期语言文字事业改革和发展规划纲要（2012—2020 年）》,[①] 其“主要任务”第三条“加强语言文字社会应用监督检查和服务”中指出，“加强社会语言生活监测和引导。引导网络、手机等新媒体规范使用语言文字。打造社会语言生活监测平台，跟踪研究语言生活中出现的新现象和新问题，纠正语言文字使用不规范的现象，引导社会语言生活健康发展，形成规范使用语言文字的社会氛围”。2016 年 8 月发布的《国家语言文字事业“十三五”发展规划》在“发展形势”中指出,[②] 语言文字规范应用面临网络时代新挑战。在“主要任务”中明确了应对这种挑战应加强的具体工作，即强化重点领域语言文字监督检查，加强对网络语言、新词新语、字母词、外语词等的监测研究和规范引导，强化对互联网语言文字使用的规范和管理。

二　网络语言规范关系国民语言能力

早在 2011 年，国家语委组编的《中国语言生活状况报告（2011）》序言——《过好虚拟语言生活》就明确指出，网络语言生活并不虚幻，它牵涉到公民的语言能力和语言生活质量，也牵涉到国家的语言能力和国家的语言生活。[③] 未成年群体和青年群体是网络使用的主力，自然也是网络语言的拥趸。个体选取什么形式的语言来使用是他们的语言权利，固然无可非议，但如果这一行为关系到国家的

---

① 《教育部　国家语委关于印发〈国家中长期语言文字事业改革和发展规划纲要（2012—2020 年）〉的通知》，教育部网，http：//www. moe. gov. cn/srcsite/A18/s3127/s7072/201212/t20121210_146511. html，2012 年 12 月 10 日。

② 《教育部　国家语委关于印发〈国家语言文字事业“十三五”发展规划〉的通知》，中国政府网，http：//www. gov. cn/gongbao/content/2017/content_5194901. htm，2016 年 8 月 23 日。

③ 李宇明：《过好虚拟语言生活》，教育部语言文字信息管理司组编《中国语言生活状况报告（2011）》，商务印书馆 2011 年版，第 1—2 页。

发展，则有必要进行适当的引导和干预。

近些年来，不少调查和研究显示，年轻人群提笔忘字的情况时有发生，甚至是越来越普遍。约七成的年轻受访者自认为语言越来越匮乏，开口能想到的基本都是各类网络流行语，往往不能使用复杂的修辞和高雅的诗句来形容自己的感受（具体情况可以参看本书第四章）。豆瓣小组“文字失语者互助联盟”成立仅一年半就吸引了32万名组员参加，许多人也纷纷表达了相同的困境：被各种网络“梗”裹挟的自己无法清晰、优美、有逻辑地进行表达，不少大学生甚至开始怀疑自己的文字功底。

这种境况也逐渐得到了有关部门和一些教育机构的关注。2018年5月，清华大学宣布在2018级新生中开设《写作与沟通》必修课，提升学生的逻辑推理能力、思辨能力、语言表达能力和总结概括能力，并力争面向研究生提供课程和指导。[①] 2019年6月，中国科学技术大学光学工程博士点立了新规，规定从新入学的博士生开始，必须发表一篇中文文章才能毕业。而出台这一规定的初衷是“现在的大学生中文写作能力太差”，要做出改变来提升学生的中文水平。[②]

三　网络语言规范关系国家安全

随着社会的网络化和网络的社会化，我国网络空间的语言问题日益凸显，不仅制约了网络健康发展，而且在一定程度上影响着国家安全。赵世举教授在《重视网络空间语言的规划与治理》一文中指出，网络空间中语言使用失范、语言舆情失控、语言信息失守等都会危及社会安定和国家安全。[③]《人民日报》也曾刊文表示，网络语言使用不当，实际上会对语言安全、文化安全、意识形态安全带来负面影

---

① 淑霞：《清华将在2018级学生中启动“写作与沟通”必修课　2020年覆盖所有本科生》，清华新闻网，http：//news. tsinghua. edu. cn/publish/thunews/9649/2018/20180518220911686342882/20180518220911686342882_ html，2018年5月18日。

② 操秀英：《中科大一博士点立新规：发篇中文文章才能毕业》，《科技日报》2019年6月21日第4版。

③ 赵世举：《重视网络空间语言的规划与治理》，《光明日报》2018年1月11日第11版。

响，需要引起高度警惕。①

研究表明，网络流行语传递的网络文化往往隐含非理性的价值观，崇尚游戏和随性，很大程度上会解构我国的主流意识形态，带来文化和意识形态方面的安全隐忧。② 与大众日常关系密切的还有网络谣言和网络语言暴力，它们通过语言制造混乱信息，在挤占公共资源的同时扰乱网络秩序、危害社会安全。网络谣言和网络语言暴力不仅攻击个人，影响其生计、威胁其人身安全，如近日发生的“糖水爷爷”事件逼迫主人公关闭店面并搬离了住处；③ 它们同样也会冲击各类社会组织，干扰其正常运营，甚至直接造成巨大的声誉和经济损失。

第三节　社会语言意识与网络语言规范

语言意识，简单理解就是对语言理性和非理性的看法与认识，内涵比较接近的还有语言态度、语言观等。语言意识可以是潜在的下意识的，但也可以是自觉的能发挥能动性的。从主体视角来看，有个体和社会（群体）之别。个体的语言意识可以指导其语言实践活动，社会语言意识则能反映该群体中社会面的语言态度，它的自觉性更高，对社会治理的意义更大。因而本书更关注社会的语言意识状况。

一　社会语言意识是语言规范的基础

李宇明曾直言，“当前形势下语言文字规范的基础性问题是社会缺乏语言意识”。④“缺乏”意味着很不够，更准确地说应该是对语言文字本身的和语言文字使用方面的合理合法的意识还不够。如何进行

① 成丕德：《净化网络语言》，《人民日报》2018 年 6 月 5 日第 7 版。

② 杨文华：《网络语言的流行对主流意识形态的解构》，《深圳大学学报》（人文社会科学版）2012 年第 5 期。

③ 任冠青：《“糖水爷爷”遭网暴，好事是如何变坏的?》，中国青年网，http：//news. youth. cn/jsxw/202208/t20220813_13917912. htm，2022 年 8 月 13 日。

④ 李宇明主编：《新时期语言文字规范化问题研究》，语文出版社 2020 年版，第 19—21 页。

提升，这是进行网络语言规范工作所面临的主要问题之一。

进行语言规划，要考虑到语言意识、语言实践和语言管理三个模块①。就网络领域而言，我们目前所进行的大量语言规范工作，很多基础数据都来自对社会语言行为的监测与研究，如人民网舆情监测室2014—2015年连续两年发布的《网络语象报告》《网络低俗语言调查报告》《中国语言生活状况报告》对新词新语的长期监测，以及袁伟、李玮等对网络语言生活治理的研究和报告也都是如此。② 它们主要反映网络语言实践和网络语言管理的情况，尽管也有一些研究关注网民的语言意识，但呈现与之对应的社会层面的态度和认知的探索却很少见。

因此，要实现提升社会语言意识促进网络语言规范工作的目标，就要首先清楚社会面对网络语言和网络语言规范的态度与认知。个体的语言意识往往是不自觉的，只有形成具有影响的群体语言意识，社会才能充分利用网络语言资源进行建设和发展。这就是本书将重心置于对网络语言规范意识进行社会观察之上的主要缘由。

二 社会语言意识通过社会观察呈现

要改变“社会缺乏语言意识”的局面，首要任务是要比较清楚地把握目前社会语言意识的基本面，这自然就需要进行“社会观察”。

“社会观察”是本书的基本出发点之一，因为无论是语言意识还是语言实践，社会面的才是能发挥最大效力的那一类。这其中，热点语言舆情信息尤为重要，因为它在反映公众对相关事件的语言态度和认知的同时，那些获得高流量的信息反过来也会影响受众。探索社会对网络语言及其规范的看法是本书的出发点。具体而言，本书有以下两个方面的研究理念。

---

① Spolsky, Bernard, *Language Policy*, Cambridge, UK: Cambridge University Press, 2004. Spolsky, Bernard, *Language Management*, Cambridge, UK: Cambridge University Press, 2009.

② 袁伟：《我国网络空间语言使用及治理研究》，吉林人民出版社2019年版；李玮主编：《中国网络语言发展研究报告》，人民出版社2020年版。

（一）语言意识的公共表达是重要的语言实践

如果静态地看公众的语言意识，它虽然会影响和指导个体和群体的语言行为，但那始终只是存在于人们头脑中的理念，与语言行为本身还有明显区别。然而，如果这些理念一旦形成公共表达，比如通过有影响的平台传播开来，尽管它与典型的语言行为有显著区别，因为不能即刻导致产生实际的语言行为结果（受众可以不赞同某个观点），但也与前述静态的语言态度、语言认知有很大的区别。语言意识的公共表达本质上不再是理念而是一种行为，是在社会空间中表达看法讨论态度的言语行为，应该跟语言行为一样都是语言实践的体现。更重要的是，语言意识的公共表达，尤其是那些权威平台或高流量信息中所传播的语言意识，可以非常直接地影响普通个体对语言的态度与认识。

语言规范是人们在实践中逐渐形成的。[①] 因此，探索语言意识的公共表达这类实践活动，可以反映出主流社会的语言规范观，形成自下而上的语言政策，在与现今最常见的自上而下的语言政策互补的同时，还有助于思考如何进一步提升社会的语言意识。由于从此角度探索的成果很少，第一步即为开展深度的调查工作，比如，有哪些语言文字使用议题被何种身份的主体讨论过，其认知情况怎么样，所获得的社会反响又如何，等等。

（二）社会语言意识可以通过语情监测来呈现

如上文所述，目前所进行的语言意识观察并不能充分反映社会面的基本情况。这是我们进行“社会观察”时指向的对象和深入的程度不够广泛和不够充分的结果。社会观察，是面向社会大众的，不只包括面向学术圈。从这一点看，因特定事件引发的语情无疑是除了直接对所有社会对象调查外的一个很好的观察切入视角。

“语情”的内容，赵世举教授曾这样定义：一是语言本身发展变化情况；二是语言的使用状况及相关活动；三是与语言相关的舆情。[②]

---

① 罗常培、吕叔湘：《现代汉语规范问题》，载现代汉语规范问题学术会议秘书处编《现代汉语规范问题学术会议文件汇编》，科学出版社 1956 年版，第 4—22 页。

② 郝日虹：《语情研究关乎国家竞争力建设》，《中国社会科学报》2015 年 6 月 12 日第 2 版。

本书主要按第三层意思来使用“语情”。李宇明指出，语言舆情是社会语言意识的重要表现。语言意识既是语言生活的重要构成因素，也是引导语言生活的重要手段，因而关注语言舆情，引导语言舆情，具有语言规划学上的不容忽视的意义。① 赵世举也表示，语言舆情往往是社会的一种风向标和晴雨表。②

对语言舆情进行监测，即对特定主题的语言使用所引发的社会讨论进行监测，总体上属于语言监测的大范畴。侯敏、杨尔弘和赵世举非常系统地从监测技术、实践成果等方面做了深度的梳理和思考。③ 尤其是赵世举还对语言监测理论进行了非常有启发的探索。在这一过程中，“语言”“计量”“社会”是三个最基本的元素，具体就是运用计量手段，描述语言，进而反映社会。“描述语言，反映社会”，既可以为语言政策的制定和调适提供依据，也可以用来考察语言与社会的互动共振及对应的社情民意，为促进社会和谐和服务国家提供决策参考。

本书的监测数据有赖于国家语委科研基地中国语情与社会发展研究中心的“中国语情监测分析系统”和历年来的监测成果。该监测系统可以对网上语情信息实时抓取、汇集和分析，并自动进行语情聚类、信息来源追踪、话题极性判定和分析报告生成等，还支持对任意话题的查询和趋势分析、特定主题和特定时段的信息定制与监测等。中心的语情信息监测工作主要通过三份内部简报发布。《中国语情》和《中国语情特稿》于 2009 年 4 月创刊，截至 2022 年 3 月已累计编发 92 期，共 485 篇文章，近 300 万字。《中国语情月报》于 2015 年 1 月开始编发，迄今已推出 87 期，逾 200 万字。这些简报翔实地记录并分析了当时的热点语情事件和重要语情事件的整体态势，包括事件的基本情况、事件的热度、事件所获得的社会典型反响等，为本书就网络语言规范这个主题提供了非常丰富的、跨度非常之大的社会一手

① 李宇明：《语言规范试说》，《当代修辞学》2015 年第 4 期。
② 赵世举：《中国语言观测研究的实践与思考》，《语言战略研究》2016 年第 5 期。
③ 侯敏、杨尔弘：《中国语言监测研究十年》，《语言文字应用》2015 年第 3 期。

材料，最大程度上完整地展示了彼时社会对特定语情事件的行为和意识。这其中不少材料已经无处可寻，尤其难得。

本书的数据以这些成果为依据，大体上分为两部分：一部分是从我国接入互联网络以来主流媒体，如《人民日报》《光明日报》《中国青年报》，以及自 2006 年国家语委开始发布的历年《中国语言生活状况报告》等平台上刊发的讨论网络语言的文献。这部分文献覆盖 23 年有余，最早的发表于 1999 年，最晚的发表于 2022 年 1 月。另一部分则是在讨论具体网络语言使用时所搜集的社会面的信息，包括主流网络互动平台（如微信公众号、知乎、新浪微博等）中的文章、回答和留言、地方媒体的评论文章等。亦即利用搜索技术按主题进行深度检索而得到的数据。这部分数据没有设置时间限制，主要与其讨论热度相关。

第二章 网络语言规范的内容、理念与实践

本章将从社会视角来分析网络语言规范问题的三个重要组成部分及其演变：规范的内容、规范的理念与规范的实践活动。规范的内容即规范所指向的具体对象，它会因网络语言生活的发展而发生变化；规范的理念即对具体内容的规范所持的基本态度和看法，而规范的实践即所进行的实际规范活动，不仅包括通常理解的语言实践行为，也包括在公共空间中表达语言规范理念等行为。网络语言规范的具体内容将构成本书后续章节的主要框架，而每章节则又围绕对该内容和议题的理念和实践而展开。

第一节 网络语言规范的内容及其演变

网络语言规范的对象是网络语言生活，其具体内容或议题会因网络语言生活的具体阶段而发生变化。本节将通过划定网络语言生活的三个阶段来确定网络语言规范的主要内容，并以主流报纸、语言生活皮书等材料为基础分析其演变情况。

一 网络语言生活发展的三个阶段

网络语言生活因互联网而兴，其发展自然与网络的发展直接相关。

（一）我国互联网的发展历程

从 1994 年与互联网（Internet）全功能连接开始算起，我国的互

联网发展已将近30个年头。1997年年底，国家互联网络信息中心（CNNIC）第一次发布了互联网络发展状况统计报告，其后每年两次，迄今（截至2022年3月）共发布了49次。这份连续的统计报告充分展示了我国互联网的发展历程。其中几个关键的时间节点为：

1997年10月，我国网络用户62万。这是第一次有详细的统计数据。

2002年12月，我国网络用户达5900万，互联网普及率4.6%。这是第一次有普及率的统计数据。

2005年12月，我国网络用户突破1亿，互联网普及率8.5%。

2015年12月，我国网络用户达到6.88亿，互联网普及率突破50%。

2021年12月，我国网络用户达到10.32亿，互联网普及率达73%。

我们用了18年（1994—2011年）才使得网络用户首次突破5亿，但第二个5亿我们仅仅用了10年。通过分析历次统计报告（所示为图2-1），我们可以很清晰地勾勒出我国互联网规模（即网民数量）的发展轮廓：

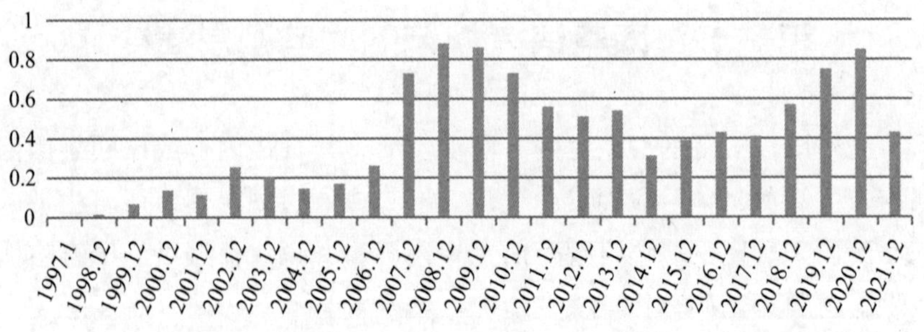

图2-1 1998—2021年年网民数量年增长情况（单位：亿人）

2006年以前为发展初期。这一时段网民的绝对增长数量相对平稳，年增长数量都在3000万以下。

2007—2015年为第一个高潮。这一时期网民规模快速扩张，尤其是2007—2010年四年间每年新增数量均超过了7000万，并于2015

年底普及率超过全国人口的一半。

2016 年至今迎来第二个高潮，2020 年达到年增长 8000 万的顶峰。

与之对应的是各类网络应用软件（如社区、聊天室、论坛等）的推出，这让普通网民有了工作之外的网络活动场所，使得他们在网络空间有了互动和展示自我的平台：

2006 年之前的早期阶段：1999 年天涯社区上线、2000 年 QQ 上线、2003 年百度贴吧上线、2005 年国内各大网络公司纷纷开发博客业务……

2007—2015 年第一个高潮时期：2009 年新浪微博上线、2009 年 B 站上线、2011 年腾讯微信上线……

而在 2016 年之后的第二个高潮时期，各种手机 APP 开始疯狂抢占市场，之后接踵而至的是各类小程序和短视频平台，自媒体时代彻底到来。

图 2－2 充分展示了 2007 年（有手机网民统计的第二年）以来我国手机网民规模一直高速增长的情形。除了 2007 年，其他年份的年增长数值均超过了 5000 万，尤其是 2009（3G 开始进入普通人的生活）、2010 年、2013 年和 2016 年这些年份，其数值更是达到了 7000 万。

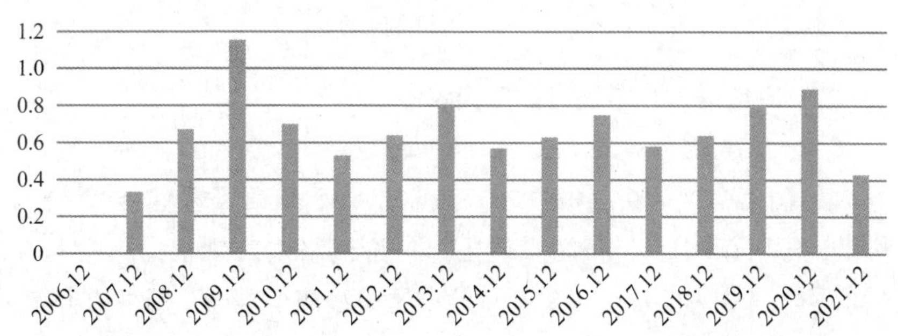

图 2－2　2007—2021 年手机网民数量年增长情况（单位：亿人）

（二）我国网络语言生活的三个阶段

网民规模的不断扩大，各类成熟的网络互动平台不断推出，这两个条件必然会导致网络语言生活的丰富多样。北京大学信息科学技术学院网络与信息系统研究所所长李晓明2013年2月接受《光明日报》的采访时指出，[①] 网络用语的爆炸式发展在2008年、2009年以后，这个时间段正好和微博的盛行相吻合，智能手机的普及更是起到推波助澜的作用。

网络语言生活中的种种“问题”都需要置于网络发展的框架下去进行分析。这是本书在讨论网络语言生活规范与治理时所持的一个基本理念。

与上文所总结的网络发展（更确切地说是网民规模的发展）相对应，截至目前，我国的网络语言生活大致也可以分为以下三个阶段：

阶段Ⅰ：2006年以前，使用主体为精英阶层，其圈层特点比较明显，如表示该领域中各种新事物的名词层出不穷且很有社会影响力。

阶段Ⅱ：2007—2015年，使用主体快速向普通民众扩张，带有各类标签的网络语言活动开始平民化。

阶段Ⅲ：2016年以后，使用主体全面铺开，并快速向青少年和老年群体扩展，同时手机逐渐成为最主要的上网方式，网络语言生活逐渐成为社会治理的一个极其重要的方面，网民的语言能力、语言素养等以往现实世界常见的和重要的社会问题日益突出。

二　网络语言规范面对的四大议题

（一）网络语言规范议题的分类依据

《中国语言生活状况报告2015》曾以《网络语言规范引热议》为题专章报告了2014年新闻媒体全年讨论网络语言规范的舆情状况。总体来看，2014年社会主要关注的议题关涉四个方面：网络语言能不能进入教科书、能不能被辞书收录、能不能出现在广播电视节目中，以及网络低俗语要不要被抵制。这些议题都与2014年发生的重要语

① 李韵、吕梦：《亲，你怎么看网络语言》，《光明日报》2013年2月23日第6版。

情事件相关，如网络语言能不能进入教科书是与《河南省实施〈中华人民共和国通用语言文字法〉办法》中的一项规定相关，该《办法》于当年 3 月颁布，规定“国家机关公文、教科书不得使用不符合现代汉语词汇和语法规范的网络词汇”。随后，中央人民广播电台“中国之声”栏目就此进行了网络调查，许多网友发表了不同的看法，争论激烈。虽然它们都是基于年度新闻舆论而来，但它们同时也体现了社会所一直关注的基本议题，因为历次讨论与争论都或多或少与这些问题相关联。

本书关注的时间范围则广得多、内容也丰富得多，无法全部用以上四个议题进行概括。更为重要的是，上述议题的类别立足网络语言，是从网络语言视角去看它是否能够融入现有的各类规范框架之中。比如，网络语言能不能进入教科书和重要工具书这两个议题，按上述报告的分类，则主要是争论网络语言中的新词汇新语句符合不符合当下教材和工具书的宗旨。如果认为与之一致或相近，则可以收录；如果认为相差甚远，则不能收录。这种议题分类办法强化了网络语言本身的特殊性。

本书提出了一个新的视角来观察网络语言规范问题的整体情况和变化历程，即从社会立场出发，将网络语言普通化，视其为众多语言文字应用“问题”中的一种，摘去那一顶广受瞩目的光环，来看各方的态度。这完全符合互联网络成为普通大众日常生活最重要手段的发展总趋势，与网络语言生活日趋日常化相一致。从这个角度看，平面媒体时代和有声媒体时代所经历的诸多因媒介革新而导致的新的语言规范问题，在网络媒体时代又需要再一次经历。因为虽然语言文字的传播载体发生了巨大变化，但语言生活最为重要的主体——人没有变，或者说变化缓慢。可以说，历史长河中语言生活的本质变化并不算大，只是其凭借方式发生了巨大变化。

（二）网络语言规范的四大议题

本书在上一节提出，我国目前的互联网发展和网络语言生活历程可以分成三个阶段。

阶段Ⅰ：2006 年以前，主体为精英阶层。

阶段Ⅱ：2007—2015 年，主体快速向普通民众扩张。

阶段Ⅲ：2016 年以后，主体全面铺开，进一步向青少年和老年群体扩展，同时手机逐渐成为最主要的上网方式。

我们对中国语情与社会发展研究中心历年来的语情监测数据进行了深入整理与分析，并对应我国互联网络和网络语言生活的发展阶段，本书将网络语言生活中的规范议题分为四大方面：网络语言与国家通用语言文字的本体规划、网络语言使用与青少年语言能力、网络语言使用与社会文风、网络语言使用与国家治理。

在阶段Ⅰ，网络语言与国家通用语言文字本体规划之间的关系最先受到关注。比如，2001 年前后以及在 2006 年前后发生的几波对网络新词新语的讨论，大都属于此议题的范畴。该议题下大家主要关注网络中出现的语言新形式新表达对国家现行的通用语言文字体系（即普通话和简体字）的影响。这一议题始终是语言学者所关心的最基本问题，一直贯穿整个网络语言生活。

在阶段Ⅱ，除阶段Ⅰ的议题外，网络语言与社会文风、与国家安全和社会治理等议题也开始成为焦点。如 2011 年流行的各种微博“××体”、2012 年盛行的“元芳体”“甄嬛体”等，以及 2014—2015 年甚嚣尘上的网络低俗用语等问题逐一涌现出来。此时，不仅是语言文字工作者，教育、社会管理、传播等其他领域的学者也开始重视网络语言的规范问题。

在阶段Ⅲ，除阶段Ⅰ和Ⅱ中的议题继续发酵外，网络语言与青少年群体的语言能力议题也开始受到重点关注。提笔忘字、语言匮乏、表情包重度依赖症等表现时不时被提出来，成为社会各界争论的焦点。

通过梳理，近三十年上述四大议题框架下一些重要的语情热点内容可以汇总如下：

（1）网络语言与国家通用语言文字本体规划。主要关注网络中出现的语言新形式新表达对普通话和规范汉字的影响。其中一个重要的议题就是它们能不能进入主流工具书、能不能被编入教材以及能不能在考试中被使用等。具体的语情热点除了围绕网络新字新词新语笼统讨论外，还有以下三类对象是此维度的典型代表：网络新造字（如“火星文”、生造字、合音字等）、网络新造“成语”（如“人艰不拆”）以及网络表情符号。它们在形体结构和表意方式上都与现有的汉字汉语系统有明显的差异，但却又极度流行，这是否会破坏既有的汉字汉语生态、污染汉语系统，成为关注的焦点。

（2）网络语言使用与青少年语言能力。主要关注网民中的主力军青年群体，以及增势迅猛的少年群体的语言能力“退化”问题。无论是口头表达还是书面行文，他们都已经完全被各类网络流行用语“攻陷”，随之而来的问题是社会似乎观察到他们的语文水平在急剧下降：满口“YYDS”“U1S1”、高兴了只会“哈哈哈”（语言贫乏）、提笔写字却忘了笔画（提笔忘字）。他们的语言能力究竟有没有整体变化、网络和网络流行语是否该为此背锅以及该如何借助信息时代破局等，成为讨论的焦点。

（3）网络语言使用与社会文风。主要关注网络流行用语对社会风气和价值观的影响。网络流行语娱乐性极高，借助社会事件掀起一波又一波的语言狂欢，但其传递的内容和价值却良莠不齐：流行语进入政务公文会不会消解权力的公信力、各类“××体”“××文学”的泛滥是不是内容空洞、精神贫瘠、价值观扭曲的体现、“阴阳话术”会不会导致社会不良风气等，成为关注的焦点。

（4）网络语言使用与国家治理。主要关注网络不文明语言行为对社会和国家治理的影响。随着互联网普及率的提升，网络低俗语言、网络“标题党”、网络语言暴力等庸俗暴戾的语言行为逐渐浮现并产生不小的负面影响，扰乱网络环境，破坏网络生态。如何治理这些不文明的语言行为、建设和谐的网络社会，成为关注的焦点。

三　网络语言规范议题的演变

以下将通过《人民日报》等三家主流报纸、官方发布的语言生活皮书之《中国语言生活状况报告》和官方文件等三个角度来分析网络语言规范历年来的议题变化情况。

（一）《人民日报》等三大报中的变化

总体而言，三大报覆盖了本书后续四章中的所有议题。以下分年度分析三大报的情况。

1.《人民日报》：从本体规范转移到语言文明

整体而言，《人民日报》早期的刊文偏向讨论网络语言的语言本体规范性，2000—2007年8年中15篇文章有11篇均以此为对象。中后期则侧重网络语言文明。在《人民日报》154篇文章中，以网络语言暴力、低俗语言、网络语言文明等为主题的有68篇。其中刊文年份较多的有：2013年6篇，2014年7篇，2015年14篇，2016年11篇。该报2016年4月28日至5月12日在第14版（新媒体版）以“关注网络语言低俗化现象”为专栏名进行批驳。同年8月11日又组织了“文化圆桌·网络时代的文化新象——网络语言大家谈”专栏，并以“本非‘纯净水’，应去‘粗鄙化’”为副标题讨论网络低俗语问题。

此外，关涉网络新词新语规范使用的文章有44篇，所对应年份几乎贯穿整个互联网发展历程。该报最早关于网络语言的文章就是讨论网络新词新语的使用①。关涉网络时代的“提笔忘字”和“标题党”问题的文章各有16篇，前者主要集中于2013年，后者主要分布于2013—2017年。

2.《光明日报》：四类议题依次出现，本体规范更为突出

相比《人民日报》，网络语言的本体规范性讨论一直都是《光明日报》比较重要的议题，从1999年到2021年，共有88篇文章主要关注这个话题。而以网络不文明语言行为为议题的文章共有57篇，其中41篇发表于2015年1月1日之后，仅2015—2016两年就发表了27篇。《光明日报》最早就关注了这一话题，于2011年底2012年初在新传媒版以“净化网络语言系列报道”为专栏刊载了6篇文章，如《网络体：“伤不起”的时髦》（2011年11月26日）、《网络语言暴力：互联网不能承受之重》（2011年12月24日）、《网络语言的特点

① 曲彦斌：《网络民俗语言探析》，《人民日报》2000年6月20日第11版。

及其局限》（2012 年 1 月 7 日）、《莫让网络成为语言暴力的温床》（2012 年 1 月 14 日）、《不该用不文明的语言讨论文明话题》（2012 年 2 月 4 日）等。

通过梳理，本书发现 2010 年是《光明日报》一个有趣的时间节点。关涉网络流行语或年度字词（其中不少是网络热词）社会价值的议题和网络时代表达能力如“提笔忘字”“语言匮乏”等的议题，都开始于 2010 年。前者共计 34 篇文章，从 2010 年开始出现，2016 年度最多（12 篇）；后者共计 29 篇文章，最早的文章刊发于 2010 年，但多数文章集中于 2019 年。

上述刊登于《光明日报》的文章学术气息浓厚，而且学科视野非常宽阔，讨论网络语言治理的文章除了语言学领域的视角，还有文学、传播学、社会学、教育学、历史学、信息科学等维度。所有有关网络语言治理的议题《光明日报》均有重要讨论。

3.《中国青年报》：流行语价值议题是特色

在《中国青年报》中，网络语言的本体规范性问题同样也是极为重要的议题，总共有 69 篇文章关涉这一讨论，其中仅 2001—2006 年 6 年就占 1/3 强的数量（26 篇），其中 2001 年 5 篇，2005 年 6 篇，2006 年 7 篇，2016 年 8 篇。

网络语言文明是《中国青年报》另一重要议题，总共关涉 36 篇文章，最早的刊于 2006 年，为《防止网络语言暴力有赖于民主法制的完善》（2006 年 12 月 4 日）。这一议题主要集中于 2012—2015 年。

需要指出的是，《中国青年报》非常关注网络流行语的使用情况，经常刊发讨论此类对象社会价值的文章，最早为 2002 年 5 月 6 日的《十大流行语说明了什么》。该报总共刊发此类文章 48 篇，主要集中于 2015—2021 年（23 篇）。

由以上三大报的数据可以看出，网络新词新语的本体规范性是它们最为重要、一直关注的议题。通过横向梳理数据，本书发现，在 2007 年之前三大报均非常重视此议题的讨论，合计发文量（49 篇）占此议题总量的近 1/4。如果从此时期刊发网络语言规范文章总量的角度来看就更为明显：2007 年（不含）之前，有关网络新词新语本体规范的议题，三大报发文数量均超过了50%，《人民日报》更是惊人地达到了89%。

表2-1　　2007年前三大报网络语言本体规范议题发文情况

议题内容 / 报纸名	2007年前网络语言本体规范议题	2007年前网络语言规范所有议题	占比
《人民日报》	8	9	0.89
《光明日报》	14	28	0.5
《中国青年报》	27	40	0.68

（二）《中国语言生活状况报告》中的变化

与上述三大报纸不同，《中国语言生活状况报告》的议题大都偏向积极的一面，因此它所关涉的议题并不能涵盖近30年所有网络语言治理的议题。本书将表2-3（见本书第60页）中的数据具体化，可以一窥历年来《报告》所关涉的议题变化情况：

2005年，“专题篇”1篇，《网络语言状况》（16页）。

2006年，无。

2007年，“专题篇”1篇，《手机短信语言状况》（11页）；“热点篇”1篇，《新词新语热》（12页）。

2008年，“热点篇”2篇，《网络语言热》（18页）、《“山寨·雷·囧”热》（14页）。

2009年，“专题篇”1篇，《网络语言使用状况调查》（9页）；“热点篇”2篇，《热字·热词·热语》（17页）、《火星文现象》（13页）。

2010年，“序言”《过好虚拟语言生活》；“热点篇”1篇，《“汉字书写危机”热议》（8页）。

2011年，“热点篇”3篇，《“热字”·“热词”·“热体”》（8页）、《微博和微博语言》（8页）、《微博体与网络时代语言生活》（12页）。

2012年，“热点篇”1篇，《2012年的那些流行词语》（8页）。

2013 年，“热点篇”3 篇，《微信里的语言生活》（6 页）、《毁誉参半的网络多字格》（6 页）、《逐渐升温的表情符号》（10 页）；“字词语篇”1 篇，《微博语言使用状况调查》（9 页）。

2014 年，“序言”《新媒体与语言学》；“领域篇”1 篇，《中国网络语象报告》（7 页）；“热点篇”1 篇，《网络语言规范引热议》（11 页）。

2015 年，“热点篇”1 篇，《网络低俗词语问题》（9 页）

2016 年，“热点篇”2 篇，《弹幕，让语言飞》（8 页）、《一路走红的表情包》（9 页）。

2017 年，“领域篇”1 篇，《网评低俗词语调查》（5 页）。

2018 年，“领域篇”1 篇，《微信“标题党”现象调查》（8 页）；“热点篇”2 篇，《甲骨文遇上表情包》（8 页）、《热搜词语折射热门事件》（8 页）。

2019 年，序言《语言治理的若干思考》中“信息空间的语言治理”一节；“领域篇”1 篇，《走进现实的网络语言》（9 页）。

2020 年，无。

综上材料可以看出，网言网语流行所反映出的向上的社会生活一直是《中国语言生活状况报告》关注的重要方向。16 个年份 30 篇文章中，只有 2014 年、2015 年、2018 年三个年份合计 4 篇文章关注网络低俗词语和不良文风“标题党”的使用情况，其他年份均以当年积极健康的反映民生的流行语汇作为热点。像 2019 年的“语言匮乏”“提笔忘字”、2021 年的“祖安文化”“凡尔赛文学”等都没有被写进报告。

而在四类议题方面，《中国语言生活状况报告》所关注的网络语言生活报告一直比较侧重网络语言使用与现代汉语本体规划范畴，尤其是新的表达形式或手段及其对应的社会生活。比如《新词新语热》《“山寨·雷·囧”热》《热字·热词·热语》《火星文现象》《“热字”·“热词”·“热体”》《毁誉参半的网络多字格》《逐渐升温的表情符号》《一路走红的表情包》《甲骨文遇上表情包》等，这些报告从篇名就能很直观地反映出所关注的对象和关注的内容。

（三）官方文件中的变化

从整体来看，2015 年之前的官方政策侧重规定网络新词语的使用范围，积极引导社会规范使用，以继续维持现代汉语既有的生态。如上海、河南各自出台的有关《国家通用语言文字法》实施办法，均明确规定了网络语汇不能使用的场合，国家新闻出版广电总局要求各类广播电视节目和广告不得使用或介绍根据网络语言、仿照成语形式生造的词语，如“十动然拒”“人艰不拆”等（2014 年 11 月），也属于此范畴。国家领导人在纪念《国家通用语言文字法》颁布十周年座谈会上的重要讲话中（2011 年 1 月 20 日）也指出，对于新词语、流行语和网络语言等，要开展“监测与研究，引导社会规范使用，吸收其合理的有生命力的成分，丰富国家通用语言文字的词汇系统及表达手段，促进语言文字健康发展”。

2015 年之后，官方政策和文件开始重视网络语言文明的治理，网络中的标题党、低俗词语、语言暴力等乱象成为被规范的主要对象。不仅发出文件的部门的级别升级，而且这些部门的范围也比前一阶段广得多，网络语言文明治理已然成为网络治理和社会治理的一个比较急迫的议题。两项高层指示（即 2016 年 9 月《国家通用语言文字法》实施 15 周年暨国务院颁布《关于推广普通话的指示》和《汉字简化方案》60 周年会议上全国人大常委会副委员长兼秘书长王晨的重要讲话、2021 年 11 月发布的《国务院办公厅关于全面加强新时代语言文字工作的意见》）均强调各级语言文字工作部门要积极回应网络低俗语言滥用的问题，坚决遏阻庸俗暴戾网络语言传播，建设健康文明的网络语言环境。

第二节　网络语言规范的理念及其演变

一　语言观与语言规范观的演变

对语言生活进行规范和治理的态度与理念，本质上就是彼时语言观的映射。语言观不同，语言规范观也就会出现差异。赵世举[1]曾讨论了各类语言观（如语言工具观、语言文化观、语言资源观、语言生态观等）对语言规范的影响。本节将在此背景下概述性地分析社会层面所持有的几种主要语言规范观的演变。

总体来说，我国的语言规范观存在“语言（生活）纯洁观”和“语言生活健康观”以及后来的“语言（生活）治理”等三类看法。[2]“语言（生活）纯洁观”于新中国成立初期提出，对各时期的语言文字工作影响深远；“语言生活健康观”于20世纪末提出，随着新世纪社会发展而逐渐扩散。“语言（生活）治理”严格来说并没有与前面两类截然区分的特点，它更多的是“语言生活健康观”的发展，是力图构建更为和谐的当代语言生活的一种治理理念。[3]

（一）语言（生活）纯洁观

1951年6月6日，《人民日报》发表毛泽东亲笔修改的社论《正确地使用祖国的语言，为语言的纯洁和健康而斗争！》。

> 语言的使用是社会经济政治文化生活的重要条件，是每人每天所离不了的。学习把语言用得正确，对于我们的思想的精确程度和工作效率的提高，都有极重要的意义。很可惜，我们还有许多同志不注意这个问题，在他们所用的语言中有很多含糊和混乱的地方，这是必须纠正的。
>
> 这种语言混乱现象的继续存在，在政治上是对于人民利益的损害，对于祖国的语言也是一种不可容忍的破坏。每一个人都有责任纠正这种现象，以建立正确地运用语言的严肃的文风。

---

① 赵世举：《再论新时代的语言规范观》，载中国应用语言学会编《第九届全国语言文字应用学术研讨会论文集》，中国书籍出版社2017年版，第18页。

② 李宇明：《关于中国语言生活的若干思考》，《北华大学学报》2011年第5期。

③ 施春宏教授2021年新著《语言规范理论探索》，从多个层面非常翔实地讨论了语言规范的学理及其运用问题。本节则主要偏向于实践层面，探究深刻影响大众规范观取向的各类政策和主流观点的流变，以便后文分析这些大价值观在当时如何发挥影响。

这篇文章影响深远，以至于“语言纯洁”成为之后半个多世纪进行语言规划的一个极为重要的依据。“语言纯洁观”认为语言的使用必须坚持规范坚持标准，以维护汉语的单纯。

在《正确地使用祖国的语言，为语言的纯洁和健康而斗争！》发表之后，截至2022年1月1日，《人民日报》刊登了关涉“语言纯洁”的文章有85篇。如：

1983年8月9日《为祖国语言的纯洁和健康而斗争》；

1991年6月7日《专家呼吁：继续为语言的纯洁和健康而斗争》；

1994年9月23日《重提语言的纯洁和健康》；

1996年4月17日《下大力气纯洁祖国的语言文字》；

1997年1月8日《为了民族语言的纯洁和尊严》；

2001年6月6日《为祖国语言的纯洁和健康继续奋斗》；

2002年9月29日《捍卫祖国语言的纯洁》；

2014年4月11日《守护我们语言的纯洁和健康　外来语滥用，不行！》；

2014年4月25日《大量外语词不经转换直接使用，破坏了汉语的纯洁和健康“零翻译”何以大行其道》；

……

其中，2001年6月6日的《为祖国语言的纯洁和健康继续奋斗》为《人民日报》评论员的文章。该文表示，“半个世纪过去了，重温这篇曾经推动了语言文字规范化历史进程的社论，仍觉耳目一新，它的基本精神，对新时期语言文字的规范化工作仍有重要的指导意义。”

2012年的字母词风波就是语言纯洁观之下的一个典型案例。该年8月，百余名学者联名向新闻出版总署和国家语委举报，状告当年出版的《现代汉语词典》第六版收录239个“西文字母开头的词语”违反了《国家通用语言文字法》等法规。随后掀起了一场激烈的关于“语言纯洁”“保卫汉语”的论战。随后的10月5日，《人民日报》刊登了题为《可用不可滥，翻译要到位——也论字母词入典之争》的文章，认为近些年外来缩略语迅速增加，网络及短信语言走红，再加上翻译缺位，如何规范使用字母词无人过问，使得外来缩略语取消翻译的现象越来越常见。如果听任这种“零翻译”无节制地扩展，难免会对汉语的应用和纯洁形成干扰甚至污染。

对于“语言纯洁观”，负责国家语言文字工作的领导也有不同的看法。1997 年 12 月 23 日，许嘉璐代表国家语委在全国语言文字工作会议做主题报告，明确提出语言文字不搞“纯而又纯”。这是“纠正了 1951 年提出的语言纯洁的口号”。① 时任国家语委副主任的李宇明教授也认为“语言纯洁观是非常有害的”，因为理论上可能追求语言纯洁，现实中语言不可能纯洁，特别是充满活力的大语言。语言是不同地区、不同阶层人群在不同场合使用的，语言内部很难做到匀质。希望语言能够纯洁的人，就总是看不惯一些新的语言现象。②

不过，也有意见认为不能误解语言“纯洁性”的意思。在纪念 1951 年社论发表 50 周年座谈会上，原国家语委副主任王均认为，不能误解语言“纯洁性”的意思，走到“语言净化主义”的极端上去。语言是随着时代、随着社会的发展而发展的，因而对于规范，也要有动态的观点，发展的观点。语言的使用要符合社会的需要，“6. 6”社论的标题是“为语言的纯洁和健康而斗争”，实际是说“为了语言的精确与健康而斗争”，不可看到“纯洁”二字就望文生义。③

（二）语言生活健康观

“语言生活健康观”是 20 世纪八九十年代陈章太、于根元等学者提出来的。而后，2006 年 11 月 28 日，时任教育部副部长、国家语委主任赵沁平在“国家语委‘十一五’科研工作会议”上做了题为“加强语言文字应用研究，构建和谐的语言生活”的讲话，指出“构建和谐的语言生活是语言文字工作的目标”。时任国家语委副主任、教育部语言文字信息管理司司长李宇明在《中国语言生活状况报告

---

① 于根元：《网络语言概说》引言，载于根元主编《网络语言概说》，中国经济出版社 2001 年版，第 1—12 页；于根元：《应用语言学的基本理论》，《语言文字应用》2002 年第 1 期。

② 李宇明：《关于中国语言生活的若干思考》，《北华大学学报》2011 年第 5 期。

③ 蔡闯、周强：《汉语应与时俱进》，《光明日报》2001 年 6 月 14 日第 B1 版。

2005》的序言中也提出要“构建健康和谐的语言生活”，认为“在现代，和谐是一种最健康的状态”。这可以看作是“语言生活健康观”的发展。

持“健康观”的学者认为，语言是为所有人服务的，规范是为了交际，不是妨碍交际，不是为了纯洁语言；语言不规范现象会不断新生不断发展，是语言新陈代谢的一个组成部分；构建和谐语言生活，实际上是怎么样处理好各种语言矛盾，解决好语言问题，发挥语言的各种功能。

体现“语言生活健康观”最有代表性的案例是20世纪90年代开始的“新词新语新用法”课题组的系列成果和《中国语言生活状况报告2006》开始的年度新词语的发布。

20世纪80年代初，整理和研究汉语新词语成为一个热门。1986年开始，《语文建设》接连登载“新词新语新用法”栏目，“作些辨析、比较、预测”，以突出语言应用。[①] 1991年，由于根元主持的国家语委“新词新语新用法”课题开始。之后，《现代汉语新词词典》《1991汉语新词语》《1992汉语新词语》和《1993汉语新词语》等反映新词语的编年本接连问世。进入21世纪后，署名为国家语委“新词新语规范基本原则”课题组（由于根元主持）连续发表《新词新语的规范问题述评》《新词新语规范基本原则》等有关词语规范原则的论文。这些文献基本上都贯穿着语言动态规范观的看法。

2006年开始，国家语委发布《中国语言生活状况报告》。《报告》分为上下两册，下册集中反映每年用字用词的基本情况。不过，2007年发布的《中国语言生活状况报告2006》却引发了不小的争议，缘由就是报告所包含的171个“汉语年度新词语”，如“半糖夫妻”“独二代”“7时代”“梨花体”等。这一事件被《中国青年报》描述为“妙手偶得还是审慎之作”。[②]《报告》的主要推动者李宇明后来表

① 于根元：《整理汉语新词语的若干思考》，《语言文字应用》1993年第3期。

② 桂杰：《妙手偶得还是审慎之作　国家语委新词发布引争议》，《中国青年报》2007年9月24日第9版。

示，关于（绿皮书）新词语的发布，现在仍备受争议。有些人认为，这些新词语不规范，为什么要发布它们？有些人则欢欣鼓舞，因为他们的创造被社会记录下来了。人们的生活阅历都是有限的，谁都难以全面了解每年的新词语。新词语是所“大学校”，通过阅读《中国语言生活状况报告（下编）》，可以跟着时代前进。我们是希望忠实地记录下语言的发展轨迹，同时也就记录下真实的社会生活。新词语代表的是新理念、新事物，有时是新的表达。为此我曾在《光明日报》上发表过文章专门谈了发布年度新词语的思考。[①]

（三）语言治理观

刊载于《中国语言文字事业发展报告2020》中的《新中国语言文字事业70年》一文，[②] 和刊载于《中国语言政策研究报告2021》中的《语言治理》专章，[③] 比较详细地报告了我国语言文字工作的两大重要转变和发展脉络，即由“工作”提升为“事业”，由“管理”提升为“治理”。这两种变化都发生在党的十八大召开之后。2012年12月4日发布的《国家中长期语言文字事业改革和发展规划纲要（2012—2020年）》就改变了以往“语言文字工作”的说法（如2007年4月发布的《国家语言文字工作“十一五”规划》），开始以“语言文字事业”开拓创新。

《新中国语言文字事业70年》指出，从“语言文字工作”到“语言文字事业”，从“语言管理”到“语言治理”，反映出了语言文字战线坚持以习近平新时代中国特色社会主义思想为指导，深刻认识和全面把握语言文字的基础性、全局性、社会性和全民性特点，推动语言文字在经济、政治、文化、教育、科技各领域建设发展等国家重大战略中更好发挥作用。

---

① 李宇明：《关于中国语言生活的若干思考》，《北华大学学报》2011年第5期；李宇明：《发布年度新词语的思考》，《光明日报》2007年8月24日第10版。

② 苏培成、李宇明、张日培：《新中国语言文字事业70年》，载国家语言文字工作委员会组编《中国语言文字事业发展报告（2020）》，商务印书馆2020年版，第28—45页。

③ 国家语言文字工作委员会组编：《中国语言政策研究报告（2021）》，商务印书馆2021年版，第52—62页。

国家语委咨询委员赵世举教授曾在《新时代我国语言文字事业转型发展刍议》一文中阐明了这两种转向的现实需求。[①] 他指出：

> 随着语言文字事业的逐步发展和社会语言文字需求的日益增多，“工作”的局限性日渐显现。突出的问题是，由于“工作”定位的局限，主要着力于处理具体的工作事务，缺乏着眼于语言文字事业全局的全面思考和系统谋划，也无暇或不便于顾及新出现的语言文字事业发展需求和社会语言需求，客观上束缚了语言文字事业发展，导致事业被边缘化甚至萎缩。例如基于过去语言文字工作“三大任务”而设置的地方政府语言文字工作部门，近些年来遇到的工作困难和发展瓶颈，正是上述问题的具体反映。
>
> ……
>
> 由于客观实际的局限，过去的语言文字工作基本上实行的是以“监管”为理念的“管理”模式，而时代的发展和语言文字事业所具有的社会性和全民性的特点，决定了管理模式需要向“治理”模式转型。
>
> “治理”的要义是主体多元、协商共治。通常所谓群策群力、齐抓共管，就体现出一定的“治理”思想。语言文字是国家治理的重要工具和手段，也是国家治理的对象之一。无论是语言文字治理的内需，还是国家治理体系和治理能力现代化的要求，都需要语言文字治理能力的提升。其中重要的是，需要更新治理理念，调整和完善语言文字治理体制（尤其需要改变我国语言文字治理碎片化现状，加强中央统筹、力量整合和部门协同），健全和优化治理机制，促进治理手段的法制化和智能化，全面提升治理能力，确保语言文字事业的健康发展和国家治理的语言保障。

目前有关语言文字的“规范”“管理”和“治理”三个层级的重

---

① 赵世举：《新时代我国语言文字事业转型发展刍议》，《社会科学家》2020 年第 10 期。

要程度，我们可以从 2021 年 11 月 30 日发布的《国务院办公厅关于全面加强新时代语言文字工作的意见》（以下简称《意见》）中看出基本的态势。

《意见》9 处使用了“治理”，都与“体系”和“能力”搭配，即“语言文字工作治理体系和治理能力”，要求加快推进这一体系和能力“现代化”。

《意见》虽然 11 处使用了“管理”，但直接与“语言”“文字”搭配的只有 4 处，都关涉具体领域和议题的工作和目标，分别是“强化对互联网等各类新媒体语言文字使用的规范和管理”“加强地名用字、拼写管理”“加强民族文字教材管理”和“健全语言文字依法管理和执法监督协调机制”。

《意见》21 处使用了“规范”或“规范化”，全部与“语言”“文字”搭配，同时也多与“国家通用语言文字”或“标准”共现。比如，“以推广普及和规范使用国家通用语言文字为重点”“推进语言文字规范化、标准化、信息化建设”“增强全社会规范使用国家通用语言文字的意识”“确保国家通用语言文字规范标准的贯彻落实”“加大行业系统语言文字规范化建设力度”等。

由此可见，“语言治理”是全局性的，“语言管理”是中观层次的，而“语言规范”则关涉具体工作。

综合“语言纯洁观”“语言健康观”和“语言治理观”来看，三者虽依次在 20 世纪 50 年代、90 年代和 21 世纪头十年出现，但不存在简单的取代关系，而是在当下共存。虽然“语言纯洁观”近来受到不少批评，但这一观念深入人心。具体到网络语言文字，20 世纪 90 年代兴起的网络语言生活处在“纯洁观”“健康观”两种差异很大的主流规范观的交织并存之中，它在 2010 年前后步入兴盛之际又被纳入“治理观”的框架中。因此，分析具体的网络语言规范理念也必须置于这种格局之下才能得出更准确的结论。

本书要指出的是，对网络语言文字的规范，本质上就是如何看待新字新词新语。语言规范涉及语言文字的方方面面，并不是所有的都与网络语言规范有关。因网络而兴起的各种语言文字范畴的表达，它们与既有的语言文字体系既有相通之处，也有不少相悖的地方——“新新人类”使用的表达形式自然是以“新”为主要特征。

二 网络语言规范的理念及其演变

（一）网络语言规范理念概况

网络语言规范的理念，即对网络语言规范所持有的态度和看法，也可称之为网络语言规范观。如何对网络语言生活进行规范和治理，其理念受到两大因素的影响：一是上文所述的社会主流的语言观和语言规范观，二是网络语言生活的具体内容和议题。本节将简要分析前一因素影响下社会所持的网络语言规范理念。下一小节则根据具体议题的变化来讨论社会所持的网络语言规范理念。

“语言纯洁观”之下的网络语言规范理念。“纯洁”意味着要符合原本的标准系统，无论是外来的还是自生的，都不能予以破坏，否则就不“健康”，就“污染”了原有的语言。这一语言规范观之下的网络语言态度最具有代表性的是在阶段 I，即 2006 年之前的网络语言生活中。彼时，主流观点将关注重点放在网络语言新形式的本体特点上，“听不懂”“文字游戏”“黑话”等时常被用来描述网络语言。现实生活中主流社会更多具体的批评性的话语可以参考下一小节的分析。此处仅例举两项典型事件进行说明：一是于根元先生在 2001 年 10 月出版的《网络语言概说》一书序言中详细记述了 21 世纪初发生的有关网络新词新语的“三个冲击波”，一是《中国语言生活状况报告（2006）》（2007 年 8 月发布）公布的 171 条 2006 年度新词语引发社会广泛关注。[①] 它们产生社会舆情被广泛讨论，就是当时网络语言规范理念的直接体现。语言纯洁观一直深刻影响着社会大众的网络语言规范态度，尽管伴随着网络的高度普及和网络语言生活的全面发展，它仍然是当下非常重要的一种规范理念。

“语言健康观”之下的网络语言规范理念。“健康”意味着无所

① 时任国家语委副主任、教育部语言文字信息管理司司长李宇明后来（2007 年 8 月 24 日）在《光明日报》专门撰写了《发布年度新词语的思考》的文章进行说明。

谓纯洁与否，和谐是其核心内容。只要能处理好各种语言矛盾、发挥好语言的各种功能，就是健康和谐的语言生活。这一语言规范观对网络语言生活的影响几乎从其产生就一直存在，并在早期与“纯洁观”进行过激烈的争论，而后逐渐占据上风成为一种主流的网络语言意识。具体材料分析可以参看“网络语言规范的理念及其演变”一节相关部分。在这一观念影响之下，网络新词语被认为是反映着社会发展，促进着社会进步，不应视为要采取措施来对付的麻烦，它既不是“洪水猛兽”，更不是“垃圾”。即便有一些格调不高、不合规范的词语，这种观念也相信很快会由语言本身的调节机制和现有的语言使用典范与规范约束起来。因此，时任国家语委副主任的李宇明 2007 年初在接受《人民日报》专访时就表示，“在国家层面上，当前还没有出台法规以规范网络语汇的打算”，并认为“少点清规戒律和语言‘警察’，多点语言样板和语言导师，社会语言生活的质量就会不断提升，社会语言生活就会和谐健康”。[①]

“语言治理观”之下的网络语言规范理念。治理，即对语言生活进行全面关照和通盘考虑，需要多方协调、齐抓共管。这一语言规范观映射到网络语言生活中，主要体现在阶段 II 后期和阶段 III，它强调在网络空间中全面认识语言，统筹各类维度，避免顾此失彼。武汉大学中国语情与社会发展研究中心主任赵世举教授曾在《光明日报》撰文表示要“重视网络空间语言的规划与治理”，[②] 认为网络空间中的语言资源、语言服务、语言技术以及语言理论和方法对网络社会的治理都发挥着极为重要的作用，并呼吁在“以言行事”的网络空间，既需要用好语言这一工具来实施网络社会治理，又需要管好网络语言生活，以维护网络空间的健康发展、社会稳定和国家安全。可以预见，“语言治理观”之下的规范理念将会主导未来网络语言生活的规范与治理工作。

---

① 任胜利：《多点语言样板　提升语言质量——访国家语言文字工作委员会副主任、教育部语信司司长李宇明》，《人民日报》2007 年 1 月 12 日第 16 版。

② 赵世举：《重视网络空间语言的规划与治理》，《光明日报》2018 年 1 月 11 日第 11 版。

（二）网络语言规范理念的演变

网络空间中的语言使用及其影响涉及的范围很广，从四大类议题来看，网络语言使用规范的总体局面是：（1）因议题的内容而异，担庸俗低俗内容一直被坚决抵制；（2）因议题的使用领域和主体而异，一般更强调公共机构和大众传播媒体使用规范的语言文字。

尽管存在上述整体情况，但各维度内部情况其实是变化和发展的。以下将重心放在相关报纸文章和官方文件对“网络新词新语的本体规范”和“网络不文明语言行为”等两类议题规范观的变化历程进行分析。之所以选择这两个议题，是由于前者在网络发展历程中一直是讨论的焦点，且内部分歧经历了较大的变化；而后者则为近些年网络高速普及进程中被各界广泛关注的点。

1. 网络新词新语本体规范态度的变化

2000 年前后，天涯社区、网络聊天室、QQ 等一批在线互动平台纷纷上线，互联网络开始对普通民众的现实生活产生影响。伴随而来的是，不少网络用语也被带入他们的现实生活，“大虾”“斑竹”“美眉”等“新新人类”的语言漫天飞，让人“不知所云”。尔后 5 年之内，又出现了贴吧、博客这两类极具影响力的网络社交工具，使得网络中“雷”词不断，“新词儿猛刷校园文化”。面对一涌而来的巨量网络新词新语，学者们开始了如何看待它们的争论。

新词新语在每个时代都会产生，“大虾”“斑竹”“美眉”等不过是网络时代的实例而已。如何看待网络中出现的汉语各种新形式，归根结底就是如何看待新词新语。上一次有关新词新语的讨论始于 20 世纪 80 年代的改革开放。此时的社会巨变带来了大量的新词汇，从那时开始，学者们发表了很多看法。具体梳理可以参看苏琳、仇晓红、吴长安于 2017 年在《语言文字应用》发表的《汉语新词语研究的梳理与评析——基于期刊论文的可视化分析》一文，以及本章第一节中介绍的有关几类语言规范观的情况。

以下具体讨论《人民日报》等三大报刊文中有关网络新词新语本体规范的态度情况。《中国语言生活状况报告 2015》曾以“网络语言规范引热议”为题，全面梳理了2014年全网有关网络语言规范问题的新闻报道（613篇），并将它分为4个小议题：网络语言能否进入教科书、词典该不该收录网络新词、抵制粗鄙语言是否必要以及广播电视节目该不该禁用网络语言。该报告从支持和反对两个方面描述了当时的社会语情。本节引用面更广时间更长的材料从语言本体规范的角度分析，具体包括网络语言是否污染了汉语，网络语言能否进入词典、教科书和政府公文等严肃文体。

（1）网络语言是否污染了汉语

网络语言是否使得汉语不纯洁，或者它是否污染了汉语，在三大报之外也有很多讨论。于根元在《网络语言概说》（2001年10月出版）一书的序言中比较详细地描述了2000—2001年社会各界（如《文汇报》《文摘报》《中国青年报》《南京日报》《语文建设》以及一些知名网络平台）针对网络语言的“三个冲击波”。针对这一话题整体上呈现出三种态度：网络语言往往让人看不懂会给汉语带来混乱，网络语言不会污染汉语反而会很大程度上丰富汉语，以及中立的态度，即既要吸收其积极的一面同时又要注意适度规范。

从时间维度上来看，认为网络语言不会污染汉语主要是针对语言纯洁观的。在互联网络发展的早期阶段，持语言应该纯洁和健康态度的大有人在，此时，认为网络语言并不会污染汉语的声音也非常多。统计数据表明，在2010年之前，三大报中明确认为网络语言会破坏汉语纯洁健康的文章有18篇，而与之争锋相对、认为网络语言不是“洪水猛兽”的文章有23篇，两者基本上处于势均力敌的状态。随着互联网络的普及，网络语言生活也越来越丰富。纯粹的语言纯洁观已经开始发生了不少变化，它不再是过度强调语言的民族性和单纯性。正如《语言，该规范就要规范》（《人民日报》2014年12月4日）一文所说，网络用语是语言文化在网络时代的发展结果，也是一种必然产物，但井喷很容易鱼龙混杂，有可能会损伤语言美的主干。那些既不是社会生活的需要，也无益于人际交流的现象最容易产生网络对文化的负面效应。所以，必要的规范和禁止无可非议。

支持方：网络语言会污染汉语

此种态度是“语言纯洁观”的具体体现，此类观点担心网络语言会冲击汉语原有的系统稳定，消解汉语和汉字之美，产生各种生搬硬造、不中不洋的表达，不仅破坏汉语的纯洁性，还可能造成代际沟通不畅。

“污染”“黑话”“品位不高胡编乱造”，这是三大报中最早持此态度的文章对网络语言的措辞。三大报能查到的最早的持此态度文章为《光明日报》2000 年 7 月 13 日刊发的《对语言污染不能太宽容——从“ku”说起》一文。该文批评了“酷”（cool）等新造词被不分场合地滥用，造成了汉语污染，并指出语言学界应该积极干预语言文字的应用过程，对于不合规范的用语坚决“亮黄牌”。《中国青年报》最早的文章为 2001 年 1 月 31 日刊发的《“网语词典”就像黑话词典》，该文用“黑话”形容网络新词新语，并直言不讳地表示，什么“GG”“美眉”“大虾”之类不过是玩玩无聊的文字游戏，把这些毫无意义的游戏词汇一本正经地去注释出版，对当前急需的语言规范肯定会产生不少负面影响。《人民日报》则在 2001 年 2 月 27 日第 2 版使用了“网络语言令人忧　流行用语须规范”的标题。对于“菌男（俊男）”“霉女（美女）”“PP（漂亮）”等网络新词流行于学生中的情况，该文表示家长、教师很忧虑孩子使用这些莫名其妙的流行口头表达，担心会带来语言混乱。在点评中，该文使用了“品位不高”“胡编乱造”来形容上述网络新词潮词。

尤其要指出的是，《人民日报》2004 年 10 月 18 日在头版刊发了题为“网络语言应规范”的文章。该文指出网络用语“怪字”“错字”很多，不利于青少年的语言学习，呼吁要保持语言的纯洁和规范。另据《如何看待“网络语言”》报道（《光明日报》2006 年 12 月 7 日，作者宋卫平），时任中国语文现代化学会会长苏培成就认为网络语言与汉语往规范、丰富的发展方向背道而驰，网络语言特有的词并不符合必要性、明确性和普遍性等原则，肯定不会进入全民语言，因此它们会把汉语弄乱，其消极作用不可忽视。苏先生还认为，网络语言不是语言里的积极成分，不能允许它到处泛滥。

“洪水猛兽”“垃圾”也是用来形容网络语言的常见表达。刊载于《人民日报》的《新生词汇：润物春雨，还是洪水猛兽》报道称，很多人担心传统语言的纯洁性将因越来越多的网络新生词汇而被破坏和颠覆。文章引述时任中国语文现代化学会理事的钱玉趾的观点，认为所谓的“网络语言”并不具备语言的特征，更不具备合法性、规范性及通行性。这种情况还可以从以下文章的标题窥见一斑：[①]

[1]《语言文字专家说——我不再认为网络语言是垃圾》，《中国青年报》2002 年 6 月 27 日；

[2]《网语：现代汉语的革命者还是污染者》，《中国青年报》2004 年 12 月 22 日；

[3]《新生词汇：润物春雨，还是洪水猛兽》，《人民日报》2007 年 1 月 12 日；

[4]《“火星文”：个性娱乐，还是洪水猛兽》，《中国青年报》2007 年 9 月 3 日。

“捍卫”“守护”“纯洁”“纯净”“危机”等也常常被用来描述网络语言对汉语的冲击和造成的负面影响。如“面对新生词语的汪洋恣肆，有人提出现代汉语急需规范，呼声认为很多外来词、流行语、缩略词……或者是胡编乱造的新潮，或者是莫名奇妙的符号链，有害于民族语言的纯洁和健康，是语言的垃圾，应当加以剔除和摒弃。因为词汇贫乏，所以才乱造词汇，不懂语法所以要‘超越’语法，没有文化才轻慢文化”。[②] 下面的文章标题也足以表明这一局面：

[1]《“网络修辞”的负面影响不容忽视》，《光明日报》2005 年 6 月 21 日；

[2]《从“亨廷顿问号”看捍卫汉语生态》，《中国青年报》

---

① 虽然有的文章并不赞同将网络语言视作“洪水猛兽”或“垃圾”，但他们选择这样的标题也强烈预设彼时的社会上此类想法甚为流行。

② 桂杰：《网语词典六月问世 新新话语该捧该贬》，《中国青年报》2001 年 1 月 5 日。

2006 年 3 月 3 日；

[3]《汉语到了最危急的时刻》，《中国青年报》2006 年 7 月 10 日；

[4]《维护语言的纯洁和健康》，《人民日报》2010 年 11 月 25 日；

[5]《规范语言文字，守护民族精神家园》，《人民日报》2010 年 12 月 1 日；

[6]《网络“潮词”，慢点用》，《人民日报》2013 年 1 月 25 日；

[7]《守护中文的纯洁》，《光明日报》2013 年 3 月 7 日；

[8]《维护汉语的纯净》，《光明日报》2016 年 12 月 22 日；

[9]《净化网络语言》，《人民日报》2018 年 6 月 5 日。

从时间维度上来看，网络语言会污染汉语的态度主要在互联网络发展的早期阶段（以 2007 年前后为分水岭）有很大的影响力。随着互联网的普及，尤其是微博、微信等有广大使用者的社交平台融入民众的日常生活，“语言纯洁观”在社会各界的影响力逐渐式微。之所以将 2007—2008 年划为此规范观的重要分水岭，还与国家语言文字工作委员会于 2005 年开始推出的《中国语言生活状况报告》系列皮书中的年度新词新语，以及与之的“汉语盘点”等年度活动的冲击有重要关系。

反对方：网络语言不会污染汉语

此种态度是“语言生活健康观”的具体体现。该种态度坚持语言本身是无所谓纯洁不纯洁的，语言永远处在动态变化之中，各个时代所产生的新词汇并不会深刻影响汉语的基本词汇系统，语言学者的职责仅为研究、引导和推荐新词语。①

李宇明在《中国语言生活状况报告 2015》的序言《新媒体与语言学》中批评以平面媒体的眼光和网络局外人的视点来看待网络语言

① 周洪波：《新词语冲击波的是是非非》，《光明日报》2000 年 6 月 15 日第 6 版。

生活的态度，指出不应“以旧律新”，亦无须苛责网络语言。该序言还指出，“语言纯洁论”理论上没有依据，实践上也难行通。不管是平面媒体、有声媒体，还是网络媒体，语言规范的目标都不应是“语言纯洁”，而是语言生活和谐。

具体到三大报纸，《光明日报》早在1999年就刊文描写了网络“新奇语言”的各种表现，如网客名字五花八门、表情符号大行其道，以及谐音和缩写匪夷所思等。① 该文是《光明日报》第一篇与网络语言有关的文章。《人民日报》所刊登的第一篇讨论网络语言的文章《网络民俗语言探析》（2000年6月20日第11版）同样也是纯描述，作者曲彦斌从词源学角度考察了网民使用的新民俗语言（即网络流行语）。比如，对于“斑竹（版主）”，他认为，“板”一作“版”或“坛子”，即电子信息板（BBS），因而其主持者就理所当然地称作了“板主”或“坛主”，再通过网民们的幽默感和想象力，于是取“板主”的谐音称作“斑竹”。尽管这两篇文章几乎都没有体现出任何对网络语言的褒贬倾向，然而其刊登发表很大程度上表明网络中的新新话语并不一定都会被当作“污染物”来看待。《中国青年报》最早持此态度的文章为2001年2月2日的《网络语言应提倡“语竞网择，适者生存”》。作者东方尔认为，一个新的网上语言创新时代正在到来，对于以各种形式出现在网上的语言，“语竞网择，适者生存”是最合适的，并认为过早地对它们进行褒贬都不合时宜。

社会每兴起一类广为流行的网络新语言现象，三大报尤其是《光明日报》都会刊发相应的文章来对其价值和影响进行分析。从早期的“美眉”等网络新词，到火星文、网络生造字（如“囧”“槑”），以及后来的表情包、各种“××体”等，许多文章都认为它们有独特的价值，不仅不会影响汉语，反而会使得汉语的表达更丰富、生动。以下的文章标题就能充分反映出这一情况：

［1］《新词语会不会削弱汉语的独特魅力》，《中国青年报》

① 肖成年：《网络上的“新奇语言”》，《光明日报》1999年5月26日第10版。

2002 年 8 月 28 日；

[2]《网络语言不是洪水猛兽》，《中国青年报》2004 年 12 月 21 日；

[3]《开放心态面对网络语言》，《人民日报》2006 年 3 月 31 日；

[4]《“扑杀网语”不如“语竞网择”》，《中国青年报》2006 年 4 月 3 日；

[5]《辩证看待“火星文”》，《人民日报》2008 年 10 月 14 日；

[6]《何必视网络新词如洪水猛兽》，《中国青年报》2009 年 9 月 8 日；

[7]《网络流行语大拜年备感亲切》，《光明日报》2010 年 2 月 9 日；

[8]《对汉字的变化，不必杞人忧天》，《光明日报》2013 年 9 月 12 日；

[9]《包容一下“喜大普奔”有什么不可以》，《中国青年报》2014 年 3 月 26 日；

[10]《网络语言不是“洪水猛兽”》，《人民日报》2016 年 8 月 11 日；

[11]《表情包毁不了语言》，《光明日报》2018 年 5 月 3 日；

[12]《甲骨文有了新“活”法》，《人民日报》2019 年 11 月 4 日；

[13]《我们该为满屏 yyds 而担忧吗?》，《光明日报》2021 年 8 月 24 日。

就拿较近流行的“yyds”等拼音缩略词来说，《我们该为满屏 yyds 而担忧吗?》一文的作者王丹认为，我们大可不必为眼下刷屏的“yyds”过度忧虑，人们通过缩写等造词方法完全是在遵循语言经济学基本原则，是各个时代“语法”的共性。

中立方：适度规范并引导网络语言生活

这一态度之下的具体情况比较复杂，但总体上可以用“规范+引导并重”来概括。从事语言文字工作的管理部门和广大语言学者倾向于这一态度。

从数据上看，三大报中大部分文章均持此谨慎态度：一方面肯定网络语言带来的积极意义，另一方面也警惕不分场合滥用网络热词潮词对现有语言生活产生的过大冲击。早期的文章，像《新词语冲击波的是是非非》（《光明日报》2000年6月15日）、《网语词典六月问世　新新话语该捧该贬》（《中国青年报》2001年1月5日），都讨论了网络语言正面的和负面的影响，并倡导该规范的就规范，该吸收的就吸收。正如时任商务印书馆汉语编辑室主任的周洪波在《新词语冲击波的是是非非》中所言，新词语的显现和隐退、竞争和淘汰，都是在实际生活中自发地进行的，一般不能靠行政机关的一纸公文来规定或撤销，也不会受科学研究的支配，只能依靠语文工作者对它们进行密切观察，收集、整理、研究，然后通过词典编纂或修订的方式来引导和推荐。

2007年1月，时任国家语言文字工作委员会副主任、教育部语信司司长的李宇明在接受《人民日报》的专访时也表示，要“多点语言样板，以提升语言质量”。[①] 他表示，构建和谐的语言生活，需要有语言使用的典范，需要有各种必要的语言规范。这些典范和规范形成语言使用的榜样和规矩。他同时指出，语言现象错综复杂，少点清规戒律和语言“警察”，多点语言样板和语言导师，社会语言生活的质量就会不断提升，社会语言生活就会和谐健康。

一个具体的案例是，在“火星文”被社会各界大力批评之时，时任教育部语言文字应用研究所所长姚喜双先生在《人民日报》呼吁，语言的时代性和规范性统一是个大课题，我们既要讲究包容，又要注重规范，二者不可偏废。所以要“辩证看待‘火星文’”，要宽容网

① 任胜利：《多点语言样板　提升语言质量——访国家语言文字工作委员会副主任、教育部语信司司长李宇明》，《人民日报》2007年1月12日第16版。

络中出现的新的语言形式，不应干预个人的语言使用，以维护语言表达的健康、多元和活力。①

对于“规范 + 引导”中的“规范”的对象，也有过变化。早期的观点倾向于规范网络新词新语本身，后来演变为倾向规范网络语言生活，而且是公共空间中的网络语言生活。于根元指出，“语言规范实际上不是规范语言本身，而规范人的语言使用”。② 也即李宇明所说的“语言治理”治理的是语言生活而不是语言。③ 这一点，北京语言大学汉语教育研究所所长张黎2019 年在《网络语言，到底该规范什么》一文中有过深入讨论。④ 他认为，人际传播性质的网络语言信息适宜按个人语言生活领域对待，不必过于强调规范；而大众传播性质的网络语言属于规范对象，应该规范，可以通过我国现有语言文字法规和标准去执行。人民网舆论与公共政策研究中心主任祝华新也有类似看法。他在接受《人民日报》的采访时表示，为了语言的健康和规范，对于语言使用可以采取“分层管理”：小说、电影等文艺作品，特别是以网络形态出现的文艺作品，可以适度宽松；主流媒体、教科书、政府公文必须规范，起到文化导向作用。⑤

对于在网络空间如何开展语言活动，有学者提出“立法要先行”和“重视整体规划和治理”⑥。这比早期就语言文字具体使用的地方立法又迈出了一大步。

（2）网络语言能否进入词典、教科书、政务公文等领域

网络语言是否适合进入词典、教科书，是否适合出现在学生的作业和试卷、以及政务公文之中，2001 年实施的《国家通用语言文字法》并没有明文规定，因此这一情况迄今都还有争议。以下将按照时

① 姚喜双：《辩证看待“火星文”》，《人民日报》2008 年 10 月 14 日第 11 版。

② 于根元：《应用语言学的基本理论》，《语言文字应用》2002 年第 1 期。

③ 李宇明：《语言治理的若干思考》，载国家语言文字工作委员会组编《中国语言生活状况报告 2020》，商务印书馆 2020 年版，第ⅲ—ⅶ页。

④ 张黎：《网络语言，到底该规范什么》，《光明日报》2019 年 7 月 13 日第 12 版。

⑤ 许晴：《今天如何好好“说话”》，《人民日报》2019 年 5 月 17 日第 11 版。

⑥ 袁伟：《网络语言治理，立法要先行》，《光明日报》2017 年 6 月 4 日第 12 版；赵世举：《重视网络空间语言的规划与治理》，《光明日报》2018 年 1 月 11 日第 11 版。

间顺序，围绕具体的语情热点来展现各方看法，具体体现在四个热点中。不过，由于网络语言能否在广播电视节目和广告中使用、是否适合在政务公文出现这两个热点分别在第三、五章有详细讨论，此处不再赘述。

热点一：网络语言被编入字典词典等工具书是否合适

最早产生争议的是有没有必要专门为网络语言编工具书。2001 年 6 月出版的《中国网络语言词典》一度引发了轩然大波。《中国青年报》还先后专门刊发了《网语词典六月问世　新新话语该捧该贬》(2001 年 1 月 5 日)、《“网语词典”就像黑话词典》(2001 年 1 月 31 日）和《你只懂黑话　并不懂网语》（2001 年 2 月 12 日）等文章供社会争论。该词典的主编于根元先生在随后出版的《网络语言概说》(2001 年 10 月）一书序言中对有关于此的“三个冲击波”有过大致的叙述。当此之时，网络新词新语都还是极有争议的现象，而对它们分门别类汇编成为专门性词典，着实让不少人难以接受。而差不多同时，还有一系列有关网络语言的工具书问世，如《网络时尚词典》《网络专用词典》《实用网络语言用语手册》，以及网络版的《金山鸟语通》和《新新人类网络语言魔鬼词典》等。[①] 上述这些词典字典都还只是专门性、小领域传播的工具书。随着网络的发展，各类网言网语层出不穷，且变化极快，此类正式出版的纸本工具书已经不再能够很好地释疑和释义。许多网络平台打造的“热词”“锐词”等榜单开始取而代之。

后来争论的焦点则转为权威工具书能不能收录网络语言。《中国语言生活状况报告 2016》发布后，人们发现有不少网络流行语榜上有名。对此，《中国青年报》专门进行了调查，并以“62. 1% 受访者建议将有意义的网络词汇收进词典”为题目进行了报道（2016 年 7 月 19 日),[②] 还在隔日刊文《网络语言为啥就不能进词典》加以

① 胡凌、刘云、杨传丽：《网络语言二十年发展综述》，《湖南大学学报》（社会科学版）2014 年第 5 期。

② 杜园春、白紫微：《62. 1% 受访者建议将有意义的网络词汇收进词典　89. 6% 受访者频繁接触网络用语，66. 9% 受访者会使用》，《中国青年报》2016 年 7 月 19 日第 7 版。

讨论，[①] 认为网络语言并非都是肤浅的，不少网络词语颇有意蕴，反映了年轻人的精神状况。这些词语进入词典是语言发展的趋势，不仅不会损害汉语本身，还会助其与时俱进。不过，同一时间《光明日报》的文章《网络热词入典应正确辨别》（7月22日）则比较谨慎，作者茅亩认为，对即将收入字典词典的网络语言要“客观呈现、正确辨别”，包括对词条内蕴的价值观进行把关、做好词条使用情景的正确导引等工作。[②]

针对这一问题，王宁、江蓝生两位资深语言学家曾在《人民日报》上也发表过看法。2013年6月，《通用规范汉字表》正式公布。该表没有收录早前极为红火的“火星文”，以及“囧”“槑”“兲”等网络生造字。对此，《通用规范汉字表》研制组组长王宁教授表示，[③] 网络中流行的“囧”等不是传承字，其意义可以通过其他规范字来替代，如果网络中造的字发展到一定阶段有了明确的写法和意义，将来也许会上升为规范字。而在2012年《现代汉语词典》（第六版）出版后，对于没有收“剩男”“剩女”却收了“宅男”，词典主编江蓝生研究员接受采访时表示：[④]

> 《现代汉语词典》有“规范性”考量，一些新生的义项，尚处于生长变化之中的，或者道德判断不值得提倡的，可以多看一段时间，等看清楚了再收也不迟。比如“粉丝”一词早已出现，但第五版没有收，到第六版才加进来。
>
> 网络语言的使用有很大的随意性、不规范性，一些词语存在着明显的缺陷与不足，所以收录网络新词决不能不加选择地贸然为之。比如，我们会考量它是否具备了新的汉语义项，是否被广泛使用，是否被社会各个阶层接受，是否还处于变化之中等等。

---

① 黄帅：《网络语言为啥就不能进词典》，《中国青年报》2016年7月20日第2版。

② 茅亩：《网络热词入典应正确辨别》，《光明日报》2016年7月22日第2版。

③ 张烁：《〈通用规范汉字表〉收字8105个　汉字有了哪些新规矩》，《人民日报》2013年8月28日第12版。

④ 张健：《敬惜字纸，语言不可游戏》，《人民日报》2012年7月20日第12版。

热点二：教科书、学生作文以及试卷中使用网络语言是否合适

新世纪之初网络语言刚刚兴起之时，不少语文工作从业者就留意到学生开始用它来写作文。《人民日报》《光明日报》就此话题还刊登了不少读者来信进行了简单讨论。2006 年 1 月 1 日，上海开始执行《实施〈中华人民共和国国家通用语言文字法〉办法》；2014 年，《河南省实施〈国家通用语言文字法〉办法》生效。两份文件都明确规定教科书不得使用不符合现代汉语词汇和语法规范的网络词汇。此外，2012 年 5 月教育部出台的《2012 年高等学校招生全国统一考试考务工作规定》首次将“高考时，除外语科外，笔试一律用汉文字答卷”改为“一律用现行规范汉语言文字答卷”。而与此相对应的却是，2016 年 6 月语文出版社出版的中学语文教材将之前的《洲际导弹自述》改为《网络表情符号》，以切合互联网时代的语言生活，一度引发了热议。

以上语情事件反映出，语言文字管理部门并不支持在教科书、作文以及试卷之中使用网言网语。早在 2005 年，教育部语用司于虹处长在教育部官方网站接受网友提问时说，像那种字母缩略形式的、数字谐音形式的网络语言不应该出现在高考作文里。高考作文检测的是学生与教材结合的语文应用能力，考的是书面语表达形式，应该遵循平面语体的规范。①

刊载于主流报刊的社会舆论也不倡议在中小学教学活动中使用网络语言。这从三大报中有关文章的标题就可以得到答案：除了明确的“不应”“禁用”“回避”等消极色彩的词汇之外，这些报纸文章大都采用问句形式，其正文内容几乎都不持肯定、赞同的态度。

［1］《用“网语”写考试作文?》，《中国青年报》2004 年 3 月 23 日；

［2］《高考作文能不能用网络语言》，《中国青年报》2005 年

① 郭少峰：《教育部官员反对“网语”进作文》，《寿光日报》2005 年 8 月 25 日第 1 版。

8 月 26 日；

[3]《如何看待“网络语言”》，《光明日报》2006 年 12 月 7 日；

[4]《不应放任网络语言出现在孩子的作业中》，《中国青年报》2009 年 12 月 24 日；

[5]《上海考生称写作文回避网络用语》，《中国青年报》2011 年 6 月 08 日；

[6]《高考作文禁用网络语言?》，《中国青年报》2011 年 6 月 9 日；

[7]《高考为何不能使用网络语言》，《光明日报》2012 年 6 月 9 日；

[8]《“高考体”显示中学生不良文风和写作弊端亟待扭转》，《中国青年报》2012 年 6 月 27 日；

[9]《该不该将网络语言拒之“卷”外?》，《中国青年报》2015 年 6 月 9 日；

[10]《中小学生作文要用规范词语》，《光明日报》2016 年 4 月 17 日；

[11]《看不懂的作文》，《光明日报》2016 年 4 月 17 日；

[12]《语言生活离不开语体意识》，《光明日报》2021 年 8 月 15 日。

中国语文现代化学会会长苏培成曾两次在《光明日报》上刊文，尽管前后相隔六年（第一次是 2006 年 12 月，第二次是 2012 年 6 月），他仍然坚持学生作文和考试中不应该使用网络语言的观点。苏培成指出，“网络语言”容易让青少年的语言变得贫乏、单调、粗俗，要引导青少年认识“网络语言”危害的一面，自觉加以抵制，集中精力学好母语，提高母语的应用能力。[①] 在《高考为何不能使用网络语

① 宋卫平：《如何看待“网络语言”》，《光明日报》2006 年 12 月 7 日第 8 版。

言》一文中，[1] 苏先生进一步指出，目前人们所说的网络语言，其实只有一些特定的词汇和固定格式，没有自己的语音和语法，根本就够不上“语言”。同时，这些词汇只在城市青少年网民中流行，根本没有进入全民语言。一个中学生如果只会使用这些词汇，不会使用普通话词汇，他的汉语言文字实际达不到中学生的水平。有人说，我们的教育不是要培养学生的特长，禁用网络词汇是不是背离了这个宗旨？特长要建立在科学的基础上，如果连规范的汉语言文字都不会使用，特长也就成了空中楼阁。

最近一次的讨论与 2021 年 7 月 19 日登出的《这届小学生，用 yyds 写作文》深度新闻报道有关。[2] 据报道，刚跨入小学的小朋友在作文中就已经开始大量使用各种网络流行词语和句式了。本书第四章第二节有具体讨论。此处引介北京语言大学助理研究员饶高琦在《光明日报》中一文对此事的看法。他指出，小学生写作文用起了“YYDS”，可算是一种“幸福的烦恼”。然而，烦恼终究还是烦恼。《国家通用语言文字法》规定，“汉语文出版物应当符合国家通用语言文字的规范和标准。”同时，下列五类情形应当以国家通用语言文字为基本的用语用字，包括：广播、电影、电视用语用字，公共场所的设施用字，招牌、广告用字，企业事业组织名称，在境内销售的商品的包装、说明。也就是说，学生们在日常生活和自主写作中使用流行语和拼音梗等网络语言，无可厚非，甚至也可以说具有一定积极意义。而在训练语言规范的作文写作中，尤其是考试作文中使用拼音梗，就很不合适且不规范了。

不过，《人民日报》2011 年 6 月题为“网络热词，能否‘给力’高考作文?”的读者观点汇集中也显示出社会上一些不同的看法。该文使用了“‘网语’需要宽容和引导”“正视‘拒绝’背后的焦虑”两个小标题，进而分别罗列了两位读者支持和反对（部分）网络语言

---

① 苏培成：《高考为何不能使用网络语言》，《光明日报》2012 年 6 月 9 日第 6 版。

② 尼尼微：《这届小学生，用 yyds 写作文》，微信公众号“看客 insight”，https://mp. weixin. qq. com/s/dJ9XU9yHaMrt_CFX4ecdcw，2021 年 7 月 19 日。

词汇进入高考作文的意见和原因。文章还附上了数十条微博网友的看法，既有坚决支持高考作文适度使用网言网语的，也有强烈反对的。《人民日报》虽然自身没有表明态度，但这一做法表明学生的作文是否合适（适度）使用网络词汇是个开放的问题，有待讨论。

2. 网络不文明语言使用规范观的情况

不文明语言，如低俗语言、语言暴力、谣言等，在语言生活中一直存在。随着互联网络这一新的语言传播媒介的极速扩张，不文明语言使用的效应被迅速放大：2015 年 12 月，我国互联网普及率刚突破 50%，而差不多与此同时，人民网舆情监测室的《网络低俗词语调查报告》（2015 年 6 月 2 日发布）显示，2014 年全年有 16 组网络低俗词语的原发微博数量达到上千万次以上，其中 4 组甚至超过了 1 亿次。网络语言低俗恶俗的情况由此可见一斑。

自 2012 年党的十八大召开以来，习近平总书记多次指出，要加强网络伦理和网络文明建设。党的十八届四中全会（2014 年 10 月）指出，“加强互联网领域立法，完善网络信息服务、网络安全保护、网络社会管理等方面的法律法规，依法规范网络行为”。2021 年 9 月 14 日，中共中央办公厅、国务院办公厅印发了《关于加强网络文明建设的意见》，指出要加强网络空间行为规范，并明确要求要“规范网上用语，把网络文明建设要求融入行业管理规范”①。在此背景下，网络语言文明成为 2015 年以后网络语言治理最重要的议题之一。

本书第六章专门讨论网络不文明语言的使用问题。以下仅以《人民日报》文章为例进行简要分析。虽然不文明语言行为在网络中一直存在，但在 2015 年以前，无论是《人民日报》刊文还是官方文件和政策，该议题并不是被关注的重点。在 2001—2014 年的 14 年中，《人民日报》共刊登网络语言规范的文章 75 篇，其中关涉网络中不文明语言使用的只有以下 12 篇：

---

① 中共中央办公厅、国务院办公厅印发：《关于加强网络文明建设的意见》，新华社，http：//www. gov. cn/zhengce/2021-09/14/content_5637195. htm，2021 年 9 月 14 日。

[1]《网络语言令人忧　流行用语须规范》，2001 年 2 月 27 日；

[2]《对“网络舆论暴力”说“不”》，2007 年 8 月 10 日；

[3]《网络表达如何远离“暴力”》，2008 年 9 月 25 日；

[4]《道德法律携手　遏制网络暴力》，2008 年 9 月 25 日；

[5]《别让网络语言毁了孩子》，2011 年 6 月 10 日；

[6]《治理网络语言暴力刻不容缓》，2012 年 3 月 23 日；

[7]《莫图口快种恶果》，2013 年 4 月 2 日；

[8]《警惕哄客助推网络暴力》，2013 年 7 月 18 日；

[9]《浇灭网络谣言的“火”》，2013 年 8 月 29 日；

[10]《网络不是文明的荒地》，2014 年 8 月 3 日；

[11]《网言网语，碰不得法律道德红线》，2014 年 10 月 8 日；

[12]《善意让回帖有力量》，2014 年 12 月 18 日。

在此期间，谈论网络语言规范文章的标题中，“纯洁”“规范”“健康”“维护”等关键词往往指向网络新词新语的“滥用”情况。如《网络语言令人忧　流行用语须规范》《网络语言应规范》《别让汉语之美被消解》《新生词汇：润物春雨，还是洪水猛兽》《维护语言的纯洁和健康》《维护汉语健康人人有责》《评“网络新造词语流行”：语言，该规范就要规范》等。

而在 2015—2021 年 7 年，《人民日报》仅 2015 和 2016 年两年就刊发了 25 篇讨论网络低俗语言、网络语言暴力等主题的文章。在以网络语言规范为议题的文章的标题中，“抵制”“净化”“纯净”“守护”等关键词则更多地针对网络中的不文明语言行为。如《给语言留一分纯净》《守护好我们的语文素养》《清“泥沙”去“污垢”加强“微语言”治理刻不容缓》《抵制网络低俗语言　倡导文明用语》等。

这些关键词也非常鲜明地表明了《人民日报》相关文章对网络不文明语言行为的态度——强烈抵制、坚决阻遏网络中语言使用的低俗化、庸俗化和粗鄙化。此种态度与官方文件和政策高度一致，与社会大众的期待高度一致。

第三节 网络语言规范的实践及其演变

语言实践，除了通常理解的在现实世界中实施语言行为之外，本书还认为应该将在公共空间表达语言意识这一行为也纳入进来。因为该类活动（如对网络语言规范表达态度、意见和建议）不仅仅包含话语本身的信息内容，同时表达话语行为的主体、时点、平台等可以传递出更多甚至更为重要的信息。也就是说，特定时空环境中一整套话语行为所传递出来的内容——“在什么情况下谁何时在何处说了什么”，同样也是语言实践的组成部分。

本节将先对这些规范活动进行一个静态的详细展示，包括呼吁对网络语言进行规范的主体、时间、平台或渠道等，而后依据《人民日报》等公开的有很大影响力的资料分析它们在近三十年的历程中的变化，以期勾勒出网络语言重要规范实践的基本面貌。

一 实践的社会平台和主体

（一）网络语言规范实践的社会平台

有很大影响力的观点通常都要依托重要的媒介平台进行表达和传播。一般而言，官方文件、领导公开场合的讲话、社会知名人士正式的发声或建言、国家级报刊文章等是最典型、也是最影响社会各界的传播渠道。通过调查发现，对网络语言规范的讨论和意见在这些重要平台上都有体现，足见网络语言文字的使用问题是管理部门和社会都极为重视的一个议题。

在官方文件方面，发布于 2021 年 11 月 30 日的《国务院办公厅关于全面加强新时代语言文字工作的意见》中有涉及网络语言文字规范的内容，是迄今最为重要的文件。教育部、国家语言文字工作委员会每隔四年发布一次的语言文字事业五年发展规划，均有规范网络语言文字使用的若干内容。除此之外，国家语委、国家网信办、国家广播电视总局、国家新闻出版总署、教育部语言文字信息管理司和语言文字应用管理司等部委及内设单位，以及地方政府相关部门均有不少文件关涉网络语言治理的内容。

从 2006 年开始，国家语委每年都会发布语言生活皮书。截至 2022 年 1 月，其中的“绿皮书”（《中国语言生活状况报告》）关涉网络语言生活治理的只有 2006 年、2020 年两年没有专章进行描述，其余年份均有专门章节进行讨论。比如 2006 年第一次发布的《中国语言生活状况报告 2005》在“专题篇”专章描述了网络语言当时的基本状况，并表明了该报告的态度。

公开场合的领导发言多为主管语言文字工作的负责人讲话。行业协会也会就网络语言文字的使用问题发声。如 2015 年 8 月 14 日，由中宣部、中央文明办、中国记协联合召开了“抵制网络低俗语言、倡导文明用语”专题座谈会。参会的有国家语言文字工作委员会、国家新闻出版广电总局等单位有关负责人，中央和北京市新闻单位、网站以及社会有关方面代表和学者。在座谈会上，中国记协、首都互联网协会发布《抵制网络低俗语言、倡导文明用语倡议书》。

社会知名人士的正式发声主要表现为全国“两会”期间的人大代表和政协委员的提案和建议。如 2005 年两会期间，全国政协委员、作家王安忆呼吁要重视中国青少年学习中文的问题，她认为优美的中文现正在受“损失”：肤浅的网络语言流行，直白的缩写，英语词汇在污染中文，人们接触文字远远少于图像……[①] 2010 年的两会上，全国人大代表沈长富建议屏蔽“3Q”（ThankYou）、bt（变态）、“囧”“槑”等网络用语，认为青少年长期接触它们会产生不好影响。据武汉大学中国语情与社会发展研究中心内部简报《中国语情》的不完全统计，有关网络语言治理的提案和建议近几年越来越多，有不少代表已经提议修改《国家通用语言文字法》，将网络中语言文字的使用规范写进法律之中。

由政府部门组织的社会人士和行业专家座谈会也是体现规范观的

① 俞明骁：《人大代表政协委员热议中文教育——不要损害汉语的美丽》，《新民晚报》2005 年 3 月 9 日。

重要平台。早在2002年，教育部语言文字应用管理司就组织了语言社会应用热点问题座谈会，如何看待大量涌现的网络新词语是此次座谈会的一个重要议题。包括全国人大代表、政协委员，全国科学技术名词审定委员会有关人士，语言学家、知名作家，出版、广播、电视及网络等媒体专业人士参与会议，行业范围相当广，讨论非常热烈，其影响也非常大。①

在国家级报刊方面，规范网络语言文字使用的议题出现在了《人民日报》《光明日报》《中国教育报》《中国青年报》《半月谈》和新华社的报道和讨论文章之中。本书以“网络语言”为关键词，并通过后期筛选出与规范相关的文章，得到上述各报刊的情况大体如下：②

《人民日报》154篇文章，最早一篇于2001年2月27日刊登，题为《网络语言令人忧　流行用语须规范》。

《光明日报》262篇文章，比较早的为1999年1月20日登载的《关注网络语言》。③

《中国青年报》192篇文章，最早的为2001年1月5日刊发的《网语词典六月问世　新新话语该捧该贬》。当年共刊登了5篇与此相关的文章。

这些主流报纸还不时以专栏形式同时刊发多篇文章进行讨论。《人民日报》的情况如下：

2016年08月11日第24版“网络语言大家谈”专栏，刊登周洪波《网络语言不是“洪水猛兽”》、陈晓冉《警惕网络语言“粗鄙化”》、王旭明等《源于生活的“矿泉水”》3篇文章。

---

① 教育部语用司：《关注语言社会应用热点问题——教育部语用司在京召开语言社会应用热点问题座谈会》，教育部网，http://www.moe.gov.cn/s78/A18/s8357/moe_806/s3142/201001/t20100127_78904.html，2002年8月27日。

② 《中国教育报》、新华社文章和《半月谈》由于没有完整的可供检索的数据库，因此暂不列出具体数据。后文进行分析时再单独展示和分析。而网络主流互动平台，如知乎、微博、微信公众号等，它们中与网络语言规范有关的话题，尽管有的也有不少热烈的讨论，如高点击量、高点赞量、高转发量的那些网友发言，由于无法进行完整收集，因此也只在具体语情事件中进行展示和分析。

③ 《光明日报》由于只有2008年1月1日之后的电子版，而中国知网收录该报2008年之前的文章也不是十分齐全，所以本书目前能检索到该报的相关信息不太完整。

2016 年 4 月 28 日至 5 月 12 日第 14 版“关注网络语言低俗化现象”专栏，刊登吴姗等《“网语倒灌”绑架传统媒体》、于洋等《别让“语言任性”弄脏网络》、张音等《扫除“语言垃圾”得有铁扫帚》3 篇文章。

2015 年 10 月 22 日同时刊发《低俗语言非治不可》《治理网络恶语不可头痛医头》《低俗语言非治不可》等 3 篇评论性文章关注网络低俗语。

2007 年 1 月 12 日第 16 版刊发讨论网络新词规范的文章 3 篇，分别是《新生词汇：润物春雨，还是洪水猛兽》《别让汉语之美被消解》和《多点语言样板　提升语言质量（专访）——访国家语言文字工作委员会副主任、教育部语信司司长李宇明》。

《光明日报》2008 年之后的情况不完全统计如下：

2019 年 4 月 9 日第 7 版“智库答问·关注网络时代的表达匮乏系列访谈”专栏以“守护文化的深厚底蕴”“跳出碎片化 回归深阅读”“提笔忘字，忘掉的不仅仅是‘字’”和“高兴只会用‘哈哈哈’：我们的表达能力‘断档’了吗”为题，分别访谈了多个领域多位知名学者。同时当日还刊登了《网友：“脑子里没词”，也不排斥“哈哈哈”》《除了“高富帅”“白富美”你怎么夸人》《尊重语言，就是尊重我们自己》等文章。

2019 年 2 月 16 日第 12 版专版刊登了讨论网络新兴词汇的 4 篇文章，《一个“南大”几家抢——新兴缩略词带来的烦恼》《“NBA”大战“美职篮”——如何引导新兴字母词》《混合词：词语中的“混血儿”》《“童鞋、稀饭、520”——如何看待新兴谐音词》。

2016 年 8 月 16 日第 14 版专栏讨论网络流行语，刊登了马伯庸等知名作家的《网络流行语的出现与消亡》《“段子”化生存下的变与不变》《流行语也需有所规范》《流行语既不是主餐也不必全否定》《鲜活才能给“网络段子”生命力》等 5 篇文章。

2015 年 8 月 20 日第 2 版刊发评论文章 3 篇讨论网络低俗语言，分别为《加强网络时代的语文教育》《新媒体应为优雅语言垂范》《网络表达可以俗　但不能低俗》。

此外，两份报纸还有不少系列报道和讨论刊载于不同日期和版面中，部分可参考本章第三节相关分析。

（二）网络语言规范实践的主体

提出要对网络语言文字进行规范，其主体一般持有语言规划、社会治理等立场。他们或向社会发声，或向管理部门建言。这种“观”的发声和建言，不再是单纯的学术研究，影响力不再限于学界，而是带有社会责任感和学者使命感的行为，是面向公众（比如可能会对公众的语言使用产生影响）的完全公开的表达。

提出规范网络语言的主体层级多样。从国家领导人、相关部门领导、专家学者到普通网民，在不同场合以不同形式都曾就网络语言使用问题表达过意见。

国家领导人在纪念性座谈会上对全国语言文字工作的指示中，曾就网络语言问题提出了意见。2011 年 1 月 20 日，时任中共中央政治局委员、国务委员刘延东在纪念《国家通用语言文字法》颁布十周年座谈会上发表重要讲话，指出对于新词语、流行语额网络语言等，要开展“监测与研究，引导社会规范使用，吸收其合理的有生命力的成分，丰富国家通用语言文字的词汇系统及表达手段，促进语言文字健康发展”。[①] 2016 年 9 月 12 日，时任全国人大常委会副委员长兼秘书长王晨出席纪念《国家通用语言文字法》实施 15 周年暨国务院颁布《关于推广普通话的指示》和《汉字简化方案》60 周年会议并发表讲话。在谈到当前语言文字规范应用面临网络时代的新挑战，王晨指出，各级语言文字工作部门要妥善处理各种语言文字之间的关系，积极回应社会生活中外文的过多使用、网络低俗语言的滥用等问题，营造文明规范使用语言文字的社会环境。[②]

而相关部门负责人、专家学者等的基本情况，则可以从一些重量

---

① 陈章太、谢俊英：《国家通用语言文字法》颁布十周年纪念，载教育部语言文字信息管理司组编《中国语言生活状况报告 2012》，商务印书馆 2013 年版，第 22 页。

② 王晨，在纪念《国家通用语言文字法》实施 15 周年暨国务院《关于推广普通话的指示》发布 60 周年座谈会上的讲话，人民网，http：//politics. people. com. cn/n1/2016/0914/c1001-28714585. html，2016 年 9 月 14 日。

级的官方座谈会参会成员名单中看出。比如 2002 年 8 月教育部语言文字应用管理司组织的语言社会应用热点问题座谈会，参会人员涵盖全国人大代表、政协委员，全国科学技术名词审定委员会有关人士，语言学家、知名作家，出版、广播、电视及网络等媒体专业人士。2015 年 8 月中宣部、中央文明办、中国记协联合举办的“抵制网络低俗语言、倡导文明用语”专题座谈会，参会成员包括国家语言文字工作委员会、国家新闻出版广电总局等单位有关负责人，中央和北京市新闻单位、网站以及社会有关方面代表和学者。

一些行业、协会和研究机构也是倡议规范网络语言使用的主力军。如中国记协、首都互联网协会曾在 2015 年发布了《抵制网络低俗语言、倡导文明用语倡议书》，号召新闻媒体和网站负起主体责任，净化语言传播环境。[①] 人民网舆情监测室也在 2015、2016 两年连续发表《中国网络语象报告》和《网络低俗语言调查报告》。

二 实践的社会平台及主体的演变

本节将依据《人民日报》等三家主流报纸、《中国语言生活状况报告》以及官方的政策活动来分析近三十年网络语言规范实践中社会平台及主体的变化情况。

（一）《人民日报》等三大报：即刻反应变化，且稳中有升

三大报的整体发文情况如下所示：

《人民日报》154 篇文章，最早一篇于 2001 年 2 月 27 日刊登，题为“网络语言令人忧　流行用语须规范”。

《光明日报》262 篇文章，比较早的为 1999 年 1 月 20 日登载的《关注网络语言》。

《中国青年报》192 篇文章，最早的为 2001 年 1 月 5 日刊发的《网语词典六月问世　新新话语该捧该贬》。当年共刊登了 5 篇与此相关的文章。

---

① 张贺：《中宣部等召开专题座谈会：抵制网络低俗语言　倡导文明用语》，《人民日报》2015 年 8 月 15 日第 4 版。

将考量维度置于每一年度来看，则可以得到表 2 - 2 的情况。

表 2 - 2　　三大报纸有关网络语言规范的刊文情况

年份	《人民日报》文章数量	《光明日报》文章数量	《中国青年报》文章数量	合计
1999	0	2	0	2
2000	0	2	0	2
2001	1	5	5	11
2002	0	1	5	6
2003	0	0	1	1
2004	2	3	6	11
2005	3	5	13	21
2006	2	10	10	22
2007	6	4	8	18
2008	6	0	5	11
2009	1	4	8	13
2010	9	8	10	27
2011	13	8	11	32
2012	11	10	16	37
2013	21	15	10	46
2014	10	19	13	42
2015	23	23	15	61
2016	15	37	16	68
2017	13	15	7	35
2018	6	10	10	26
2019	4	23	12	39
2020	5	17	6	28
2021	2	16	5	23
2022 年 1 月	1	3	0	4
总计	154	240	192	586

表2－2可以非常直观地表示为下图2－3。

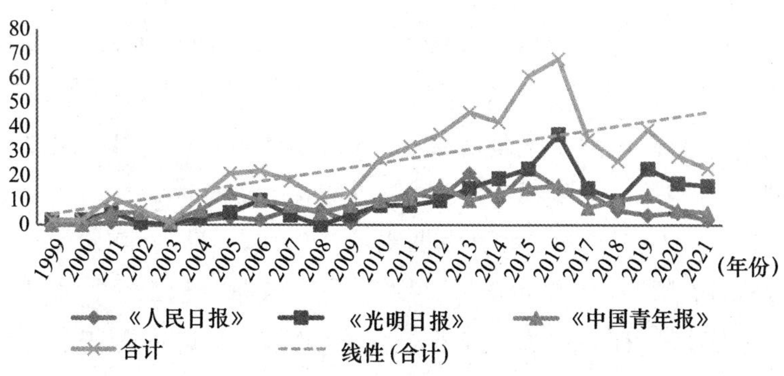

图2－3　三大报纸有关网络语言规范的刊文情况及趋势

从表2－2和图2－3可以清晰地得出以下结论：

第一，三大报1999—2021年共计刊文586篇，以《光明日报》最多，几近占一半的量。

第二，图2－3中线性预测趋势线（虚直线）的走势反映出三大报刊文的总体数量在逐年增多。在2010年以前，每年的总数均在20篇以下，2010年之后逐年升高，2017年起虽有下降，但依然维持在20以上。

第三，三大报刊文数量增速最快最集中的年份开始于2009年前后，在2016年前后达到顶峰。如《人民日报》达到两位数的年份就出现在2011—2017年。

第四，2005—2006年也是数据增幅较高的一个时段。

第五，从各报纸单独的数据来看，它们各自的峰值均出现在2015年前后。如果将这段时间隐去，三大报2011年道2021年的数值一直保持在比较平稳水平：《人民日报》保持在10篇左右，《光明日报》保持在15篇左右，《中国青年报》保持在9篇左右。

第六，三大报近23年的中位数，《人民日报》为4篇，《光明日报》为8篇，《中国青年报》为7篇。这种中位数和峰值之间的悬殊反映出近些年网络语言生活存在剧烈变化（或波动）的情况。

(二)《中国语言生活状况报告》：一直高度关注，但有将它普通化之趋势

《中国语言生活状况报告》从国家语言文字工作的高度反映我国语言生活的重大事件、热点问题及各种调查报告和事态数据。[①] 该《报告》从2006年开始发布，迄今（截至到2022年1月）已经走过16个年头，形成了本领域16篇重量级的报告。《报告》的主要栏目比较稳定，主要有“总序”“专题篇”“工作篇”“领域篇”“热点篇”“字词语篇”“港澳台篇”“参考篇”。其中，前三个栏目主要是围绕国家发展、社会语言生活变化、存在和面临的问题来发布，而“热点篇”和“字词语篇”主要报告发生的重要语言事件和语言生活热点。[②]

以下我们对上述2005—2020年间的材料进行统计和分析，以梳理该官方《报告》历年来发布的关涉网络语言使用的整体情况。具体包括：网络语言使用的议题在哪些年份、哪些栏目出现过，其数量和篇幅如何，以及该如何看待这种情况。需要指出的是，以下年份是该状况发生的实际年度而不是《报告》的发布年度。相关基本数据见表2－3：

表2－3 《报告》历年关涉网络语言使用议题的情况

年份	栏目	数量（篇）	数量小计	篇幅（页）	篇幅小计
2005	专题篇	1	1	16	16
2006		0	0	0	0
2007	专题篇	1	2	11	23
	热点篇	1		12	
2008	热点篇	2	2	32	32

① 国家语言文字工作委员会组编：《中国语言生活状况报告2021》，商务印书馆2021年版，第1页。

② 郭熙：《〈中国语言生活状况报告〉十年》，载国家语言文字工作委员会组编《中国语言生活状况报告2015》，商务印书馆2015年版，第11—15页。

续表

年份	栏目	数量（篇）	数量小计	篇幅（页）	篇幅小计
2009	专题篇	1	3	9	39
	热点篇	2		30	
2010	总序	1	2	—	8
	热点篇	1		8	
2011	热点篇	3	3	28	28
2012	热点篇	1	1	8	8
2013	热点篇	3	4	22	31
	字词语篇	1		9	
2014	总序	1	3	—	18
	领域篇	1		7	
	热点篇	1		11	
2015	热点篇	1	1	9	9
2016	热点篇	2	2	17	17
2017	领域篇	1	1	5	5
2018	领域篇	1	3	8	24
	热点篇	2		16	
2019	总序	1	2	—	9
	领域篇	1		9	
2020		0	0	0	0

表2－3可以直观地表示为图2－4：

从表2－3和图2－4可以得出，如果以栏目为视点，则有：

（1）3个年度的“总序”全部或部分关涉网络语言使用议题，分别是2010年、2014年和2019年；

（2）7个年度的“专题篇”“领域篇”等栏目关涉网络语言使用议题；

（3）11个年度的“热点篇”“字词语篇”等栏目关涉网络语言使用议题。

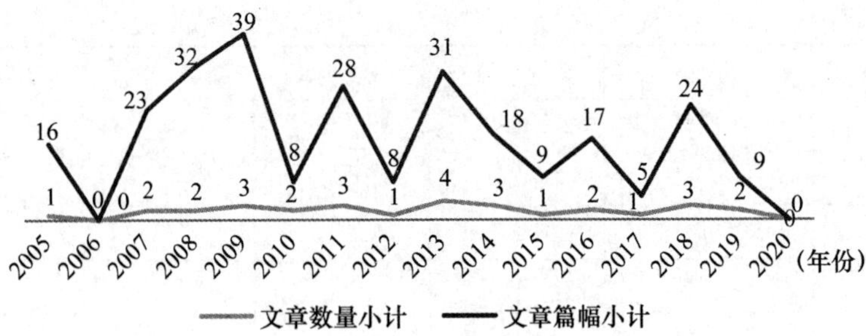

图 2－4　《报告》历年关涉网络语言使用议题的走势

如果以年度为视点，则有：

（1）2 个年度没有发布关涉网络语言使用的议题，分别是 2006 年和 2020 年。

（2）4 个年度只发布了 1 篇报告关涉网络语言使用的议题，分别是 2005 年、2012 年、2015 年和 2017 年。

（3）5 个年度发布的篇目数量比较多，分别是 2009 年、2011 年和 2014 年的 3 篇，以及 2013 年的 4 篇。

（4）5 个年度发布的篇目数量为 2 篇，为此范围内的众数。

如果以篇幅为视点：

（1）篇幅最多的在 2009 年，为 39 页；篇幅最少的除了 2006 和 2020 两个年度为 0 页外，次之的为 2017 年的 5 页。

（2）大于 30 页的有 3 个年度（2008—2009 年，2013 年），均在 2013 年以前；少于 10 页的有 7 个年度。

（3）16 个年度的篇幅中位数为 16.5 篇，高于它的年份分别是 2007—2009 年、2011 年、2013—2014 年、2016 年、2018 年。以 2013 年以前为主（5 个年度）。

上述数据表明，网络语言生活已然成为《中国语言生活状况报告》历年一个重要观察的领域，几乎一直是“热点篇”和“领域篇”的“常客”。不过从篇幅中位数来看，2013 年以后《报告》对它的总体关注度在逐渐下降，有回归普通类型的语言生活的趋势。

（三）官方文件和政策：高度关注，积极引导和规范

如本章第二节所述，从中央部委相关部门到地方政府，在近 30

年的互联网发展历程中都就网络空间的语言治理问题，出台了诸多政策和文件，开展过多种行动（活动），举办多次座谈会（论坛）。本书所搜集到的具体信息如下：

[1] 2002年8月27日，教育部语言文字应用管理司召开语言社会应用热点问题座谈会。会议由语用司司长杨光主持，参会人员包括全国人大代表、政协委员，全国科学技术名词审定委员会有关人士，语言学家、知名作家，出版、广播、电视及网络等媒体专业人士。如何看待大量涌现的网络新词语是这次座谈会的一个重要议题。①

[2] 2005年12月29日，上海市第十二届人民代表大会常务委员会第二十五次会议通过了《上海市实施〈中华人民共和国国家通用语言文字法〉办法》，其中第十四条规定，“国家机关公文、教科书不得使用不符合现代汉语词汇和语法规范的网络语汇。”“新闻报道除需要外，不得使用不符合现代汉语词汇和语法规范的网络语汇。”这是国内首部将规范网络语言行为写入法律的地方法规。② 9月27日公布的该《办法》草案版原表述为，“汉语文出版物、国家机关公文、学校教育教学”不得使用不符合现代汉语词汇和语法规范的网络语汇。

[3] 2008年7月14日，文化部、国新办通报批评称“劲舞团”等网游“出现有害信息屏蔽不完全、游戏设计导向低俗化、游戏推广活动对玩家存在不良诱导等问题，违反了法规政策，违背了社会道德，这些现象已经危害了游戏玩家特别是青少年的健康成长。”③ 在此之前，这个被称为“火星基地”的游戏已经开

① 教育部语用司：《关注语言社会应用热点问题——教育部语用司在京召开语言社会应用热点问题座谈会》，教育部网，http：//www. moe. gov. cn/s78/A18/s8357/moe _ 806/s3142/201001/t2010 0127_78904. html，2002年8月27日。

② 龚瑜：《上海拟对推广普通话进行地方立法》，《中国青年报》2005年9月15日。

③ 谭人玮：《文化部批评劲舞团“火星基地”封杀“火星文”》，《南方都市报》2008年7月16日第32版。

始自行封杀“火星文”。

［4］2009 年 10 月 26 日，江苏省睢宁县出台《关于行政语言和行政行为改革的意见》等 5 份红头文件，明确行政语言要去除官气。该县县委书记王天琦认为，“要用网络语言跟网民交流。”①

［5］2011 年 1 月 20 日，时任中共中央政治局委员、国务委员刘延东在纪念《国家通用语言文字法》颁布十周年座谈会上发表重要讲话，指出对于新词语、流行语额网络语言等，要开展“监测与研究，引导社会规范使用，吸收其合理的有生命力的成分，丰富国家通用语言文字的词汇系统及表达手段，促进语言文字健康发展”。②

［6］2011 年 8 月，教育部、国家语委宣布从当年 10 月开始在上海、江苏、云南、内蒙古 4 个省区市试点推行“汉语能力测试”。该项测试是我国第一个全面考查听、说、读、写能力的汉语母语语言评价系统，旨在遏止国人提笔忘字、淡漠汉语等现象，通过评估国人的汉语应用能力，复兴母语文化。③

［7］2012 年 5 月 29 日，教育部、国家语委举行了“2011 年度中国语言生活状况报告”新闻通气会，公开对政府部门使用“淘宝体”发布公文或公告表示批评。教育部语信司时任副司长田立新表示，像通缉令之类的政务公文不宜用“淘宝体”，以维护法律的严肃性。④

［8］2014 年 4 月 1 日起，河南省启动实施《国家通用语言文字法》，规定国家机关公文、教科书等不得使用不符合现代汉语词汇和语法规范的网络词汇。

［9］2014 年 11 月 27 日，国家新闻出版广电总局发出《关于规范广播电视节目用语推广普及普通话的通知》，要求各类广

① 王国强：《用制度破除八股》，《中国青年报》2009 年 10 月 26 日第 3 版。

② 陈章太、谢俊英：《〈国家通用语言文字法〉颁布十周年纪念》，载教育部语言文字信息管理司组编《中国语言生活状况报告 2012》，商务印书馆 2013 年版，第 22 页。

③ 游思行：《汉语综合应用能力测试开考》，《人民日报》2011 年 12 月 25 日第 4 版。

④ 郭少峰：《教育部：通缉令不宜用“淘宝体”》，《新京报》2012 年 5 月 30 日第 16 版。

播电视节目和广告应严格按照规范写法和标准含义使用国家通用语言文字的字、词、短语、成语等，不得随意更换文字、变动结构或曲解内涵，不得在成语中随意插入网络语言或外国语言文字，不得使用或介绍根据网络语言、仿照成语形式生造的词语，如“十动然拒”“人艰不拆”等。①

［10］2015年4月，国家版权局发布了《关于规范网络转载版权秩序的通知》。《通知》涉及网络版权转载的几个重要问题，其中明确指出互联网媒体的转载不得歪曲篡改标题和作品原意。②

［11］2015年8月，中宣部、中央文明办、中国记协联合举办召开了“抵制网络低俗语言、倡导文明用语”专题座谈会。中国记协、首都互联网协会在会上发布《抵制网络低俗语言、倡导文明用语倡议书》。③

［12］2016年6月，国家网信办召开全国跟帖评论专项整治视频会议，部署集中治理跟帖评论存在的突出问题，倡导“文明评论、理性跟帖、善意回帖”的“阳光跟帖”行动。④

［13］2016年9月，全国人大常委会副委员长兼秘书长王晨出席纪念《国家通用语言文字法》实施15周年暨国务院颁布《关于推广普通话的指示》和《汉字简化方案》60周年会议时指出，各级语言文字工作部门要积极回应网络低俗语言滥用的问题，营造文明规范使用语言文字的社会环境。⑤

---

① 国家新闻出版广电总局印发：《关于广播电视节目和广告中规范使用国家通用语言文字的通知》，国家广播电视总局网，http：//www. nrta. gov. cn/art/2014/11/27/art_ 31_ 747. html，2014年11月27日。

② 国家版权局印发：《关于规范网络转载版权秩序的通知》，国家版权局网，https：//www. ncac. gov. cn/chinacopyright/contents/12228/3463 13. shtml，2015年4月22日。

③ 张贺：《中宣部等召开专题座谈会：抵制网络低俗语言 倡导文明用语》，《人民日报》2015年8月15日第4版。

④ 罗宇凡：《国家网信办部署开展跟帖评论专项整治》，新华社，http://www. gov. cn/xinwen/2016-06/22/content_5084369. htm，2016年6月22日。

⑤ 王晨：《在纪念〈国家通用语言文字法〉实施15周年暨国务院〈关于推广普通话的指示〉发布60周年座谈会上的讲话》，人民网，http：//politics. people. com. cn/n1/2016/0914/c1001-28714585. html，2016年9月14日。

［14］2017年1月，国家网信办联合相关部门开展专项整治活动，旨在打击“标题党”行为，对5家网站进行处罚，并对互联网新闻信息标题制作制定印发了《互联网新闻信息标题规范管理规定（暂行）》，严禁使用夸张、猎奇等表现手法的“标题党”行为。①

［15］2017年8月，国家新闻出版广电总局通报一些报刊出版单位所办新媒体发布虚假新闻、“标题党”和“三俗”等问题，并下发通知要求规范新闻标题制作，严防“标题党”行为。②

［16］2019年1—4月，国家网信办开展全国范围内从网络生态治理专项行动，主要整治包括“标题党”在内的12类负面有害信息。③

［17］2019年12月，国家互联网信息办公室发布《网络信息内容生态治理规定》，《规定》自2020年3月1日起施行。《个人信息保护法》以及《数据安全法》两部关于完善互联网领域治理的法律也正在制定中。

［18］2020年11月13日，教育部公布了《对十三届全国人大三次会议第3950号建议的答复》，④ 披露了对“关于规范汉语用语承续传统文化的建议”的回复内容。教育部指出，正确规范使用祖国语言文字，对于传承弘扬中华优秀传统文化具有基础性作用，也是语言文字工作的重要任务之一。教育部还指出，“互联网时代的到来对语言文字产生了巨大的影响，既出现了一些可以反映时代特征、传播正能量的新词新语，如‘给力’‘点赞’

---

① 张洋：《国家网信办：规范传播　深入整治网络“标题党”》，《人民日报》2017年1月14日第4版。

② 白瀛、史竞男：《新闻出版广电总局要求规范新媒体采编　抵制假新闻严防“标题党”》，新华社，http：//www. gov. cn/xinwen/2017-08/30/content_5221360. htm，2017年8月30日。

③ 李政葳：《国家网信办集中查处一批违法违规色情、赌博和占卜网站》，《光明日报》2019年4月21日第3版。

④ 教育部语用司印发：《对十三届全国人大三次会议第3950号建议的答复》，教育部网，http：//www. moe. gov. cn/jyb_ xxgk/xxgk_ jyta/jyta_ yys/202011/t20201113_499824. html，2020年10月19日。

‘硬核’等，也出现了一些不规范、不文明的误读误写误用现象，如‘人艰不拆’‘十动然拒’等生造晦涩的词语，甚至是一些低俗的语言，对网络生态环境，以及社会语言生活和文化安全产生了不良影响。”

[19] 2021 年 8 月 27 日，国家网信办开展清朗·商业网站平台和“自媒体”违规采编发布财经类信息专项整治，重点打击包括“标题党”行为在内的 8 类违规问题。①

[20] 2021 年 11 月 30 日，《国务院办公厅关于全面加强新时代语言文字工作的意见》（成文日期为 2020 年 9 月 14 日）发布。《意见》明确指出，要加强语言文明教育，强化对互联网等各类新媒体语言文字使用的规范和管理，坚决遏阻庸俗暴戾网络语言传播，建设健康文明的网络语言环境。

[21] 2022 年 1 月，国家网信办开展为期 1 个月的“清朗·2022 年春节网络环境整治”专项行动，集中整治网络暴力、散播谣言等问题。②

此外，国家语言文字工作委员会每隔四年发布一次的语言文字事业五年发展规划均有规范网络语言文字使用的若干内容。

2012 年 2 月发布的《国家中长期语言文字事业改革和发展规划纲要（2012—2020 年）》，③ 其“主要任务”第三条“加强语言文字社会应用监督检查和服务”中指出，“加强社会语言生活监测和引导。引导网络、手机等新媒体规范使用语言文字。打造社会语言生活监测平台，跟踪研究语言生活中出现的新现象和新问题，纠正语言文字使用不规范的现象，引导社会语言生活健康发展，形成规范使用语言文

① 张璁：《对“自媒体”违规采编发布财经类信息开展专项整治》，《人民日报》2021 年 8 月 28 日第 4 版。

② 张璁：《中央网信办开展春节网络环境整治专项行动：集中整治网络暴力、散播谣言等问题》，《人民日报》2022 年 1 月 26 日第 12 版。

③ 教育部、国家语委印发：《教育部国家语委关于印发〈国家中长期语言文字事业改革和发展规划纲要（2012—2020 年）〉的通知》，教育部网，http：//www. moe. gov. cn/srcsite/A18/s3127/s7072/201212/t20121210_146511. html，2012 年 12 月 10 日。

字的社会氛围”。

2016 年 8 月 23 日发布的《国家语言文字事业“十三五”发展规划》在“发展形势”中指出，语言文字规范应用面临网络时代新挑战。在“主要任务”中明确了应对这种挑战应加强的具体工作，即强化重点领域语言文字监督检查，加强对网络语言、新词新语、字母词、外语词等的监测研究和规范引导，强化对互联网语言文字使用的规范和管理。

根据以上 23 项官方政策来看，从早期（2010 年之前）的部委司局单位、地方政府，到中期教育部、国家语委、国家网信办、国家新闻出版广电总局等部委，再到 2021 年国务院办公厅出台的《意见》，进行网络语言治理的官方主体逐步升格，一些文件、政策和活动成为年度工作的“新常态”。

第三章　网络语言与国家通用语言文字本体规划

语言文字本体规划旨对某一语言及其文字的形、音、义等方面进行规范。我国语言文字工作三大任务中的“标准化”“规范化”就与此相关，早期进行的简化汉字、推广普通话、推行汉语拼音方案是最直接的体现。网络空间所涌现出来的海量与现行国家通用语言文字不一致的现象，使得社会各界纷纷开始思考如何看待、处理这个问题。毕竟，作为“新新人类”的网络语言文字并不能通行于全部的普通话社区中，除了影响信息的高效交流，不加节制地滥用也确实会影响使用者自身正常的语言文字表达。因此，那些高热度的网络语言能否（部分）纳入国家通用语言文字体系，如，能否编入词典、能否进入教科书、能否出现在作文和试卷之中等，最先成为被热议的话题。本书第二章第三节详述了网络新词新语的整体情况，本章则以几类典型的网络语言现象为纲，从本体规划的角度梳理对它们规范的态度及其流变情况。

第一节　网络新造字

新字新词新语，是经常被用来作为分析网络语言如何变化的重要表征。新字，顾名思义，就是其形体或者形义结合的模式为汉语（字）系统所没有或很罕见的。网络新字年年不断，种类繁多。由于它们中不少与汉语原有的语言文字系统差异迥然甚至是“格格不入”，但却又被众多网民跟风式地“发扬光大”，风靡一时，因而引发了不少争议。

一　网络新造字的类型和特点

网络中新造的字符目前还未有比较明确的分类系统，根据惯常的名称，大体上可以分为火星文、生造字、合音字等。

火星文，意为“火星人”使用的文字，一般“地球人”看不懂。其缘故是它混杂着繁简中文及其构字部件、汉语注音符号、日文、韩文等，同时运用同音或谐音替代等多类方式编码而成。如例（1—3）。冯学锋等的《是是非非“火星文”》与《中国语言生活状况报告2009》（上编）详细描述了火星文的形式特点，① 本文在此不再重复。

[1] 弓虽，爱Θ上Θ伱（强，爱上你）

[2] 无嘫這樣丶、吥如遺莣●。（既然这样，不如遗忘。）

[3] 1.葭戀嗳＊軹偠倣在伈鯉—？僦已经昰兲伥地妏々 爱情〝這東西．？沩甚摸ˉˉ？（每一段恋爱，只要在心里面，已经是天长地久。）

生造字是网友们在当今语境下根据个人表情达意的需要发挥主观创造性硬造出来的。这些文字看起来往往与现有汉字系统完全相融，但其字义却不能依据汉字原有的造字方式去理解。它们的造字理据非常简单，即简单粗暴直观。比如“囧”，像尴尬、困窘和悲伤时的面部表情，因而被用来指此类情状。“槑”是两个“呆”的合体，意为非常呆傻。“烎”就是指“开火”。它们与汉语本就存在的同形字“囧”“槑”“烎”关系不大。根据人民日报2015年7月8日的微博推文，类似的例子还有“兲”“巭”“靐”“奀”“垚”“圐圙”“偲”“嫑”“嘦”等。② 部分如图3－1所示。

---

① 冯学锋、刘晓婧、李德花：《是是非非“火星文”》，《中国语情》2009年第1期；汪磊：《火星文现象》，载“中国语言生活状况报告”课题组编《中国语言生活状况报告2009》（上编），商务印书馆2010年版，第274—284页。

② https：//weibo. com/2803301701/Cq7ZksmaK#comment.

qióng　duāng　zhào

曌

图 3－1　网友创造的生造字

需要指出的是，本书所说的生造字与我们常说的生僻字是两回事。生僻字一般指早已有之但为一般人不熟的字，其字形字义一直都比较稳定，如“芈”“甄”“嬛”。而上述网络中的“囧”等虽然在汉字系统中本就存在，但它们并不是简单的“复古”，往往是由义赋形，并给其字形赋予了全新的意义，所以还是定性为网民的“创造”为好。

合音字，即两个或多个汉字的拼音合而为一，写成一个汉字。如“不要”合音为“表”，“知道”合音为“造”，“这样（子）”的合音为“酱（紫）”，“喜欢”的合音为“宣”等。网络合音字的情况本文暂不讨论。

二　网络新造字的热度和重要语情事件

（一）火星文

火星文最早约出现于 2002—2003 年，是玩家为规避网络游戏《奇迹》设立的外挂举报制度而使用的近似乱码的“汉字”。之后，这些“乱码汉字”作为时尚被应用到 QQ 中，然后扩散到各种网络场合。

从图 3－2“火星文”的百度用户搜索指数来看，火星文从网游出圈进入大众社会生活，大概是 2007 年前后。2008—2012 年为火星文流行的鼎盛时期，几乎一直维持在 20000 以上，而后逐渐下落，淡出热点。

在 2007—2012 年这五年内，发生了多起关于火星文使用的重要语情事件：

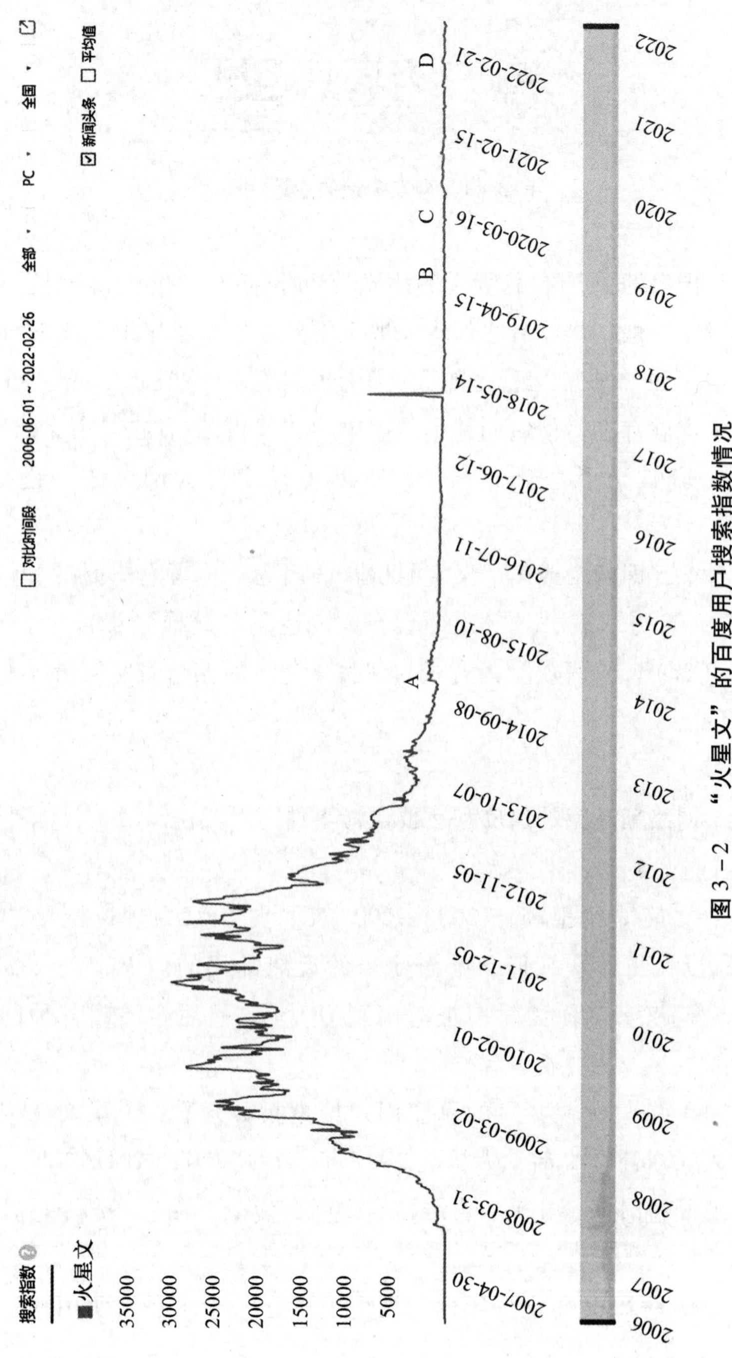

图 3－2 “火星文”的百度用户搜索指数情况

[1] 2007年，主流报刊陆续发文探讨如何看待“火星文”。《中国青年报》《中国教育报》《光明日报》等先后刊登《“火星文”：个性娱乐，还是洪水猛兽》《“火星文”在说什么》《怎样看待“火星文”》。

[2] 2008年7月，文化部点名批评劲舞团，“火星基地”封杀“火星文”。7月14日，文化部、国新办通报批评称：《劲舞团》等网游“出现有害信息屏蔽不完全、游戏设计导向低俗化、游戏推广活动对玩家存在不良诱导等问题，违反了法规政策，违背了社会道德，这些现象已经危害了游戏玩家特别是青少年的健康成长”。此前十几天，这款备受部分90后网民喜爱的网游公开声明反对“火星文”、反对“非主流”，虽然几个月前这些概念还是《劲舞团》凝聚玩家的宣传重点。①

[3] 2008年10月，《人民日报》刊发教育部语用所时任所长姚喜双《辩证看待“火星文”》一文，给“火星文”的争议添上浓墨重彩的一笔。

[4] 2009年5月，“百家讲坛”专家痛批“火星文”，引来90后网友反击。“百家讲坛”主讲人之一、武汉大学知名国学专家李敬一教授，在作客中南民族大学工商学院时，痛斥现在网络上出现的不规范用语及火星文，“一些网络语言，简直是对祖宗和传统的糟蹋”。随后引来90后网友反击。②

[5] 2010年3月，全国“两会”召开，科技界40余位委员联名提案呼吁加强义务教育阶段学生汉字书写能力，关注网络语言文字（如“火星文”）对青少年的影响。③

[6] 2010年11月，教育部、国家语委发布2009年中国语言

① 谭人玮：《文化部批评劲舞团“火星基地”封杀“火星文”》，《南方都市报》2008年7月16日第32版。

② 徐啸寒、吴雪丽、蓝静：《专家痛斥火星文糟蹋汉字　90后网友反击》，《广州日报》2009年5月21日第17版。

③ 李昕：《火星文引政协委员关注　吁加强学生汉字书写能力》，《人民政协报》2010年3月12日第6版。

生活状况报告。《火星文现象》被作为单独一节收入《中国语言生活状况报告2009》。

（二）网络生造字

相比火星文，网络生造字的生命力和热度则更持久和复杂得多。从图3-3可以看出，以“囧”“槑”“烎”等为代表的生造字于2008年开始就一直有一定的被关注度。

有代表性的热点事件有以下几个：

[1] 2009年11月，教育部、国家语委发布2008年度中国语言生活状况报告。网络生造字“囧”的使用情况被收入《中国语言生活状况报告2008》中的“热点篇”。

[2] 2010年3月，全国人大代表、中国移动重庆公司总经理沈长富在“两会”上建议屏蔽网络不良用语，如“3Q”(ThankYou)、bt（变态），还有“囧”“槑”等，认为青少年长期接触这些网络语言，会产生不好影响。随后，许多网友和多家报纸意见一边倒地反对这一建议。①

[3] 2010年6月，徐峥、王宝强主演的喜剧电影《人在囧途》上映。随后几年，“囧途”系列另两部电影《泰囧》（2012年）《港囧》（2015年）先后公映，取得了不错的票房，也把网络新字“囧”全面推向大众。

[4] 2010年11月，教育部、国家语委发布2009年度中国语言生活状况报告。网络生造字“烎”作为“热字”被收入《中国语言生活状况报告2009》。

[5] 2013年8月，《人民日报》以文内小标题报道“囧”“槑”等流行字未入选《通用规范汉字表》。②

① 吴敏平、谢平江、程景伟：《人大代表建议屏蔽“囧”等字　网友意见一边倒》，中国新闻网，http://www.chinanews.com.cn/cul/news/2010/03-10/2162602.shtml，2010年03月10日。

② 张烁：《〈通用规范汉字表〉收字8105个　汉字有了哪些新规矩》，《人民日报》2013年8月28日第12版。

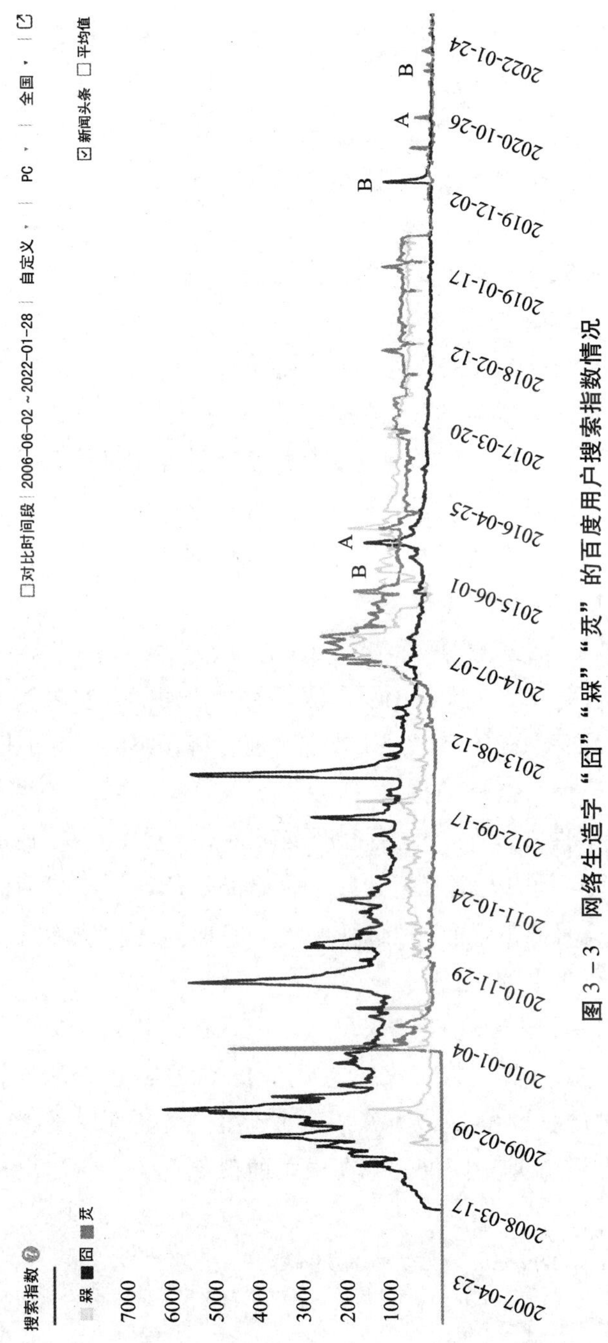

图3-3　网络生造字"囧""槑""烎"的百度用户搜索指数情况

[6] 2015 年 7 月 8 日，“@人民日报”微博盘点出了 30 个“最常见”的生僻字，引发大量关注。① 其中不少为网络新字新词，如“囧、槑、巭、烎、垚、圐圙、嘦、嫑、怹……”“@人民日报”认为，“这些本是汉语中的生僻字，却在网络上被赋予新的意义，意外爆红。”

三　社会关注的主要议题和各方态度

（一）火星文

中国语情与社会发展研究中心内部简报《中国语情》2009 年第 1 期刊载了冯学锋等撰写的《是是非非“火星文”》，该文总结了火星文的方方面面，并从正反和中立三个角度比较详细地梳理了当时社会各界对此现象的态度。限于检索技术，许多重要文章没有出现在该文之中。有鉴于此，下文依旧采用他们的大体框架，综合相关重要文献对上节中的情况做出整体描述。

1. 支持方：时代使然，动态看待

支持方认为，火星文的出现和流行是时代使然，它虽属于个性娱乐，但也是汉字系统的一部分，要动态地看待，不能一棍子打死。

根据《广州日报》的报道，② 在李敬一教授炮轰“某些网络语言糟蹋传统”事件中，不少 90 后的网友认为，火星文是 90 后的标志之一，“每一个年代的人都有一个属于自己的烙印，属于我们的时代烙印其中之一就是火星文。”他们认为，文字的写法用法随着时代而不断改变，是很平常的事。

《中国教育报》题为“‘火星文’究竟在说什么”文章报道了另一种看法。③ 有网友认为“火星文”的根本就是追求新异、张扬个性、激发创造性，不能总以离经叛道来论处。复旦大学教授顾晓鸣指出，“火星文”并非是仅仅发生在中国的孤立现象，它的出现，是机

① https://weibo.com/2803301701/Cq7ZksmaK#comment.

② 徐啸寒、吴雪丽、蓝静：《专家痛斥火星文糟蹋汉字　90 后网友反击》，《广州日报》2009 年 5 月 21 日第 17 版。

③ 李建伟：《“火星文”究竟在说什么》，《中国教育报》2007 年 9 月 4 日第 12 版。

器字符转型过程中的产物，是青少年利用技术条件来实现自我表达。

支持方还有一种观点，认为使用火星文可以创造出私密空间，即保守自己的小秘密而不被家长或者老师发现。

2. 反对方：阻碍文化传承，不能游戏文字

反对方认为，火星文这一类的字符极大地扰乱了汉字的规范系统，非常不利于中华文明的传承。

根据《中国青年报》的报道，[①] 2007 年 8 月，网友“我爱母语”在河南知名网站大河网论坛发出名为“河南是汉字的发源地，我们倡议：使用规范汉字，拒绝‘火星文’”的帖子。短短十几天，该帖的点击量近3000 次，106 个网友回帖，其中，大部分网友对“火星文”表示反感，认为“这样的做法，对我们神圣的母语简直是种侮辱!”“简直是在糟蹋我们的汉字”“维护汉字，就是维护我们民族的文化!”此时，不少网络论坛都明确规定禁止使用“火星文”，很多论坛版主看到“火星文”的帖子就一律当成乱码删除。

《人民日报》题为“从敬重文字开始”的文章指出，[②] 不能以游戏的心态对待书写的随意和错误，而应当恪守文德，敬重汉字，把我们民族的优秀文化书写、传承下去。当我们谈及文化自觉的时候，不要忘了，最基本的自觉就是尊重自己的语言文字，学好汉字，用好汉字，才能谈得上为五千年的文明史续写新篇章。

3. 中立方：用包容的心态看待

更多的观点是主张不用过分关注“火星文”现象，只需在公共服务领域适时引导，树立大众的语言文字规范意识。

早在2008 年，时任教育部语言文字应用研究所所长姚喜双在《人民日报》发文，称要辩证看待“火星文”。[③] 他指出，语言的时代性和规范性统一是个大课题，我们既要讲究包容，又要注重规范，二者不可偏废。我们要辩证地看待包括“火星文”在内的语文

① 王晓凡、韩俊杰：《“火星文”：个性娱乐，还是洪水猛兽》，《中国青年报》2007 年 8 月 20 日第 9 版。

② 周天一：《从敬重文字开始》，《人民日报》2012 年 3 月 27 日第 24 版。

③ 姚喜双：《辩证看待“火星文”》，《人民日报》2008 年 10 月 14 日第 11 版。

现象。考虑到维护语言表达的多元化与活力，不妨对新词保持宽容的心态，不应干预个人的语言使用。比如写小说，那肯定得用新词。但同时，也要维护公共领域的语言文字规范，防止语文运用低俗之风泛滥成灾。

十年之后（2019 年），《中国青年报》刊文分析了网络流行字词的影响。[①] 文章指出，不能高估了网络语言对正统语言的影响力。随着 90 后的成长，那些叱咤一时的“火星文”，多数已经消失在网络时代的烟云之中。

《中国语言生活状况报告 2009》（上编）通过对火星文的使用特征分析，进而判断时下“肆虐”的火星文不能脱离网络，同时又极具娱乐性和游戏性，使用语境有限，呼吁用包容的心态来对待。[②]

（二）网络生造字

对网络生造字的讨论主要聚焦于它是否会扰乱传统的汉字生态。大部分的意见对网络生造字持积极态度，认为它们在网络语境中之所以流行是因为好玩好记且表情达意可谓形神兼备；也有一部分意见强调其规范使用，避免给中国传统文化带来混乱。

与之相关的主要报纸文章情况如表 3－1 所示：

表 3－1　主流报纸文章讨论网络生造字的情况

题名	媒体名称	时间
《生僻汉字流行网络引担忧　将冲击现代语言教育?》	《济南时报》	2008 年 7 月 21 日
《只可意会　不可言传　网络造字“更像是一场游戏”?》	《中国青年报》	2009 年 10 月 22 日
《屏蔽“囧”和“槑”的思维才可怕?》	《新京报》	2010 年 3 月 10 日
《“囧”“槑”何罪？该屏蔽的是刁蛮思维?》	《华西都市报》	2010 年 3 月 10 日

① 王钟的：《叱咤一时的“火星文”消失在网络时代的烟云中》，《中国青年报》2019 年 10 月 10 日第 2 版。

② 汪磊：《火星文现象》，载“中国语言生活状况报告”课题组编《中国语言生活状况报告 2009》（上编），商务印书馆 2010 年版，第 274—284 页。

续表

文章题名	媒体名称	时间
《屏蔽“囧”“BT”很囧很BT　近7成网友表示反对?》	《天府早报》	2010年3月10日
《“囧”“槑”等是“亚文化”现象?》	《新闻晚报》	2010年3月10日
《〈通用规范汉字表〉收字8105个　汉字有了哪些新规矩?》	《人民日报》	2013年8月28日
《面对网络生造字，你怎么看?》	《人民日报》(海外版)	2015年3月23日
《文字传承有自身规律　无需谈“新”色变?》	新华网	2015年3月24日
《汉字的网络化生存，不必焦虑?》	《北京日报》	2017年12月15日
《重拾汉语之美丨囧、奇葩、浮云……古汉语依然活跃有生机?》	澎湃新闻	2021年12月23日

1. 支持方：是时代的记录者，无需担忧

几大主流媒体，如《人民日报》(海外版)、新华网、《北京日报》等，均先后刊发过支持网络生造字的文章，非常鲜明地认为它们并不会扰乱汉字的发展。

2015年3月，新华网刊登了题为“文字传承有自身规律　无需谈‘新’色变”的文章，非常有力地指出无需担忧网络生造字的负面影响。[①] 该文指出，大量的新说法、新词儿、新字、新音节等，都是网络流行文化的重要表现形式。与汉字井然有序、源远流长的传承和积淀相较，网络新说法的速成、碎片、“肤浅”的确会让人产生疑虑，担忧它的日益兴盛会破坏人们，尤其年轻人对中国传统文化的继承。文章引述了中国人民大学文学院副教授李禄兴的观点，即相对于近9万个汉字来说，网络生造字只占极小的一部分，完全可以忽略不计，且它们也不可能进入3500个常用汉字当中。进而文章认为，如果就此说网络新说法会冲击现有的汉字、汉语体系，恐怕为时尚早，也显

① 王莹：《文字传承有自身规律　无需谈“新”色变》，新华网，http://www.xinhuanet.com/politics/2015-03/24/c_127611661.htm，2015年3月24日。

得过于谨慎。

同一时期，《人民日报》（海外版）的《面对网络生造字，你怎么看?》在文中使用了小标题“网络造字不会扰乱汉字发展”也表明了这一态度。[①] 文章认为，汉字作为中华民族独特的书写符号系统，和我们的社会生活、科学研究、信息系统等各个方面存在着极其密切的绑定关系。生造字不会产生实质性的影响，但也不会消失。

2017 年，面对“怼”“尬”等充满网络文化色彩的年度汉字，《北京日报》登载了《汉字的网络化生存，不必焦虑》的文章，认为快速发展的社会是我们创造、接收和传播它们的主要原因。文章指出，文字既然是时代的记录者，就无可避免地带有时代烙印，专家学者们也不必着急地向网络词汇举起“狼牙棒”，因为这些简单粗暴的文字记录下的其实是当下人们焦躁不安的心态。[②]

值得提出的是，2010 年全国“两会”期间曾出现了一起有关网络生造字的争辩风波。有代表提出，应该屏蔽网络不良用语，如“3Q”（ThankYou）、bt（变态）、“囧”“槑”等，认为青少年长期接触这些网络语言会产生不好影响。[③] 不料这一建议随即被众多网友和媒体反对。据新浪网当时的调查“你是否赞同屏蔽‘囧’‘槑’等网络新词?”，两天内就有近万人参与，其中 65.1% 表示反对。[④]《新京报》《华西都市报》《新闻晚报》等都于同一天刊登了批评该提议的文章。《新京报》的文章非常直接地使用了“屏蔽‘囧’和‘槑’的思维才可怕”的标题，[⑤] 认为人类创造文字就是为了便于更好地交流，

① 张力为:《面对网络生造字，你怎么看?》,《人民日报》（海外版）2015 年 3 月 23 日第 5 版。

② 牛春梅:《汉字的网络化生存，不必焦虑》,《北京日报》2017 年 12 月 15 日第 15 版。

③ 吴敏平、谢平江、程景伟:《人大代表建议屏蔽“囧”等字　网友意见一边倒》，中国新闻网，http: //www. chinanews. com. cn/cul/news/2010/03-10/2162602. shtml，2010 年 3 月 10 日。

④ 肖莹佩:《屏蔽“囧”“BT”很囧很 BT　近 7 成网友表示反对》,《天府早报》2010 年 3 月 10 日第 11 版。

⑤ 韩浩月:《屏蔽“囧”和“槑”的思维才可怕》,《新京报》2010 年 3 月 10 日第 8 版。

出于这个目的，字词翻新可以视为科技进步催生的新思维方式。个别网络语言虽然晦涩难懂，但充其量也不过是青少年之间一种带有游戏性质的文字交流，对主流社会的语言结构构不成伤害。

2. 反对方：不属于传承字，媒体应带头规范使用

一部分文化领域的学者对这类现象的流行持谨慎态度，认为新闻媒体有责任谨慎用字，字典词典的收录与编写也应保持规范。

中国社会科学院语言研究所副研究员唐正大持明确的反对态度。他说："字不同于词，字作为一个国家或民族的书写符号系统，需要一定的规范，这样才能保证文字在记录语言时的准确性和可沟通性。网络作为新媒体，具有传播快、受众广等特点，更应慎重使用此类文字，尤其应该注意是否用在引号中，是否明确标识出戏谑、娱乐的语境。"①

对于"囧""槑"等网络流行字能不能收入工具书，2013 年国务院公布的《通用规范汉字表》态度明确，它将彼时非常流行的"囧""槑""兲"等网络用字排除了出去。该表研制组组长、知名语言学专家王宁在《人民日报》表示，不赞成人们使用"囧"等网络用字，因为它们比较混乱，也不是传承字，其意义实际上可以通过其他规范字来替代。②

第二节 网络新造"成语"

根据《现代汉语词典》（第六版），③"成语"是人们长期以来习用的、简洁精辟的定型词组或短语，大多以四个字组成，一般都有出处。成语承载着许多历史典故，因而是我国传统文化一个重要组成部

---

① 张力为：《面对网络生造字，你怎么看?》，《人民日报》（海外版）2015 年 3 月 23 日第 5 版。

② 张烁、张芳曼：《〈通用规范汉字表〉收字 8105 个 汉字有了哪些新规矩》，《人民日报》2013 年 8 月 28 日第 12 版。

③ 中国社会科学院语言研究所词典编辑室：《现代汉语词典》（第六版），商务印书馆 2012 年版，第 166 页。

分。不过，在网络语言中也产生了一批类似成语的现象。2012 年前后，网络中开始兴起一批四字格的缩略语。因其语言特征类似成语，因而被称作“网络成语”“新（生）造成语”“网络四字格”。

一　网络新造“成语”的特点

网络新造成语在形式特征上与“喜闻乐见”“朝三暮四”等真实成语高度相似。一方面，它们都是四字格式，其句法功能以动词性和形容词性为主；另一方面，它们也都有出处有“典故”，即自带网络“梗”文化。因为它们都是网络热点事件的核心要点，往往由一句话或几句话缩略而来。比如：

> 十动然拒：出自大学生 16 万字情书表白被拒事件。意为十分感动然而还是拒绝了。
>
> 累觉不爱：出自年轻小伙的感叹“很累，感觉自己不会再爱了”。
>
> 喜大普奔：“喜闻乐见、大快人心、普天同庆、奔走相告”四个成语的缩略。
>
> 火钳刘明：“火前留名”的谐音，火速前来留名。多用于贴吧和弹幕灌水。
>
> 细思极恐：细细思考后觉得极为恐怖。
>
> 人艰不拆：出自歌曲《说谎》。人生已经如此的艰难，有些事情就不要拆穿。
>
> 不明觉厉：出自电影《食神》台词“虽然不明白他在说什么，但听了觉得很有意思。”意为虽然看不明白但还是觉得很厉害。
>
> 男默女泪：男生沉默不语，女生泪流满面。

《中国语言生活状况报告 2014》中有题为《毁誉参半的网络多字格》,[①]

① 汪磊：《毁誉参半的网络多字格》，载教育部语言文字信息管理司组编《中国语言生活状况报告 2014》，商务印书馆 2015 年版，第 227—232 页。

较为详细地描述了上述网络“成语”的主要特点。在此不再重复。

二　网络新造“成语”的热度和重要语情事件

“十动然拒”等网络新造成语一开始只是作为网民和年轻群体们的调侃用语火热一时，并没有成为是否应该被规范的讨论对象。比如，“十动然拒”刚出现时，新华网以《网络生造词“十动然拒”蹿红：用一种诗意品味人生的失意》这种带有积极色彩的标题进行了原创报道。[①] 而在国家语言资源监测与研究中心、商务印书馆等联合主办的“汉语盘点2013”活动中，“十面霾伏”“喜大普奔”也名列年度十大新词和十大网络用语。[②] 但随着它越来越广为人知，并逐渐“出圈”，进入各种非网络语境，相关管理部门开始介入，部分语言文字工作者也倡导成语的规范。

我们从百度指数可以很直观地观察到这些新造成语被关注情况的发展历程。

从图3-4的百度指数变化趋势可以看出，“十动然拒”“人艰不拆”“喜大普奔”“不明觉厉”“火钳刘明”等网络成语在2012年年底到2015年年初有着非常高的关注度，之后逐步趋于平缓，但并没有销声匿迹。其高峰时段“2012年年底到2015年年初”可以从以下发生的三个关键语情事件得到印证：

[1] 2012年11月16日，新华网以《网络生造词“十动然拒”蹿红：用一种诗意品味人生的失意》为题刊文报道了“十动然拒”产生的前因后果。[③]

[2] 2013年12月20日，由国家语言资源监测与研究中

① 谢樱：《网络生造词“十动然拒”蹿红：用一种诗意品味人生的失意》，新华网，http：//www.xinhuanet.com//politics/2012-11/16/c_113701511.htm，2012年11月16日。

② http：//www.moe.gov.cn/s78/A19/A19_ztzl/ztzl_yywzfw/shenghuoxz/201312/t20131223_161120.html.

③ 谢樱：《网络生造词“十动然拒”蹿红：用一种诗意品味人生的失意》，新华网，http：//www.xinhuanet.com//politics/2012-11/16/c_113701511.htm，2012年11月16日。

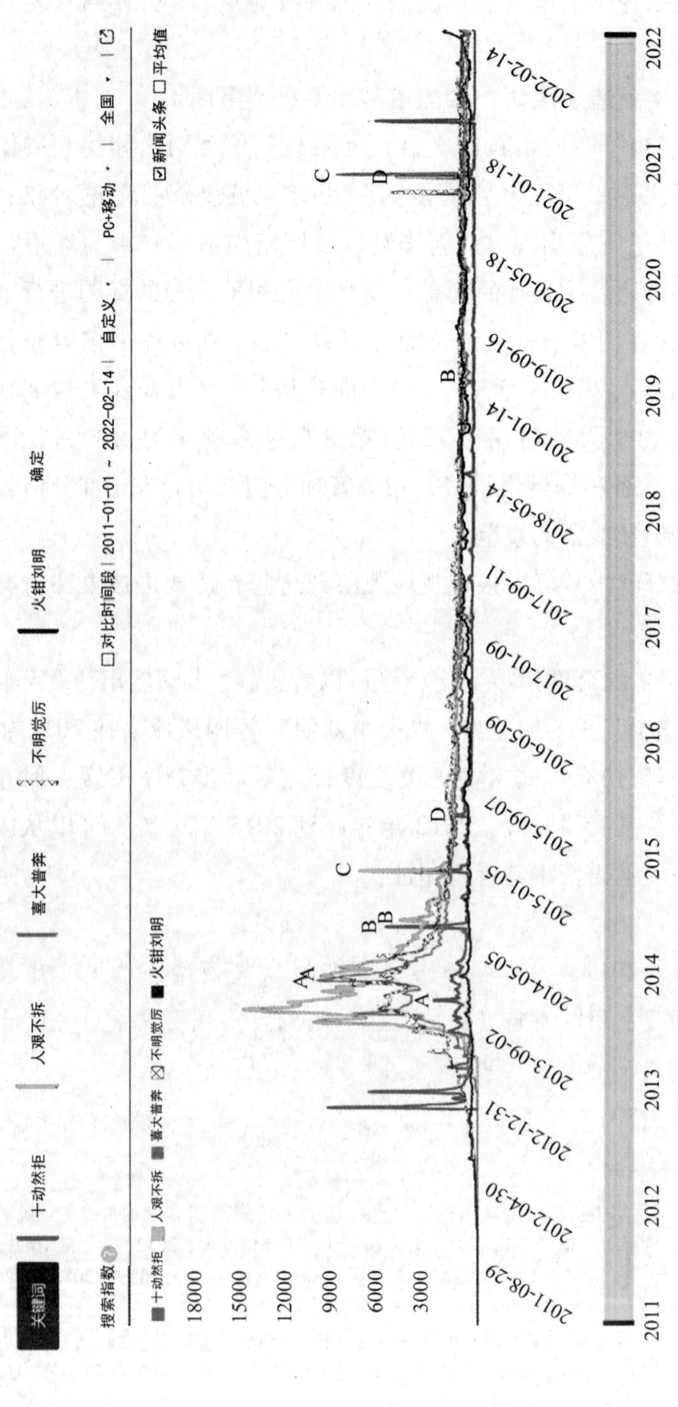

图 3－4 “十动然拒”等近十年的百度指数变化趋势

心、商务印书馆等联合主办的“汉语盘点2013”活动揭晓。其中，年度十大新词包含“十面霾伏”，十大网络用语包含“喜大普奔”。①

[3] 2014年11月27日，国家新闻出版广电总局发出《关于规范广播电视节目用语推广普及普通话的通知》，要求各类广播电视节目和广告应严格按照规范写法和标准含义使用国家通用语言文字的字、词、短语、成语等，不得随意更换文字、变动结构或曲解内涵，不得在成语中随意插入网络语言或外国语言文字，不得使用或介绍根据网络语言、仿照成语形式生造的词语，如“十动然拒”“人艰不拆”等。②

随后，《人民日报》《人民日报》（海外版）《光明日报》等各大主流媒体纷纷响应，就广电总局的上述禁令展开了一大波讨论。而普通网友则在网络互动平台中相竞争论，知乎问题“如何看待广电发文禁止电视节目使用‘人艰不拆’等网络热词?”就有回答212个，被浏览量近32万。③ 表3－2罗列部分文章题名，以反映讨论的热烈程度。④

表3－2　　广电总局禁令发布后产生的部分讨论情况

题名	媒体名称	时间
《生编硬造的网络用语有损汉语审美》	《光明日报》	2014年12月2日

① 教育部语信司：《“汉语盘点2013”揭晓》，教育部网，http：//www.moe.gov.cn/s78/A19/A19_ztzl/ztzl_yywzfw/shenghuoxz/201312/t20131223_161120.html，2013年12月12日。

② 国家新闻出版广电总局印发：《关于广播电视节目和广告中规范使用国家通用语言文字的通知》，国家广播电视总局网，http：//www.nrta.gov.cn/art/2014/11/27/art_31_747.html，2014年11月27日。

③ https：//www.zhihu.com/question/26818047.

④ 早在2013年一些媒体就出现了对这些网络成语的看法文章。比如，顾骏：《网络成语：干扰了汉语的纯洁性吗?》，《北京日报》2013年9月30日第19版；张健：《对“新成语”莫持成见》，《辽宁日报》2013年12月16日第8版。

续表

题名	媒体名称	时间
《篡改乱用成语被禁　网友观点褒贬不一》	大河网	2014 年 12 月 2 日
《语言，该规范就要规范》	《人民日报》	2014 年 12 月 4 日
《网络用语禁上广播电视惹争议　是维护汉语规范，还是压制语言创新》	《人民日报》（海外版）	2014 年 12 月 8 日
《网络用语禁上电视引热议　网友称不能一棍子打死》	中国经济网	2014 年 12 月 8 日
《评封杀网络用语：切忌杀鸡取卵》	《广州日报》	2014 年 12 月 9 日
《网络语言盛行："新意迭出"还是"汉语危机"》	《光明日报》	2014 年 12 月 30 日
《公民网络用语亟须强化规范意识》	《光明日报》	2014 年 12 月 30 日
《话说"网语"是与非》	《光明日报》	2015 年 01 月 9 日

2015 年 10 月，2014 年度中国语言生活状况报告发布。其中，介绍网络"成语"的《毁誉参半的网络多字格》作为专章被列入《中国语言生活状况报告 2015》中。

三　社会关注的主要议题和各方态度

本节主要关注《关于规范广播电视节目用语推广普及普通话的通知》所引发的舆情事件（以下简称《通知》）。

《通知》一经发出，引发了不小争议。《人民日报》（海外版）《光明日报》相继刊发的两篇文章的标题就很好地反映出了这种局面："网络用语禁上广播电视惹争议　是维护汉语规范，还是压制语言创新"以及"网络语言盛行：'新意迭出'还是'汉语危机'?"相关看法主要围绕"十动然拒"等网络新造词语要不要被规范展开。

总体而言，支持《通知》的以中央级媒体文章为主，认为这些"成语"令人费解，不符合汉语的表达习惯和组织，也没有文化底蕴，其大肆流行一定程度会影响汉语本身及其所承载的文化。反对《通知》的多为地方媒体文章和网民个体意见，他们认为网络新造成语生动活泼，可以丰富当下的语言生活，同时它们也并不与语言规则相悖，是语言动态变化的一种具体体现。

（一）支持《通知》者：不符合成语规范，有损优秀传统文化

《人民日报》《光明日报》两大重量级报纸迅即响应，在《通知》发出的近 1 个月时间内连续刊文，数量多达 6 篇（其中《人民日报》2 篇，《光明日报》4 篇），向大众普及网络新造词语不规范的方方面面。这些文章被各大媒体平台转发，获得了极大程度的关注度。相关观点可以总结为两点：

其一，网络成语不符合现代汉语语法规范，有损汉语原本的成语体系和汉语的纯洁性。不少语言文字工作者认为，它们是硬性缩略、强行拼装的结果。原《光明日报·语言文字》专刊主编张巨龄接受专访时表示，“这些网络热词缩略的并不只是词，或者词组，还缩略了句子中丰富的含意。这就违背了千百年来汉语发展历程中所积淀的、人们公认的缩略规律与法则。”[①] 前述两大报纸的多篇文章也有类似观点。《人民日报》的《语言，该规范就要规范》一文将“十动然拒”等定性为“生造词”“病词”，是“滥造”和“硬性缩略、强行拼装的结果”。《光明日报》2014 年 12 月 2 日刊发的一篇文章也将它们冠以“生编硬造”之名，并认为如果不对它们进行规范，“汉语的正确使用会遭受威胁，会给公众特别是对于处在语言知识学习阶段的青少年造成误导。”[②]

其二，网络成语让人看不懂，同时也缺乏文化内涵，会对汉语的传统文化造成损害。《人民日报》的文章指出，它们表意含混，毫无语言文化的延续性可言。[③] 该文批评那些反对《通知》的看法，认为网络生造成语既不是社会生活的需要，也无益于人际交流，可取之处实在不多。西北师范大学语言学教授任遂虎接受《光明日报》采访时

① 吴晋娜：《话说“网语”是与非——访语言学家张巨龄》，《光明日报》2015 年 1 月 9 日第 4 版。

② 朱小龙：《生编硬造的网络用语有损汉语审美》，《光明日报》2014 年 12 月 2 日第 2 版。

③ 陈原：《语言，该规范就要规范》，《人民日报》2014 年 12 月 4 日第 19 版。

表示，“大多数（网络成语）语义不够明确，容易造成误解”。而更让他担忧的是，这些本来在网络论坛、聊天当中流行的词语，已经进入到现实生活，“不少学生在作文当中频繁使用网络语言，让家长和老师看不懂”。①

（二）反对《通知》者：动态看待充满当代草根气息的新成语

《人民日报》（海外版）刊发的《网络用语禁上广播电视惹争议 是维护汉语规范，还是压制语言创新》一文虽然很赞同规范网络用语，但也同时认为“禁播网络语应该把握好度”：

> 的确，受众数量众多的广播电视节目理应在规范使用语言文字方面做出表率，但是，网络用语作为新鲜和时尚元素出现在一些本身具有娱乐性质的节目中也未尝不可。对于广电总局这个新规定，可能争议仍会持续。②

不过总体上而言，反对禁播网络新造成语的观点基本都出现在地方报刊和网络之中。他们均认可“十动然拒”这类网络语言给生活带来的生气，是广大网民喜闻乐见的表达方式，也是当代社会生活“草根文化”的真实写照，应该具有相应的生存空间。

网络互动平台知乎于2014年11月28日率先发问：“如何看待广电发文禁止电视节目使用‘人艰不拆’等网络热词?”该提问仅在2014年内就得到了131个回答（截至2022年2月21日共有212个回答）。一个发表于提问第二天的回答获得了最高赞（2369票），该文认为，“我使用了不少的成语，也用了很多网络语言，因为这样可以表达的更清楚。符合时代的东西，有利于交流的词语自然不会死，所以何必那么担心，甚至是发文禁止?”③

---

① 张薇：《网络语言盛行：“新意迭出”还是“汉语危机”?》，《光明日报》2014年12月30日第9版。

② 田静：《是维护汉语规范，还是压制语言创新 网络用语禁上广播电视惹争议》，《人民日报》（海外版）2014年12月8日第6版。

③ 知乎问题：如何看待广电发文禁止电视节目使用“人艰不拆”等网络热词？见https：//www. zhihu. com/question/26818047。

不少地方媒体对此也相当活跃。比如刊载于《北京日报》的文章《网络成语：干扰了汉语的纯洁性吗?》就认为，网络成语“看似深奥，一经说透，普通人也都会明白”，并不一定比传统成语难懂多少。该文还逐一例举分析，试图说明这些网络成语看似稀奇古怪，其实含有一定之规，不但契合中国传统成语的部分构成方法，也吸取了西方缩略语的方法。

《河南日报》整理了部分网友的看法，他们认为，语言不是一成不变的，网民也有创造新词语新成语的权利：①

> @骨朵肖肖：老一辈听不懂网络用语可以理解，但是不能阻碍时代的发展啊。等我们老的时候，这些网络用语估计都是“谚语”了。如果古代也这样，现代就没有成语了！
>
> @武锋紫剑：中国传统文化是千百年来不同时代的人一点点创造积累来的！如何能确定现在新创造使用的新词千百年后不会成为后人的传统文化呢？文化要向前发展，要创新，要融合，而不是守旧。
>
> @MacGuffins：语言文字的改变本身就是一个潜移默化的演进过程。现在很多成语和词语都是古人根据某些典故简化而来，但绝不止现存的这么多，说明语言在传播的过程中有自身的过滤功能。
>
> @KYLE-YJH：人与人之间能够顺利进行交流的前提是共同认可的语言体系。这就内在地要求这个语言体系要有一定的稳定性，否则会让人们无所适从。如果这个语言体系不能适应社会的变化和新的需要，就会显得捉襟见肘了。所以说，适度地创造新词是必要的。

（三）其他相关事件

2020年底这一批新造成语又一次成为关注热点。与之关联的核心

① 贺心群：《乱改成语，成何体统?》，《河南日报》2014年12月2日第10版。

语情事件是，2020 年 11 月 13 日教育部公布了《对十三届全国人大三次会议第 3950 号建议的答复》（以下简称《答复》），[①] 披露了教育部答复十三届全国人大三次会议“关于规范汉语用语承续传统文化的建议”的具体内容。

教育部在《答复》中指出，正确规范使用祖国语言文字，对于传承弘扬中华优秀传统文化具有基础性作用，也是语言文字工作的重要任务之一。《答复》称，“互联网时代的到来对语言文字产生了巨大的影响，既出现了一些可以反映时代特征、传播正能量的新词新语，如‘给力’‘点赞’‘硬核’等，也出现了一些不规范、不文明的误读误写误用现象，如‘人艰不拆’‘十动然拒’等生造晦涩的词语，甚至是一些低俗的语言，对网络生态环境，以及社会语言生活和文化安全产生了不良影响。”

《答复》称，教育部将认真研究并吸纳建议，并继续与相关部门协调配合，及时监测全媒体时代下的语言生活动态，根据语言发展规律，加强对重点领域语言文字使用的监督管理，引导社会语言生活健康和谐发展。

第三节　网络表情符号

表情符号是一种再现或表现人物面部表情、姿态或观点的综合或抽象的符号，往往被称为“副语言”。但在信息时代，这类副语言在网络交际中颇为流行，其风头时常超越处于“正统地位”的语言文字，甚至出现了“能发表情绝不打字”的互联网社交文化新生态。[②] 网络表情符号还在快速迭代更新，时不时融入一些新的元素，如当下的社会事件或古老的文化标记，一直处于社会热点之中。网络表情符

① 教育部语用司印发：《对十三届全国人大三次会议第 3950 号建议的答复》，教育部网，http://www.moe.gov.cn/jyb_xxgk/xxgk_jyta/jyta_yys/202011/t20201113_499824.html，2020 年 10 月 19 日。

② 李政葳、张紫璇：《能发表情绝不打字——移动互联网时代社交文化新观察》，《光明日报》2017 年 4 月 17 日第 5 版。

号的兴起对传统的语言表达系统有何影响就成了社会关注的话题，它是否污染语言生态，是否影响人们的文字表达能力等，引发了一些争议。尽管语言本体规划指向的是语言和文字，但网络时代的表情符号已经大大超出了副语言的一般功能和特征，因此本书将此现象置于语言本体规划的范畴下进行观察和讨论。

一　网络表情符号的类型和特点

网络表情符号按发展历程主要分为四种：初级表情符号、颜文字、绘文字（也称为 emoji）和表情包。

广为人知的表情符号于 1982 年被首次使用，即著名的“：-）”和“：-（”。后来，日本网民采用多语言符号组合创造了颜文字，其表现形式不再局限于文本和图形方式。颜文字极大丰富了网络交流的想象空间，深受以年轻用户为核心的二次元爱好者群体喜爱。它与表情符号的一个区别就是颜文字描摹脸部的一些表情更加细腻，同时还有对一些动作和神态的描摹。比如：

［1］欢呼：\ （^o^）/

［2］不满：（ * m）

［3］掀桌状的愤怒：(╯°□°）╯ ︵┻━┻

［4］很棒：(•̀ㅂ•́)و✧

随着颜文字传到世界各地，它又被赋予了不同的特点。为了达到形象生动的效果，颜文字除了使用以往简单的 ASCII 字符，还大量地使用 UNICODE 字符，不被世人所熟悉的各类小语种的字符也纷纷加入了颜文字大军。2016 年 9 月 10 日，《颜文字》动画电影制作团队首次亮相，走进北京大学路演。①

绘文字兴起于 1999 年，其日语假名为えもじ，对应的英文翻译

① 佚名：《颜文字动画电影北京大学路演引领二次元主题》，新浪网，http：//comic.sina.com.cn/dongman/2016-09-12/doc-ifxvukhx4919630.shtml，2016 年 9 月 12 日。

为 emoji。目前的 Windows 系统和 Mac 系统等都内嵌了 emoji 表情。2003 年，QQ 推出了“黄色圆脸 emoji 表情”，人人网也推出了“小方块”的方脸图形 emoji 表情。不过，迄今最著名的 emoji 可能还是如图 3－5 所示的“笑哭表情”（Face with Tears of Joy）。该表情在 2015 年被评为《牛津词典》的年度词汇，火极一时。[①] Emoji 与早期的表情符号以及颜文字的最大不同在于它不再是简单的各种符号的组合，而是已经形成了一种图像。

图 3－5 “笑哭”表情

表情包是网络表情符号最新的发展阶段。它通常以时下流行的名人、语录、漫画、影视截图为素材，或配上一系列相匹配的文字，用以表达特定的情感。相比之前的表情符号，表情包能做出生动精美的视觉效果，还可以结合动图、声音等。我国最早的动态表情包一般认为是 2006 年 12 月中国传媒大学动画系学生王卯卯创作的“兔斯基”系列动态表情。随着高速网络传输技术支持和计算机软件制作水平的提高以及商业运作，表情包的数量和类型井喷式增长，甚至形成了表情包文化，网民们还专门将每年的 7 月 17 日设定为“世界表情符号日”。

从目前的情况来看，表情包可以分为两大类：一是社交软件中的各种人脸表情，另一类是文字和图片相结合的图片表情。后者文字的语音多采用谐音或方言的形式呈现，如“蓝瘦香菇”（“难受想哭”的谐音）、“稀饭”（“喜欢”的谐音），词汇多采用一些网络流行语，如“yyds”“厉害了我的哥”等，如图 3－6 所示。

图 3－6 “人脸表情”表情包和“图片＋文字”式表情包

---

① 引自百度百科“笑哭表情”词条，https：//baike. baidu. com/item/% E7% AC% 91% E5% 93% AD% E8% A1% A8% E6% 83% 85/18843926？fr = aladdin。

表情包的快速发展创造了巨大的商业价值。2015 年 7 月腾讯公司推出了微信表情开放平台，每个用户都可以上传自己设计的表情包，一旦审核通过就可以上线。在微信表情商店中，那些热门的表情包，如“药水哥”“小酱柒”“冷兔宝宝”“球球是只猫”“焦糖是只小鼠鼠”等都需要付费购买。部分商家还将表情包 IP 化，推出和某表情包相关的动漫或线下商店等一系列衍生产品。

二　网络表情符号的热度和重要语情事件

网络表情符号的使用历程基本和网络技术的更新迭代过程相一致。根据图 3－7 的百度搜索指数来看，网络表情符号大约在 2009 年进入我国大众的社会生活。此时，3G 网络已经基本普及，为网络表情符号在网络上的使用提供了技术支持。此后，“表情包”大行其道，尤其是在 2016 年以后，更是达到高峰，并一直延续到现在，名副其实地成为广大网友“爱不释手”的交流工具。

需要指出的是，最早出现的“兔斯基”表情包，由于它一开始被称为“动画表情形象”或“表情角色”，没有涵括在“表情包”之内，我们将它的百度搜索指数单独列出，如图 3－8 所示。可以看出，“兔斯基”表情包大约在 2007 年进入大众的网络生活，活跃时期一直延续到 2013 年左右。

同一时期，“暴走脸”表情包传入国内，经过网友的改造出现了一系列具有中国元素的表情符号。其中最别具一格的就是“囧”系列。由贴吧管理员创造的熊猫头表情也颇为流行，通过被贴上韩国喜剧角色“金馆长”的表情，开启了表情包的“换脸”风潮。

2014 年开始，大量社交软件蜂拥而至，加之网民大增，导致网络表情符号的使用频率也越来越高。2016 年起，随着“帝吧出征 facebook”事件的爆发和里约奥运会中傅园慧表情包的走红，自制表情兴起，网络上流行什么，表情包就表现什么。和社会热点结合的表情包一直走在社会风潮的前沿，表情包呈现出普及化、多元化的局面，进入到全盛时期。此时，各大输入法也内置了丰富多样的表情包，如搜狗表情、腾讯表情、谷歌表情，搜狗表情等（如图 3－9 所示），为人

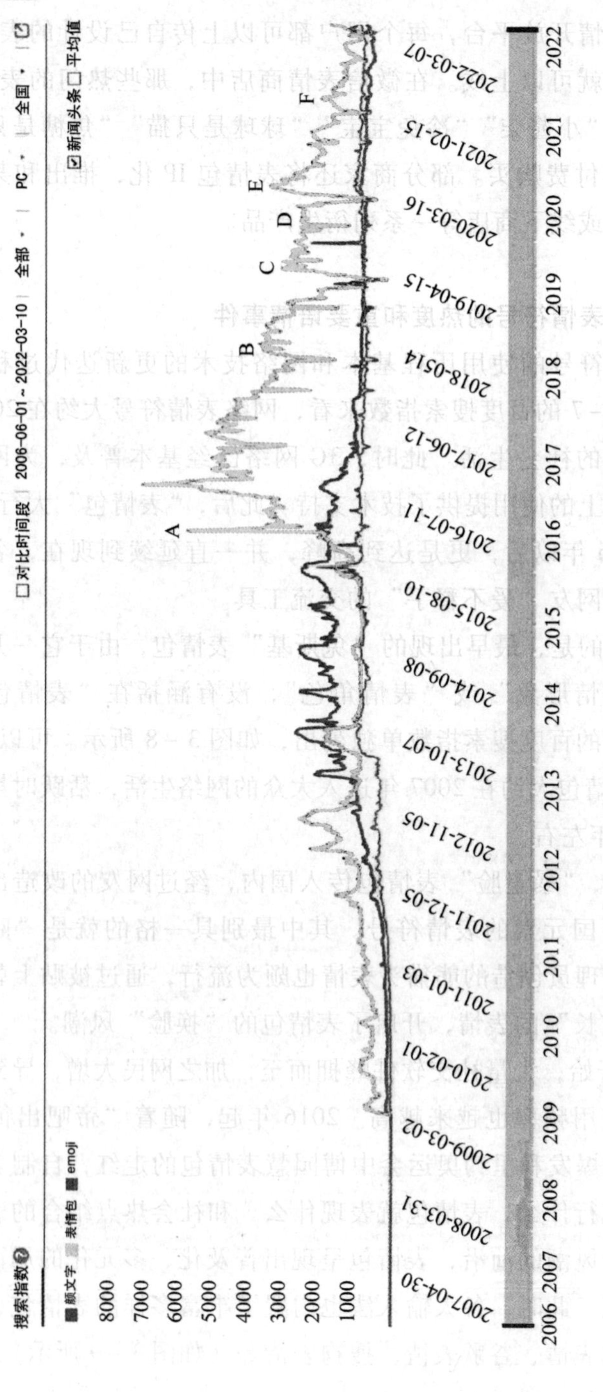

图3－7　颜文字、emoji、表情包的百度用户搜索指数

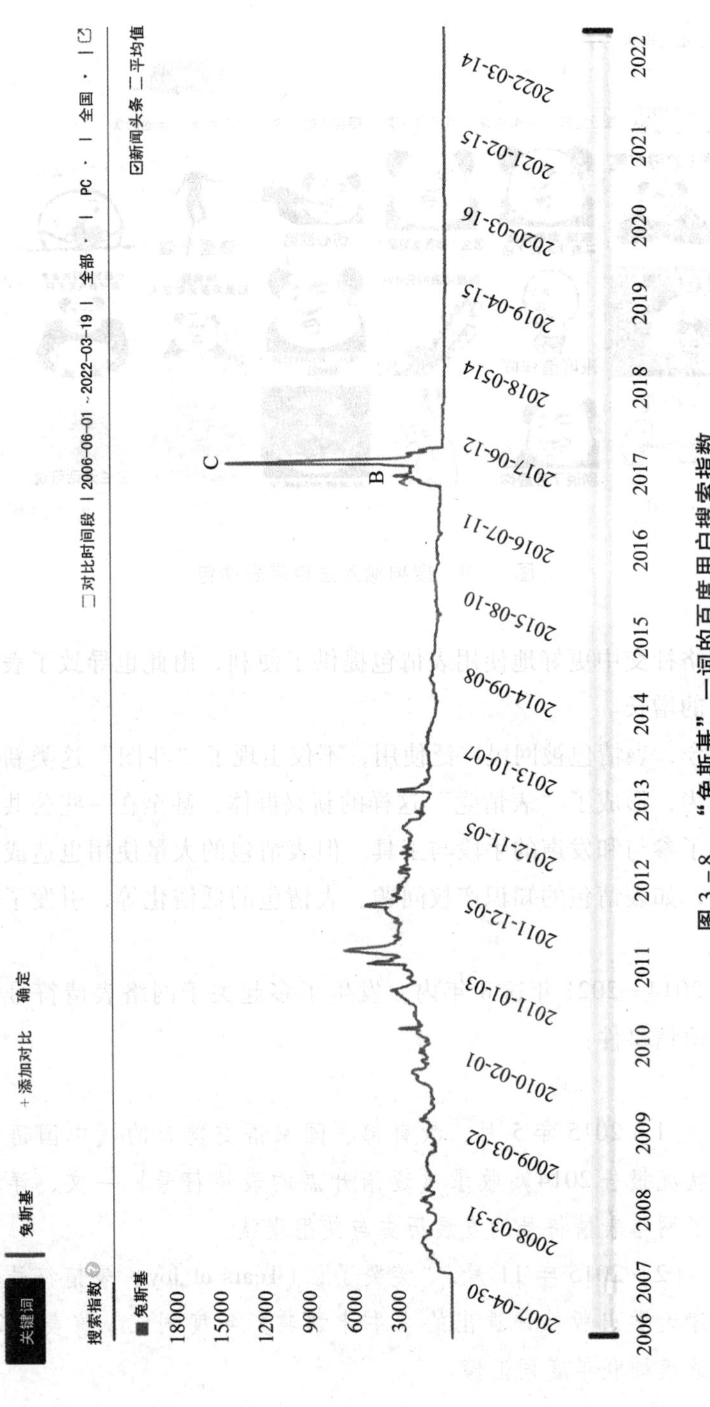

图 3-8 “兔斯基”一词的百度用户搜索指数

图 3-9 搜狗输入法自带表情包

们在网络社交中更好地使用表情包提供了便利，由此也导致了表情包爆发式的增长。

如今，表情包被网民广泛使用，不仅出现了“斗图”这类新型的网络行为，形成了“表情党”这样的新兴群体，甚至在一些公共事件中变成了参与和发声的手段与工具。但表情包的大量使用也造成了一些问题，如表情包的知识产权问题、表情包的低俗化等，引发了人们的关注。

在2014—2021年这8年内，发生了多起关于网络表情符号使用的重要语情事件：

[1] 2015年5月，教育部、国家语委发布的《中国语言生活状况报告2014》收录《逐渐升温的表情符号》一文，详细介绍了网络表情符号的发展历史与使用现状。

[2] 2015年11月，“笑哭了”（Tears of Joy）表情符号成为牛津大学出版社评选出的《牛津词典》年度词汇。该表情2016年继续蝉联年度词汇榜。

[3] 2016 年 6 月，语文出版社出版的中学语文教材将《洲际导弹自述》改为《网络表情符号》，以切合互联网时代的学生生活，引发了热议。

[4] 2016 年 12 月，由国家语言资源监测与研究中心、商务印书馆、人民网主办的“汉语盘点 2016”发布年度十大新词语，“表情包”位列其中。

[5] 2017 年 4 月 17 日，《光明日报》在第 5 版推出“小表情大文化·移动互联网新生态”栏目，专题报道“表情包”，刊发《能发表情绝不打字》《解读表情包》《走近“长草颜团子”萌发地》等文章。

[6] 2020 年 4 月，北京市高等法院发布“2019 年度北京法院知识产权司法保护十大案例”，微信“大黄脸”表情符号侵权案入选十大典型案例。

[7] 2020 年 5 月，教育部、国家语委发布《中国语言生活状况报告 2019》，《甲骨文遇上表情包》被作为单独一节收入。该文详细介绍了甲骨文表情包的走红与引起的热议。

三　社会关注的主要议题和各方态度

由《中国青年报》主导的中青校媒在 2021 年做过一次大范围的调查。[①] 结果显示，4351 名大学生中有 87.41% 的受访者经常使用表情包，仅有 0.55% 受访者表示完全不使用。更让人吃惊的是，近六成受访者表示自己不能脱离表情包，他们认为“没有表情包的聊天失去了灵魂”。

该调查结果还显示，表情包有着特别的功能：60% 以上的受访者认为表情包便于表示友好并且习惯通过表情包缓解尴尬，78.05% 的受访者认为表情包相较文字表达情感更为充沛，64.49% 的受访者通过表情包表现自己的热情、善意并认为可以拉近社交距离，62.58%

① 罗希、毕若旭、程思：《近六成受访大学生表示自己不能脱离表情包》，《中国青年报》2021 年 12 月 13 日第 8 版。

的受访者将表情包作为自己的“快乐源泉”。可以看出，青少年群体对表情包有着十分积极的评价。

但在社会层面，表情包给我们的网络社交带来的都是正面的吗？表3-3是几大主流媒体中讨论“表情包”的文章情况。其中，仅仅《人民日报》近几年就刊发了7篇文章进行讨论。值得注意的是，2017—2018年是表情包讨论最热烈的时段，各大平台刊发了多种维度的文章，显示出表情包关涉的范围非常广。

表3-3　主流媒体刊发讨论“表情包”文章的情况

题名	媒体名称	时间
《台湾网民频出创意　网上流行生动的“颜文字”》	中国新闻网	2005年1月6日
《网络表情，懂的人自然懂》	《中国青年报》	2014年5月29日
《你已进入表情包时代》	《中国青年报》	2016年5月6日
《“汉字表情包”走红内地社交网络　利弊之争引热议》	中国新闻网	2017年2月7日
《解读表情包》	《光明日报》	2017年4月17日
《能发表情绝不打字——移动互联网时代社交文化新观察》	《光明日报》	2017年4月17日
《从表情包看网络狂欢的文化基因》	光明网	2017年4月18日
《网络表情包缘何那么火》	《光明日报》	2017年4月20日
《表情包会弱化理解和表达能力吗》	《文摘报》	2017年9月26日
《别让对历史的铭记毁于“表情包”》	《人民日报》	2017年8月24日
《党报评慰安妇成表情包：有些人不能随意涂抹》	《人民日报》	2017年8月24日
《中国微信表情包走出国门　展示中国“新文化”》	中国新闻网	2018年2月23日
《表情包也要有“法治脸”》	《人民日报》	2018年3月2日
《表情包毁不了语言》	《光明日报》	2018年5月3日
《学会用文字促膝长谈》	《人民日报》	2018年7月17日

续表

题名	媒体名称	时间
《“表情包经济”在中国兴起　作者易遭遇版权问题》	中国新闻网	2018 年 7 月 18 日
《表情包背后有“大生意”》	光明网	2018 年 7 月 19 日
《颜文字二十周年庆　驰名商标免授权金》	光明网	2018 年 9 月 30 日
《“文物表情包”展现了严肃与娱乐的冲突美》	《光明日报》	2019 年 3 月 25 日
《甲骨文有了新“活”法》	《人民日报》	2019 年 11 月 4 日
《微信表情包：网络空间的一种“软性”符号》	《光明日报》	2020 年 7 月 22 日
《表情包让交流更贴近》	《人民日报》	2020 年 7 月 28 日
《用“表情包”亮出你的态度》	《人民日报》（海外版）	2020 年 10 月 9 日
《离开了表情包，我们就不会说话了吗?》	中国青年报客户端	2020 年 11 月 22 日
《三星堆又双叒火了，还贡献了一堆表情包……》	中国新闻网	2021 年 3 月 20 日
《今天你被“表情”了吗?》	交汇点客户端	2021 年 4 月 8 日
《近六成受访大学生表示自己不能脱离表情包》	《中国青年报》	2021 年 12 月 13 日
《表情包为何成为年轻人的社交“副语言”》	《中国青年报》	2021 年 12 月 15 日
《Z 世代更爱表情包》	中国青年报客户端	2022 年 1 月 8 日

总体而言，社会舆论非常关注红火的表情包对人们语言表达的影响。这些态度相当复杂，既有非常积极的一面，支持表情包的广泛使用，但同时也有一些忧虑，认为可能会影响汉语使用，并降低人们的表达能力。还有很多观点则持中立态度，认为语言有自己的使用规律，只要把握有度，表情包的“泛滥”不一定会成为问题。

（一）支持方：表情包毁不了语言

支持表情包广泛使用的意见认为，它能高效传递语言文字表达不了的信息和情感，是对现有语言文字体系很好的补充。

刊载于《光明日报》的文章《解读表情包》认为，表情包具有表达的复合性和解读的开放性，并且可以不断再生和重复传播，作者预见在未来社会将会有更多的表情包甚至更新更另类的表达符号，成为网络社会交往的信息载体。① 该报刊发的另一篇文章《表情包毁不了语言》认为，表情包是虚拟语言生活自组织的产物。作为语言的一种可视化形式，其本质和文字相差不多。表情包之所以引起人们的焦虑是由于表情包的滥用以及在不适当的时机、场合使用导致的，这并不影响表情包可以提高网络社交的效率和质量的工具性，我们不必对表情包过于警惕。②

《人民日报》和《人民日报》（海外版）的两篇文章也支持上述看法。《表情包让交流更贴近》提出，表情包的出现反映出互联网社会中人们真实、饱满、个性化的交流诉求与期待。文章认为带有表情包的网络交流相比于纯文字的网络交流能够让人们得以更加直观、快捷地表达交流当时的情感和态度，从而为网络交流平台注入生机活力，拉近人与人之间的距离。③《用“表情包”亮出你的态度》则在标题直接倡议使用表情包，认为表情包一方面使得沟通交流更加便捷、生动传神，另一方面因为表情包的娱乐性，可以帮助人们减轻压力，排解负面情绪。④

（二）反对方：会阻碍书面语言能力发展

完全反对使用表情包的看法并不多见。一些意见比较担忧铺天盖地的表情包会影响我们语言文字的表达能力。比如，刊载于《人民日报》的《学会用文字促膝长谈》一文指出，表情包的大量使用影响

① 张宁：《解读表情包》，《光明日报》2017 年 4 月 17 日第 5 版。

② 饶高琦：《表情包毁不了语言》，《光明日报》2018 年 5 月 3 日第 11 版。

③ 朱传欣：《表情包让交流更贴近》，《人民日报》2020 年 7 月 28 日第 20 版。

④ 叶子：《用“表情包”亮出你的态度》，《人民日报》（海外版）2020 年 10 月 9 日第 8 版。

了人们的语言表达能力，带来了娱乐化图像反噬文字想象力的危机感，人们不能只用被包装好的“情感表达”的表情包，应提高语言表达能力。[①] 刊载于《钱江晚报》的《离不开“表情包”是否意味着我们表达的贫瘠》一文认为，表情包正在降低有些人遣词造句的能力和耐心，成为人们在表达上图省事的一种敷衍。[②]

值得注意的是，有文章提醒表情包创作和使用过程中可能存在违法问题。2018 年 3 月 2 日《人民日报》刊登了《表情包也要有“法治脸”》一文，批判某些商家和网友践踏道德底线，不顾民族情感，随心所欲地使用一些真人表情包，并指出，表情包的使用应以社会公共利益为准则，不能突破法律和道德的底线，应坚决反对娱乐苦难的表情包。[③]

（三）中立方：功能独特，但不能替代语言和文字

从数据来看，大部分文章对表情包的态度比较“中庸”，既有欢迎和支持使用的一面，认为它具有独特的信息功能和文化功能，但同时也担忧过度依赖的副作用，呼吁要认识到其局限性，它不能完全替代语言文字的表达，应根据场合进行适当限制。

《中国青年报》的《你已进入表情包时代》认为，表情包具有跨越文化和地域限制的功能，可以帮我们表达一些不那么好意思说出来的话，具有直达人心的感染力。[④] 该报最近的文章《表情包为何成为年轻人的社交“副语言”》（2021 年 12 月 15 日）仍然坚持认为，表情包是线上文字交流的重要补充，可以以省力的方式丰富文字的细节。与此同时，文章认为，表情包可以作为同一圈层或代际群体的身份认同符号，代表了年轻人追求新潮的生活方式。这是认同了其所具有的文化功能。不过，作者同时也表示，表情包的内容和解码的过程都具有非理性和不确定性，很容易造成双方交流中的误解与偏差，因

---

① 邓洁：《学会用文字促膝长谈》，《人民日报》2018 年 7 月 17 日第 19 版。

② 张炳剑：《离不开“表情包”是否意味着我们表达的贫瘠》，《钱江晚报》2019 年 12 月 27 日第 A16 版。

③ 谢军：《表情包也要有“法治脸”》，《人民日报》2018 年 3 月 2 日第 5 版。

④ 汪冰：《你已进入表情包时代》，《中国青年报》2016 年 5 月 6 日第 10 版。

此只能作为一种浅层次和碎片化的表达。①

持有类似观点的还有光明网《从表情包看网络狂欢的文化基因》和《光明日报》的《“文物表情包”展现了严肃与娱乐的冲突美》两篇文章。前者认为，对表情包文化需要客观评判：表情包文化一方面在折射社会心态及其价值取向、疏解社会情绪、释放社会压力方面具有积极意义；另一方面，尽管表情包传播中存在负面情绪集聚、审丑狂欢、暴力贬抑等问题，但也客观反映出目前社会对话的缺失与沟通交流的不畅，因此也不能将之简单认定为低俗、病态、非理性的话语表达。② 而后者则认为，文物表情包将严肃的文物和大众娱乐“混搭”在一起，契合了文化审美上的冲突美，但同时文物表情包的创意和设计也需遵从审美规律，必须谨慎着手小心为之，一要精心推敲文物与网络流行语的内在联系；二要拿捏好尺度。③

《文摘报》的文章《表情包会弱化理解和表达能力吗》认为，表情包弥补了纯文字容易枯燥以及表达情绪上的能力不足，同时也补充了单纯影像的信息缺失，但表情包不能替代思维的深度和完整，不能替代辩论的逻辑和周延。④ 对于这一问题，《光明日报》刊载的《微信表情包：网络空间的一种“软性”符号》也认为，表情包更为适合这一代人的温情与宽容，令人开怀的幽默显现了出色的智商与情商，正在逐渐形成这一代人独异的语言风格；表情包可时常作为另一种符号调节文字表述的分寸，制造缓冲，削弱尖锐的气势、不容置疑的果决或者周密分析形成的严谨，但同时表情包也有它的局限性，它无法表达人类文化中的深邃内容。⑤ 不过，《光明日报》另一篇文章

---

① 黄骏：《表情包为何成为年轻人的社交“副语言”》，《中国青年报》2021 年 12 月 15 日第 2 版。

② 黄河：《从表情包看网络狂欢的文化基因》，光明网—文艺评论频道，https://wycz.gmw.cn/2017-04/18/content_26530174.htm，2017 年 4 月 18 日。

③ 李思辉：《“文物表情包”展现了严肃与娱乐的冲突美》，《光明日报》2019 年 3 月 25 日第 2 版。

④ 刘仰：《表情包会弱化理解和表达能力吗》，《文摘报》2017 年 9 月 26 日第 3 版。

⑤ 南帆：《微信表情包：网络空间的一种“软性”符号》，《光明日报》2020 年 7 月 22 日第 16 版。

《表情包沟通，尽在不言中》则指出，表情包虽然可以更好地表达人们的情绪，但同时也在一定程度上消解了严肃的话语方式；虽然可以提升青少年群体表达的自立性，但其大量使用也会导致他们语言组织能力和表达思想能力的退化。①

总体来看，网络表情符号一方面确实为我们的线上交流带来了便利，增加了很多常规文字符号所无法直观描绘的信息和情绪；另一方面表情符号的滥用也产生了一些负面影响。人们在制作和使用表情符号的时候应遵守法律和道德的底线，规范合理使用网络表情符号，使其更好地促进网络交流。

第四节　本章小结

事物永远处在发展变化之中。语言文字系统也是一样，它从来不是静止的，新字、新词、新语无时无刻不在产生。这些新鲜的成分自身是没有高低贵贱之别，但在具体的语言生活中则有被进行规范和引导的需要。

对于“火星文”“囧”“槑”等网络新造字、“人艰不拆”等“成语”，以及各类表情包，社会各界总体上呈现宽容的态度，认为它们本就属于语言文字的一部分，自然不会扰乱固有的语言文字系统。相关意见一方面尊重语言文字自己的发展规律，认为无须谈“新”色变，另一方面也呼吁在某些领域应该予以规范，不能让它们在教育、新闻等行业无限制风行。

2011 年 1 月 20 日，时任中共中央政治局委员、国务委员刘延东在纪念《国家通用语言文字法》颁布十周年座谈会上发表重要讲话，指出对于新词语、流行语、网络语言等，要开展“监测与研究，引导社会规范使用，吸收其合理的有生命力的成分，丰富国家通用语言文

① 张焱：《表情包沟通，尽在不言中》，《光明日报》2021 年 12 月 17 日第 11 版。

字的词汇系统及表达手段，促进语言文字健康发展”。[①] 这充分显示，社会和有关部门认为，要以兼收并蓄的态度来看待本章所讨论的各种网络语言文字现象，不断促进国家通用语言文字系统的健康发展。

① 陈章太、谢俊英：《〈国家通用语言文字法〉颁布十周年纪念》，载教育部语言文字信息管理司组编《中国语言生活状况报告2012》，商务印书馆2013年版，第22页。

第四章　网络语言使用与青少年语言能力

第49次《中国互联网络发展状况统计报告》显示，截至2021年12月，我国网民规模达10.32亿，互联网普及率73.0%。在年龄结构上，10岁以下和10—39岁群体占整体网民的54.8%（其中10—39岁占比50.5%）。[①] 这意味着超过一半的网民都是青少年群体（青年、少年及儿童）。他们在各类圈子中有意无意地创造网络语言、传播网络语言。据报道，2015年前后出生的小朋友刚跨入小学门槛就已经开始在作文中广泛使用各种网络“梗”。语言（更）贫乏？提笔（即）忘字？网络流行语如何影响新时代青少年群体的语言能力，成为社会迫切关注的话题。

第一节　网络时代年轻人的“语言贫乏”

当下社会，年轻人越来越倾向于使用网络用语表达思想情感。网络用语虽然有时幽默活泼，但也存在缺乏文化内涵的问题。很多习惯于使用网络用语的年轻人，偶尔说句成语都觉得不习惯。2019年3月21日，《中国青年报》刊发了题为“遇到好笑的事儿，我却只会说‘哈哈哈’——七成受访者感觉自己语言越来越贫乏”的报道，[②]“语

---

① 中国互联网络信息中心：《第49次〈中国互联网络发展状况统计报告〉》，http：//www.cnnic.net.cn/hlwfzyj/hlwxzbg/hlwtjbg/202202/P020220407403488048001.pdf，2022年2月25日。

② 王品芝、李丹妮：《遇到好笑的事儿，我却只会说“哈哈哈”》，《中国青年报》2019年3月21日第8版。

言贫乏”即刻成为热门话题在各大媒体上传播。年轻人为什么会“越来越语言贫乏”？“语言贫乏”的实质是什么？如何改善“语言贫乏”？这些问题都是被讨论和争议的热点。

一　“语言贫乏”的基本表现和事件热度

中国青年报社会调查中心联合问卷网，对2002名受访者进行的一项调查显示，76.5%的受访者感觉自己的语言越来越贫乏了。受访者认为最明显的表现是基本不会说诗句（61.9%）和基本不会用复杂的修辞手法（57.6%）。参与本次调查的受访者以本科（72.0%）和高中学历（20.9%）为主，而在年龄段则以80后（54.8%）和90后（24.1%）为主。①

一位受访者表示，“现在大家夸人，习惯用一套固定的句式，或者用很多夸张的语气词。”他说，汉语中有丰富的词汇供人们表情达意，可现在很多都被简化，比如，大家遇到好笑的事情只会说“哈哈哈”。另一位受访的中学老师说：“无论是描述什么东西还是事件，我都是用同样的方式去表达。”她感觉自己的一套语言系统已经形成了，很难再去重新创造新的表达形式。“随着媒介的更新，有时我们不再需要用文字去描述，比如看到美景，你会把它拍下来，这让人更不会去思考怎样创造新的表达方式”。调查中，也有不少人坦言，自己平常基本不会说成语、诗句，也不会用一些修辞，而是不自觉地复制别人说的话。表达意思只会用一种方式。“有时候脑子里想一件事情，无法很利索地说出来”。

新闻一经报道，即刻引起社会热烈关注，成为各大媒体报道的焦点。新浪微博话题“七成年轻人感觉语言贫乏”获176.2万次阅读。②《人民日报》《人民日报》（海外版）《光明日报》等主流纸质

① 王品芝、李丹妮：《遇到好笑的事儿，我却只会说“哈哈哈”》，《中国青年报》2019年3月21日第8版。

② 微博话题“七成年轻人感觉语言贫乏”，查询日期2019年5月25日，https：//s. weibo. com/topic？q = 七成年轻人感觉语言贫乏 &pagetype = topic&topic = 1&Refer = weibo_topic。

媒体和各路网络媒体纷纷发表评论文章，光明智库还专门策划了“智库答问 · 关注网络时代的表达匮乏系列访谈”，组织专家从多个角度进行解读。

二　社会关注的主要议题和各方态度

热烈的社会反响主要表现为两个议题，讨论得最热烈的是年轻人的语言贫乏该不该由网络来负责；随着讨论的深入，开始有意见质疑年轻人的“语言越来越贫乏”是否真的成立。

（一）网络该不该为当下的语言贫乏负责？

主流意见认为，网络对于这一现象起了主导作用。也有意见认为，不能全归咎于网络。

1. 主流意见认为年轻人语言贫乏主要是受网络的影响

《中国青年报》的调查显示，年轻人出现语言贫乏的问题，70.9%的受访者认为是由于互联网时代要求更加直接和简洁的表达，65.4%的受访者归因于同质化表达、全民复制的网络氛围。[①]《人民日报》（海外版）等主流媒体发表的评论文章也支持这一观点，认为网络流行语和表情包较为深刻地影响着个人的语言表达能力。

《人民日报》（海外版）刊载的《治治语言贫乏的“网络病”》直截了当地指出，语言越来越贫乏是一种“网络病”，异常流行的网络语言和表情包在钝化我们的思维。该文认为，几乎无所不包的网络语言和表情包，在方便我们快速地表情达意之时，也让我们在现实中变得“不善言辞”。经常过多使用网络语言和表情包，会让我们慢慢遗忘原有的表达方式及其文化内涵。比如，像提笔忘字一样，一些网民现在经常遗忘一些基本的成语和名句。网络聊天中过度依赖简单易懂的网络语言和表情包，也会钝化我们的思维，产生一种惰性，在网络交流中不愿、不想或不能思考与使用更有文化内涵的语言。[②]

---

① 王品芝、李丹妮：《遇到好笑的事儿，我却只会说“哈哈哈”》，《中国青年报》2019年3月21日第8版。

② 何勇海：《治治语言贫乏的“网络病”》，《人民日报》（海外版）2019年4月8日第7版。

《烟台晚报》刊文认为，当人们越来越习惯于使用网络语言时，却在不知不觉中迷失了自己的表达方式；图片、符号、视频等媒介的大量使用，也减少了人们语言表达的机会。该文写道，表示高兴时发一个“笑脸”，表示难过时发一个“哭脸”，表示友好时发一个“握手”，表示安慰时发一个“抱抱”，似乎这些符号就可以代表了所有含义，一切便可尽在不言中。当看到一幅美景时，许多人不再想着如何用文字去描述，而是直接拿出手机拍下来，然后发到朋友圈。别人看到后，往往也只是默默点赞，很少留言评论。①

复旦大学中文系教授申小龙认为，网络词语的长期、广泛使用将会对我们的语言乃至社会生活和思维方式产生深远的影响。它虽然可以丰富语言表达，但其流行也在简化我们的语言。“一个新词语的迅速流行和人们‘不假思索’地使用，会钝化我们的感受，让我们产生一种惰性，不敢面对真实的内心，以自我的‘遁形’加入盛大的语言‘假面舞会’”。②

北京语言大学原党委书记、语言资源高精尖创新中心主任李宇明教授指出，从语言本身来看，肯定是越来越丰富。每个时代都在使用语言的同时创造语言。但在个人表达方面，的确有一部分人会感觉语言贫乏，只会几种有限的表达方式。尤其是年轻人在网络上表达时，常常使用流行语。“我问过一些年轻人，他们是觉得有时候会想表达却‘找不到词’。”③

在新浪微博话题“七成年轻人感觉语言贫乏”下，许多网友纷纷表达对语言贫乏“网络病”的关注，担忧惯用网络用语影响自身表达。网友“向上起飞永不坠落”称：“我几年前就有这个意识了，脑子里没词汇。”网友“辨证论治”称：“确实，现代人用词实在是太贫乏了。”网友“如果”称：“无奈我辈没文化，一句哈哈走天下。”④

① 张淳艺：《只会说“哈哈哈”是一种现代病》，《烟台晚报》2019 年 3 月 23 日第 3 版。

② 王品芝、李丹妮：《遇到好笑的事儿，我却只会说“哈哈哈”》，《中国青年报》2019 年 3 月 21 日第 8 版。

③ 晋浩天、周世祥、王远方等：《高兴只会用“哈哈哈”：我们的表达能力“断档”了吗》，《光明日报》2019 年 4 月 8 日第 7 版。

④ https：//s. weibo. com/hot？q = %23 七成年轻人感觉语言贫乏%23&xsort = hot&suball = 1&tw = hotweibo&Refer = weibo_ hot.

2. 少部分意见认为年轻人的语言贫乏不能都让网络背锅

中国社会科学院语言研究所研究员王灿龙认为，虽然自媒体上会有一些糟粕，但不能简单地认为社交软件和网络平台会导致语言贫乏。应该承认，有一些公众号推送的文章文质兼美，让大众在思想、知识、语言表达等方面都深受教益。其实，新媒体、自媒体的产生使社会大众有更多阅读和写作的机会。面对良莠不齐的阅读文本，关键在于如何引导，而不能简单地予以否定。①

登载于《光明日报》的《青年“语言表达日益匮乏”　不能都让网络背锅》指出，表达能力下降也与生活方式有很大关系。该文表示，时下人与人、家庭与家庭之间少于交往的现象越来越严重：对面邻居不相识；见到亲戚不会称呼；人们见面匆匆微笑了之等，都是一种折射。这种情况，是随着城市化的出现而出现的，只不过网络加速显现了这些问题。这给我们的警示是，目前国人尤其是年轻人“语言表达日益匮乏”的问题，沉溺网络固然是一个不可忽视的显性原因，需要针对这一现象采取必要的应对措施，但也要清醒地认识到，我们不该把锅全部甩给网络发展。②

在《中国青年报》的调查中，有被采访者提出，语言贫乏是一个思维惰性的问题，“常常思考应该怎么去表达，自觉去积累和运用的人就不存在这个问题”。还有被采访者认为，语言贫乏可能与我国传统的教育有关，在这种模式中，孩子表达自己的机会很少，这会导致很多人成年后更加“不善言辞”。③

（二）年轻人语言越来越贫乏真的成立吗?

随着讨论的深入，逐渐有评论开始质疑年轻人的“语言越来越贫乏”是否真的成立。

---

① 晋浩天、周世祥、王远方等：《高兴只会用“哈哈哈”：我们的表达能力“断档”了吗》，《光明日报》2019 年 4 月 8 日第 7 版。

② 余明辉：《青年“语言表达日益匮乏”不能都让网络背锅》，《光明日报》2019 年 3 月 25 日第 2 版。

③ 王品芝、李丹妮：《遇到好笑的事儿，我却只会说“哈哈哈”》，《中国青年报》2019 年 3 月 21 日第 8 版。

《中国青年报》一篇评论指出，现代人可能并不是真得了语言贫乏症。文章认为，拿热门网络语言与古典成语诗词作简单对比，得出“语言贫乏”的结论值得商榷：它不仅忽视了网络语言在丰富形态和互动上的长处，也不利于准确地归纳现代人的语言表达状况。文章认为，高兴只会“哈哈哈”，其背后是容纳语言运行的社会以及语言使用者的文化贫乏。①

《科技日报》一篇题为“网络热词泛滥的背后，或许是思想的贫乏”的文章指出，“语言越来越贫乏”这一结论要打上问号：无论在什么媒介时代，能做到出口成章的人都是少数，“输出”这件事本身就具有极高门槛。而且，表达的效果，并不在于辞藻多华丽，修辞多丰富，而在于是否适宜。比语言贫乏更让人担心的，是思想的懒惰。在互联网时代之前，我们能看到的表达，本身都是相对精英的表达；普通人并没有太多公开表达的机会，也就不会去思考自己的语言是否贫乏。所以，“语言越来越贫乏”这一结论，本身就要打上问号。而且，在日常交往中，无论线上还是线下，人和人之间的交流都没必要吟诗作赋，也用不上太多修辞手法。把事情说清楚，把感情传达准，才是沟通的第一要义。从网络孕育而生的新词汇，在很短时间内就会成为陈词滥调。我们总是一拥而上地去使用它，不问前提，不分情境。在公共事务的网络讨论中，常常充斥着大量的重复性表达。深究起来，这不是因为语言贫乏，而是因为思想贫乏。②

《长江日报》刊文认为，网络只是一个“空间”，是人们联系、表达、获取信息的渠道，它本身实际上什么也没有，更不会创造什么。发明“十动然拒”“666”的是人，网络虽然让这些表达更易于传播，但终究还是人选择了接受和使用。偏爱使用网络用语，其实是思维懒惰的表现，毕竟那些具有文学美感的表达，需要理解，学会这些表达，需要记忆。而人脑能够懒惰，是因为电脑代替人脑做了许多

---

① 白毅鹏：《高兴只会“哈哈哈”是得了语言贫乏症?》，《中国青年报》2019 年 4 月 9 日第 2 版。

② 张盖伦：《网络热词泛滥的背后，或许是思想的贫乏》，《科技日报》2019 年 3 月 29 日第 7 版。

工作。①

与上述评论不同的是，《人民日报》一篇评论认为，与其说语言贫乏，不如说是表达上的一种偏爱。评论指出，是我们的语言贫乏了吗？并不尽然。从存量上来说，我们词汇、句子、典故等语料的多少，可能并没有太大变化。从增量上说，网络语言等已有新的迅猛增加。与其说语言贫乏，不如说是表达上的一种偏爱。语言嬗变的风向，也是时代发展的走向。互联网时代争分夺秒，自然要求更直接的信息、更简洁的表达。信息洪流的湍急，也让同质化信息唾手可得，随手复制粘贴称得上高效。网络语言所创造的大量流行词、新句式、新修辞，在简化语言的同时也为其注入了鲜活的生命力和时代感。因此，古诗成语也好，网络用语也罢，都是表情达意的方式，都蕴含着语言的力量。②

三 网络时代年轻人语言能力的提升策略

各路评论和意见也纷纷对如何改善年轻人的语言贫乏状况、提高青年的语言运用能力出谋划策。《中国青年报》的调查显示，75.2%的受访者建议年轻人独立思考，训练自己的语言逻辑，59.7%的受访者建议创造鼓励多元化表达的平台和氛围，57.1%的受访者建议多读经典，提高个人的文化水平。③ 综合来看，可以从以下几个方面破解这一难题：

（一）独立思考，保持差异化的表达方式

《经济日报》刊文认为，语言贫乏其实是思维思想贫乏的体现。因此，网民在网络社交中表情达意，在使用网络语言和表情包的同时，要保持自己在语言表达方面的个性，发掘语言之美。④《人民日报》登载的文章指出，在一个新词汇层出不穷的时代，准确说出所思所想，比不假思索套用流行词汇更有价值。只有直面内心感受的差异

---

① 邢帆：《只会“666”“哈哈哈”电脑正在排挤人脑》，《长江日报》2019年4月10日第4版。

② 盛玉雷：《善用我们的语言宝库》，《人民日报》2019年4月3日第5版。

③ 王品芝、李丹妮：《遇到好笑的事儿，我却只会说“哈哈哈”》，《中国青年报》2019年3月21日第8版。

④ 何勇海：《语言贫乏的“网络病”得治》，《经济日报》2019年3月24日第6版。

化表达，才能生机勃勃、经久不衰，造就语言的经典。①

申小龙教授也指出，“一个直面自己内心感受的人，他的语言一定生机勃勃，充满差异化的表达，充满创造活力。”没有不好的语言，只有不适合特定语境的语言。“生活在这样一个新词语大量流行的时代，在积极吸纳新的表达方式的同时，我们要努力用差异化的语言表达独特的感受，以真正获得自身的存在感”。②

（二）强化语言逻辑

《北京青年报》的评论认为，强化语言逻辑不妨从娃娃抓起。我国传统的教育中，孩子表达自己的机会很少，这会导致很多人成年后更加“不善言辞”。因此，在实践中，无论是学校还是家庭，均应该创造一个自由、宽松的语言交往环境，培养儿童语言交往的习惯，提高儿童语言交往的能力。③

《烟台晚报》刊文认为，改善年轻人的语言贫乏问题，更重要的是加强语言逻辑训练，克服思维惰性。每天写一篇日记，定期给亲人写一封家书，丢掉复制加粘贴的网络思维，用自己的语言方式表达内心感受，对于解决语言贫乏会有潜移默化的作用。④

（三）正确认识网络语言

《北京青年报》的评论文章表示，对于网络新潮用语没有必要一味排斥，毕竟这些是最能代表时代的表达方式。而且，从另一个角度来看，要改掉整个互联网文化传播的特色和传播方式显然也是不现实的。正所谓，网络世界无穷尽，现代传媒的传播作用和影响更不可小觑。语言作为一种文化，更为期待的是充满着积极向上力量的“网络热词”不断涌现，以丰富人类的语言体系。⑤

---

① 盛玉雷：《善用我们的语言宝库》，《人民日报》2019年4月3日第5版。

② 王品芝、李丹妮：《遇到好笑的事儿，我却只会说“哈哈哈”》，《中国青年报》2019年3月21日第8版。

③ 杨玉龙：《网络时代别患上“语言贫乏症”》，《北京青年报》2019年3月22日第A2版。

④ 张淳艺：《只会说“哈哈哈”是一种现代病》，《烟台晚报》2019年3月23日第3版。

⑤ 杨玉龙：《网络时代别患上“语言贫乏症”》，《北京青年报》2019年3月22日第A2版。

申小龙教授也认为，“首先要尊重年轻人的创新表达方式，重视网络用语对现代汉语发展的促进，理解流行词语无可替代的表达功能。在这个基础上要鼓励年轻人‘修辞立其诚’。”整个社会和相应的语言系统会在发展中做出选择，大浪淘沙后留存下来的语词，是生命力更强的语词。①

（四）多阅读经典，提升阅读品位和档次

南开大学出版社社长、总编辑刘运峰认为，人的素质除了政治素质、道德素质、身体素质等之外，很重要的一项就是文化素质。提高学生的文化素质，主要靠读书这一途径。学校、教师要通过各种方式引导学生多读书、读好书，广泛涉猎古今中外的名著名篇，吸收各种各样的文化科学知识，不断提升学生的综合文化素养。②

李宇明教授表示，现在年轻人没有那么多时间阅读经典原著了，他们是网络的“原住民”，接触的多是网言网语，表达能力还有待提高，但这是写作的能力问题。文学环境、语言环境需要提升，年轻人也应当主动提升自己阅读的品位和档次。③

（五）加强中小学语文教学，改革“大学语文”课程

王灿龙研究员指出，要想提高社会整体的语言文字应用水平，就必须进一步加强中小学的语文教学，从小培养学生对语言文字的兴趣，使他们热爱语言文字，加强人文修养，提高语言文字的运用能力。同时，高校虽然开设有“大学语文”课程，但总体教学效果不是很好，需要改革。清华大学开设的“沟通与写作”就是一种很好的尝试，值得点赞，也值得推广。④

---

① 王品芝、李丹妮：《遇到好笑的事儿，我却只会说“哈哈哈”》，《中国青年报》2019年3月21日第8版。

② 晋浩天、周世祥、王远方等：《高兴只会用“哈哈哈”：我们的表达能力“断档”了吗》，《光明日报》2019年4月8日第7版。

③ 晋浩天、周世祥、王远方等：《高兴只会用“哈哈哈”：我们的表达能力“断档”了吗》，《光明日报》2019年4月8日第7版。

④ 晋浩天、周世祥、王远方等：《高兴只会用“哈哈哈”：我们的表达能力“断档”了吗》，《光明日报》2019年4月8日第7版。

第二节 网络中的拼音缩略词

现代汉语一直就有字母形式的使用情况，早期的如 X 光、阿 Q、A 区，然后出现了 A 股、NBA、WTO 等，再到现今的 APP、KPI 等，不胜枚举。字母形式的组合，尤其是外来的字母词，在汉语中曾引发了轩然大波。2009 年有人提出了“汉语危机论”，认为像 NBA、WTO、GDP 这些外文缩略词的使用会使得汉语在 300 年后消亡，提出要打一场“汉语保卫战”。① 2012 年 8—9 月，百名学者投诉《现代汉语词典》第 6 版正式收录（239 个）外来字母词涉嫌违法，引发了一场保卫汉语的大争议。②

除了上述字母词，在网络中也盛行另一类字母组合。比如 MM（美眉）、GG（哥哥）、xdjm（兄弟姐妹）等。这些形式与外来的字母词有很大区别，它们是汉语拼音紧缩的结果。由于其组合紧密表意完整，本文使用“拼音缩略词”来称呼（网络中被称为“拼音梗”）。该形式早就跃于网络语言生活之中，但一直没有引发舆情。最近引发大众强烈关注的是 2021 年一篇题为“这届小学生，用 yyds 写作文”的深度报道。③

一 拼音缩略词的基本特点

网络中的拼音缩略词是汉语自身系统的产物，它是汉语词组拼音首字母的缩略，既不需要全部大写，也不需要将它视作拉丁字母念字母音——它们读出来都是对应汉字的完整拼音。当然，个别缩略形式可能会有例外，如“yyds”有时会一个一个字母音读出来。汉语中类

---

① 傅振国：《英语蚂蚁在汉语长堤打洞》，人民网，http：//www. people. com. cn/GB/32306/33232/10449570. html，2009 年 11 月 25 日。傅振国：《300 年后汉语会消亡吗?》，《文汇报》2010 年 2 月 28 日。

② 李景端：《可用不可滥，翻译要到位——也说字母词入典之争》，《人民日报》2012 年 10 月 5 日第 4 版。

③ 尼尼微：《这届小学生，用 yyds 写作文》，微信公众号“看客 insight”，https：//mp. weixin. qq. com/s/dJ9XU9yHaMrt_ CFX4ecdcw，2021 年 7 月 19 日。

似的表达方式还有520、1314、7788等，都是网民为了“敲键盘”方便的附属产品。同时它们也足够“另类”和有趣，非常容易让其他网民接受、进而流行传播。

图4－1　腾讯QQ的经典招呼表情包

拼音缩略词非常多，而且会随着网络圈子发生变化。即圈子不同所使用的缩略词就有很大差异。早期的拼音缩略词最为知名的恐怕是腾讯QQ的经典打招呼用语“你是gg，还是MM?”了。

据报道，网络中比较常见的拼音缩略词除了上面例举的，还有以下一些：①

blx（玻璃心）
bzd（不知道）
dbq（对不起）
dssq（大势所趋）
hhhhhh（哈哈哈哈/呵呵呵呵）
nsdd（你说得对）
pyq（朋友圈）
sb（傻逼）
sjbzt（瞎鸡巴折腾）
ssfd（瑟瑟发抖）
U1S1（有一说一）
XSWL（笑死我了）
YYDS（永远的神）
zqsg（真情实感）

二　拼音缩略词的热度和重要语情事件

拼音缩略词从网络一开始就与之伴随。《光明日报》2001年8月22日刊载的《网络语言的位置》一文就提及网络聊天室中“JJ”是“JIEJIE”（姐姐）的缩略，“TMD”是“他妈的”拼音的缩略。② 虽然这些形式在网络语言的规范讨论中被屡屡提及，但均未能引起大的波澜。一个主要缘由可能是其使用语境往往比较稳定，大部分如果离开特定的圈子就无法“存活”，因而很不容易“出圈”。

① 本文仅列举部分。更多拼音缩略词可以查看微信公众号“暴走漫画”2018年10月20日的原创文章《zqsg、dbq、pyq…请爱用缩写的人离开我的朋友圈!》，https://mp.weixin.qq.com/s/bCrudxWgqwqUKdKMnSR4KQ。

② 周洪波：《网络语言的位置》，《光明日报》2001年8月22日第B1版。

根据中国语情与社会发展研究中心的监测，网络中的“拼音梗”获得最为广泛的关注是在2021年，尤以“永远的神”的拼音缩略词“yyds”最为显著。本文就以此作为分析的具体案例。据报道，“yyds”最初是电竞主播“山泥若”在直播期间为了称赞英雄联盟（LOL）的电竞选手Uzi而随口说出的一句感叹语，直播时“山泥若”所说出的原句是：“乌兹，永远滴（的）神”。之后网友将这句话与微博时下流行的拼音首字母缩略语进行了结合，于是“yyds”这一流行语便在网络上诞生，并随着网民以及各大媒体的使用而广泛传播开来。

图4－2显示了“yyds”从2020年4月开始的百度搜索热度情况。该词从2020年年底开始获得大量关注，然后持续攀升，在2021年7月至8月这段时间它的被关注度达到巅峰。从2021年的百度指数来看，有关“yyds”这一网络用语已经发生过多次热烈讨论，不少时段的日均值都接近或高于3万，尤其是7月下旬至8月上旬整体上日均均高于6万，最高值为7月底的15万。相关的重要语情事件有：

［1］7月19日，微信公众号“看客”发布了题为“这届小学生，用yyds写作文”的原创文章，一时间在网络中引起了强烈反响。该文从近年来在小学生的日常交际过程中被大量使用过的“扎心”“小丑竟是我自己”“渣男/渣女”“绿茶”“白莲花”等网络热词写起，最后以“孙大圣”等语文老师的观点结尾，表达了文章对“网络用语进入小学生作文”现象的态度：“语文课要传授给孩子的，是基本的、固定的、比较规范而通用的语言。表达首先要流畅、有逻辑、有条理，其次才应当生动”“毫无辨别力地使用网络语言，会影响到书面表达”。在此之后，针对“yyds”被大量使用的现实情况，多家媒体以及网络平台都发生过相关讨论，同时产生了大量留言，网友们纷纷表达自己对于近期突然爆火的网络热词的态度。截至2021年9月，已经有包括光明网、澎湃新闻、《新华每日电讯》、《文汇报》、《咬文嚼字》以及语情局等多家媒体或微信公众号发布相关评论文章。

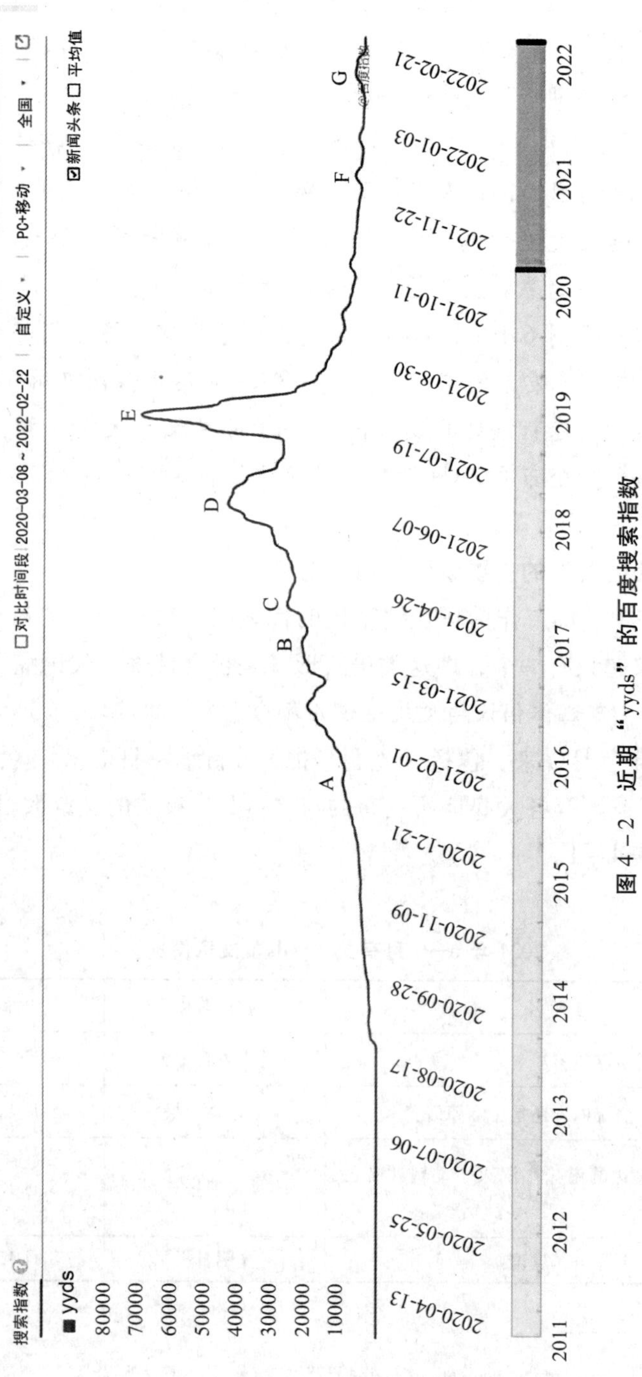

图 4-2　近期"yyds"的百度搜索指数

[2] 7月27日，杨倩和杨皓然夺得东京奥运会射击项目十米气步枪混合团体金牌。赛后，新华社发微博调侃“yyds”的谐音就是“杨杨得胜”。此事件迅即登上微博热搜榜。

[3] 9月1日，有网友在知乎上提问“媒体批‘yyds’‘绝绝子’等网络用语，称人们离开‘梗’就不会说话了，网络用语真的会影响表达能力吗?”①，当日登上了知乎热榜。该问题获得3215个回答，累计关注量近千万。

[4] 12月6日，“yyds”入选由国家语言资源监测与研究中心等机构联合发布的“汉语盘点·2021年度十大网络用语”。随后又陆续入选新浪体育发布的“2021年体坛十大梗”和《中国新闻周刊》公布的2021年度十大热词等。

三 社会关注的主要议题和各方态度

以下以“yyds”作为拼音缩略词的代表来观察社会面的讨论。各方的核心议题只有一个，即这类语言形式是否会带来“失语症”?

（一）主流媒体倡议适度规范使用场合

2021年7月以来，包括《光明日报》《新华每日电讯》《澎湃新闻》《文汇报》等各大媒体所发布的与“yyds”有关的文章数目众多，具体如下表4-1。

表4-1 2021年6—9月有关“yyds”文章情况

题名	媒体名称	时间
《对网络热词多点包容》	《南方日报》	6月30日
《网络语言：潮流标志还是交际障碍?》	《语言文字报》	8月11日
《多少汉语表达的滋味　泯灭于动辄“死去活来”的流行语》	《文汇报》	8月13日
《语言生活离不开语体意识》	《光明日报》	8月15日

① https://www.zhihu.com/question/484057801/answer/2106871347.

续表

题名	媒体名称	时间
《当00后在说YYDS时，他们在说什么?》	《文汇报》	8月15日
《迭代加速，互联网流行词让语言更丰富了吗?》	《文汇报》	8月18日
《yyds满屏飘，我们应该思考些什么?》	光明网	8月20日
《我们该为满屏yyds而担忧吗》	《光明日报》	8月24日
《YYDS背叛了汉语吗》	澎湃新闻	8月25日
《字母缩写网络语“出圈”　中国网民遭遇沟通“壁垒”》	中国新闻网	8月27日
《不用“yyds”“绝绝子”就不会说话了?》	新华每日电讯	9月1日
《万物皆可“yyds”，但汉语之美才是“永远的神”》	《新华日报》	9月3日
《了不起的汉字，迎来“最好的时代”》	《解放日报》	9月3日
《我们为何成了文字“失语者”》	《团结报》	9月18日

主流媒体对此的态度较为一致。大多媒体认为，这类网络用语在日常生活中的大量使用属于互联网时代的正常现象，但人们对于这类网络用语的快餐性依赖不免会导致“文字失语”“情绪表达缺乏细腻度”等情况，因此需要对这类现象加以监管与规范，培养公民形成良好的语体意识。

北京语言大学助理研究员饶高琦在8月15日的《光明日报》中表达了语体意识在语文基础教育中的重要地位：“小学生写作文用起了‘yyds’，可算是一种‘幸福的烦恼’……每个个体都生活在不同的圈层之中。掌握和熟悉一个圈层的语言规范本身就是语言生活的必要训练，是基础教育应当给予学生的。”①

《文汇报》首席记者黄启哲则在8月15日的《当00后在说YYDS时，他们在说什么?》一文中针对“‘yyds’究竟是00后的‘火星

① 饶高琦：《语言生活离不开语体意识》，《光明日报》2021年8月15日第5版。

文'，还是会沉淀为一种社会固定表达?"① 这一问题，总结了许多学者与网友的观点。黄启哲在文末表示："'yyds'们能否经由00后的逐渐成长成为社会主流人群，进而沉淀为大众约定俗成的词语，恐怕还需要经历更广泛更长久的社会选择。"

王丹在《光明日报》8月24日的《我们该为满屏yyds而担忧吗?》一文中写道："当绝大多数的赞美都用'yyds'、'绝绝子'（绝了，表示极好或极差）来表达，当搞笑的内容都以'xswl'来评论，一些人的担忧也随之出现——彼此所要传递的情绪或许可以'秒懂'，但更为丰富和具体的内容或也在高度简化和概括中被牺牲掉了。万能流行词的场景适用性是如此之高，这是否会助长人们思考和表达的惰性，进而导致表达失语症的出现？毕竟，语言是思维的载体，'想象一种语言就意味着想象一种生活方式'。"②

微信公众号"澎湃新闻"在8月25日发布了一篇题为"'yyds'背叛了汉语吗"的推文，作者戴一在文中表示，"'yyds'这样的词汇面临的问题在汉字拼音化时已经被前人讨论过了，这些文字只能作为网络交流的书面文字，而没有创造新的读法和含义（可能读成英文算一种创新），只能作为互联网上书面交流的符号，除了一些力图跟上潮流的综艺节目，很少能在口语中看到。既然连拼音化都算不上，就只能作为某种密码使用，也就是粉丝文化视角分析的那样。""时间会替我们做出刷选和选择，不断的冲刷之后，那些留下来的才会相对固定下来，其余的都只是当事人的青春。"③

9月1日"新华每日电讯"公众号所发表的《不用"yyds""绝绝子"就不会说话了?》一文中，作者曹林针对"yyds"滥用的现象更是指出："心中所想难以付诸文字，离开梗就不会说话，除了'yyds'找不到其他赞美的词，万物皆可'绝绝子'，'文字失语'成

---

① 黄启哲：《当00后在说YYDS时，他们在说什么?》，《文汇报》2021年8月15日第1版。

② 王丹：《我们该为满屏yyds而担忧吗?》，《光明日报》2021年8月24日第2版。

③ 戴 ：《YYDS背叛了汉语吗》，微信公众号"澎湃新闻"，https：//mp.weixin.qq.com/s/MYKvfXzM697Bs1bagwjeJA，2021年8月25日。

为一个越来越需要重视的社会问题。"①

除了对"yyds"这类网络流行语的产生与影响进行探讨之外，也有人对该词是否会入选2021年度网络流行语的问题产生了好奇。"咬文嚼字"公众号于8月30日转发了一篇题为"'yyds''绝绝子'会进入'十大流行语'榜单吗?"的文章，文中表示："这几年，《咬文嚼字》所评选出的，都有一定数量的网络语言。而以下四类（包括'由全外文字母组成的网络语言''病态缩略语''纯谐音词'以及'不文明语词'）是不选的，哪怕很流行，也不选。"②

从以上内容不难看出，主流媒体虽然大多对"yyds"这一网络流行语的出现与广泛运用表示理解，但却也都或多或少地表达过"这类语言现象可能会影响人们的语言表达能力"的担忧，因此主流媒体对这一类语言现象基本都持有较为保守的态度，倾向于对其进行一定的规范与约束。

（二）网民态度多元

与主流媒体普遍采取的中立中带有负面态度有所不同的是，网民对于"yyds"这类流行语的态度则显得更为多样化。我们综合了多家微信公众号评论区以及知乎"媒体批'yyds''绝绝子'等网络用语，称人们离开'梗'就不会说话了，网络用语真的会影响表达能力吗?"这一热榜问题下的相关网友讨论，将网民对于这一网络流行语的主要态度归结为以下四种类别：

1. 支持方："yyds"会增强情感体验，不会造成语言贫乏

大多数网友认为，网络流行语自有其发展变化的规律，并不会因此导致"文字失语症"，官方无须过多限制与抨击。

> @唯有青山是故情：何必惊讶，又何必抨击？自有网络已来，无数网络词汇朝生夕死，对我们的社会产生了什么不可弥补

① 曹林：《不用"yyds""绝绝子"就不会说话了?》，微信公众号"新华每日电讯"，https://mp.weixin.qq.com/s/E64rKBNYDlUgRx13UFNtqw，2021年9月1日。

② 徐颖：《"YYDS""绝绝子"会进入"十大流行语"榜单吗?》，微信公众号"咬文嚼字"，https://mp.weixin.qq.com/s/c7jzk0bjXbJQObIoItKGTA，2021年8月30日。

的影响了吗？在那个10个女网友有八个叫轻舞飞扬的年代，也没影响我靠着文艺范网恋。今天叫几声“绝绝子”，还能影响青少年表达能力了？我劝某些媒体，别总把社会看成是自家羊圈里愚昧的羊群，时时刻刻需要教育管理。……且等等，过段时间再看，就会发现，人民会在无意识中自然抛弃那些缺乏生命力和表现力的网络词汇，真正被人民留下的，一定是真正属于人民的语言。①（知乎回答摘录，1.9万赞）

@李天：梗的出现不会影响表达力，题中这些年轻人嘴里的“文字失语症”，其实是一种表达力的欠缺，也可以理解为语言组织能力的不成熟，这种不成熟可以通过多读书多积累多输出来练习，和梗本身并没有什么关系。此外，梗的出现是顺应社会潮流，会促进语言发展的。两个是完全不同的概念和体系，请不要混淆和一概而论，也不要一味一刀切，去批判这些新兴的梗现象。②（知乎回答摘录，230赞）

@yyc：也不能完全否定这种现象，文字、语言本来就是人类精神的表达，说白了就是符号，每个时代的符号都不同，符号会不断更新迭代。那我们为什么要用以往的价值体系来评判现在的符号价值呢？大浪淘沙，其实无须刻意纠正的吧。YYDS，双向奔赴……这些词语难道就没有内涵了吗？我怎么觉得还挺形象的，反而是人类情感体验的生动表达啊。③（“新华每日电讯”公众号，329赞）

@谢：放心吧，你看前两年那些梗过时的不要太快，大浪淘沙后能够留下的只有璀璨的唐诗宋词锦绣篇章。④（“新华每日电

---

① 引自知乎问题：“媒体批‘yyds’‘绝绝子’等网络用语，称人们离开‘梗’就不会说话了，网络用语真的会影响表达能力吗？”下的网友回答，https：//www. zhihu. com/question/484057801/answer/2106871347。

② 引自知乎问题：“媒体批‘yyds’‘绝绝子’等网络用语，称人们离开‘梗’就不会说话了，网络用语真的会影响表达能力吗？”下的网友回答，https：//www. zhihu. com/question/484057801/answer/2101800719。

③ 引自微信公众号“新华每日电讯”文章《不用“yyds”“绝绝子”就不会说话了?》评论区留言，https：//mp. weixin. qq. com/s/E64rKBNYDlUgRx13UFNtqw。

④ 引自微信公众号“新华每日电讯”文章《不用“yyds”“绝绝子”就不会说话了?》评论区留言，https：//mp. weixin. qq. com/s/E64rKBNYDlUgRx13UFNtqw。

讯”公众号，45 赞）

@爱久见人心：我其实觉得没那么夸张，不能用少数人的语言匮乏来否定大多数人。火星文流行的那几年大家也都不好好说话，其实也就是图个新鲜，现象级的事物经不住时间的消磨。现在这波喜爱用拼音缩写的人终究也会被未来新的群体所造的新的表达方式所替代的。[①]（“新华每日电讯”公众号，40 赞）

@李李李 zc：一个通俗易懂的网络用语大可不必扯到民族大义上去。[②]（“澎湃新闻”公众号，274 赞）

@猫说要多出去走走：杞人忧天，流行只是一时，流行语只是一个阶段的符号，确实不必过度忧虑，时间冲刷下没有什么永恒。[③]（“光明网”公众号，200 赞）

2. 中立方：人类表达应该追求多样性

也有一部分网友认为，“yyds”这类网络流行语虽然变化过快让人难以适应，但是并不应被排斥，人类本就应该追求语言功能的多样化。

@锦瑟阑珊丶：于我个人而言并不喜欢“绝绝子”“无语子”之类的奇怪说话方式，但也不排斥 yyds、xswl 之类缩写。我也曾说过“绝绝子”恶心，听到就想撞死。个人和自媒体可以这样情绪化表达，但官媒不可以凭个人喜好就去批判。[④]

---

① 引自微信公众号“新华每日电讯”文章《不用“yyds”“绝绝子”就不会说话了?》评论区留言，https：//mp. weixin. qq. com/s/E64rKBNYDlUgRx13UFNtqw。

② 引自微信公众号“澎湃新闻”文章《YYDS 背叛了汉语吗》评论区留言，https：//mp. weixin. qq. com/s/MYKvfXzM697Bs1bagwjeJA。

③ 微引自信公众号“光明网”文章《yyds 满屏飘，我们应该思考些什么?》评论区留言，https：//mp. weixin. qq. com/s/E64rKBNYDlUgRx13UFNtqw。

④ 引自知乎问题：“媒体批‘yyds’‘绝绝子’等网络用语，称人们离开‘梗’就不会说话了，网络用语真的会影响表达能力吗?”下的网友回答，https：//www. zhihu. com/question/484057801/answer/2098241667。

（知乎回答摘录，4.2 万赞）

@Δ：“会用”是融入网络文化，“只用”就是语言功能退化了。人类的语言功能应该多样。[①]（“新华每日电讯”公众号，136 赞）

3. 反对方：应该严格规范使用

还有部分网友对这类变化较快的网络流行语表达了负面情绪，他们认为“yyds”这类网络流行语令人厌恶，并提出，主流媒体更不应该以使用这类流行语作为“接地气”的方式，以免给网民带来不良的“榜样效应”。

@juju：真的很讨厌绝绝子这三个字。[②]（“新华每日电讯”公众号，274 赞）

@太白樵夫：官媒都这样，谈何语言规范化？置语言文字法于何地？极坏的榜样！[③]（“语情局”公众号，2 赞）

4. 其他相关讨论情况

除了以上三种情感态度较为明确的观点，还有部分网友对此类流行语的风靡原因以及我国现行语文教育中的问题表达了自己的观点。

@夏了夏天：我们只去强调怎么用修辞手法没有教会孩子们怎么用心感受世界。对于孩子们，或许我们应该让他们脱离抖音和快手这样的快餐式传播。孩子们创新很容易，他们没有条条框

---

① 引自微信公众号“新华每日电讯”文章《不用“yyds”“绝绝子”就不会说话了？》评论区留言，https://mp.weixin.qq.com/s/E64rKBNYDlUgRx13UFNtqw。

② 引自微信公众号“新华每日电讯”文章《不用“yyds”“绝绝子”就不会说话了？》评论区留言，https://mp.weixin.qq.com/s/E64rKBNYDlUgRx13UFNtqw。

③ 引自微信公众号“语情局”文章《“YYDS”们怎么使用？得看场合！》评论区留言，https://mp.weixin.qq.com/s/tK2w0PzPrQZpPOmkv4dYIQ。

框的束缚。或许孩子们的第一课不是怎么修辞，而是学会表达心里的想法。①（“看客 inSight”公众号，277 赞）

@???：文中有个老师的看法我很喜欢，阅读是为了让你理解别人，写作是为了让别人理解你。面对网络时代和低龄化的普遍趋势，更应该想如何在现实的情境下发挥教育的意义，语文也不应该只是语文，德育应该更早进行（指理解常规的社交法则是非观和网络上的东西），语文教育更要承担审美教育的功劳，求真笃行不仅在名著里，每个孩子看的东西也会承担感动和教化的一部分，重点还是要能跟上时代，做功利教育之外的东西，也就是教育的真正意义。②（“看客 inSight”公众号，165 赞）

@ Daniela：怎么觉得会出现这些，不仅仅是语言匮乏，还有社会浮躁的原因，要求什么都快，什么快速挣钱，快速减肥，快速学成等，打字心理肯定亦要适应这种浮躁，自然而然催生这种文化产生。③（“咬文嚼字”公众号，17 赞）

第三节　信息时代的“提笔忘字”

信息时代，人们只需要通过手机或电脑的键盘输入相应的指令就可以进行网络生活。智能设备已然成为现代年轻一代的“电子保姆”，键盘上“敲字如飞”和便捷的语音输入很大程度上已经代替了一笔一画的汉字书写。长此以往，便出现了被称为网络时代特殊“时代病”的“提笔忘记”现象，也称“电脑失写症”④——许多人只能大致记住汉字的形状，提笔却无法正确写出具体部首和结构。其实，“提笔忘

---

① 引自微信公众号“看客 inSight”文章《这届小学生，用 yyds 写作文》评论区留言，https：//mp. weixin. qq. com/s/dJ9XU9yHaMrt_CFX4ecdcw。

② 引自微信公众号“看客 inSight”文章《这届小学生，用 yyds 写作文》评论区留言，https：//mp. weixin. qq. com/s/dJ9XU9yHaMrt_CFX4ecdcw。

③ 引自微信公众号“咬文嚼字”文章《“YYDS”“绝绝子”会进入“十大流行语”榜单吗?》评论区留言，https：//mp. weixin. qq. com/s/c7jzk0bjXbJQObIoItKGTA。

④ 引自百度百科“电脑失写症”词条，https：//baike. baidu. com/item/%E7%94%B5%E8%84%91%E5%A4%B1%E5%86%99%E7%97%87/10895584。

字”早已有之，只是由于其危害性在网络时代似乎更突出，以及被网络加速传播并曝光于大众视野，才引起社会一波接一波的广泛关注。

一 “提笔忘字”的现状和重要语情事件

早在2004年，中国青年报社会调查中心所进行的“汉语需要保护吗”的在线调查显示，67%的公众表示自己偶尔会提笔忘字，12%的人表示自己经常出现这个问题，只有21%的人说他们没有这个问题。[①] 2010年，该中心进行的调查显示，仅25.7%的人在生活中有较多手写机会，大多数人（74.2%）表示手写机会不多，其中23.6%的人手写机会很少，4.4%的人几乎已经不用手写了。[②]“握着鼠标忘了笔杆”成了普遍现象。而到了2013年，类似的调查结果则显示有“98.8%受访者曾提笔忘字”。[③]

这种急剧的变化出人意料，连外媒也进行了报道。2010年7月，美国《洛杉矶时报》报道称，“当中国人拥有智能型手机、计算机这类电子工具越多，他们就越没有机会一笔一画地书写中文。无论是使用计算机打字或发手机短信，大多数中国人是使用一套罗马拼音系统，你只要打出这个字的罗马拼音，就会出现一堆中文字供你选择。这样的结果导致产生一种奇怪的新型文盲：书写困难，无法写。而这是中国特有的现象。”[④]

2010年光明网也进行了“在网络时代如何看待汉字的书写”的调查。其结果显示，20.96%的人很少用笔书写汉字；14.23%的人经常写错别字；41.52%的人经常提笔忘字；85.20%的人认为全民汉字书写水平在下降。[⑤] 到了2019年，“提笔忘记”的受访者达到了近六成。光明网舆情中心观察到，“生疏”“写错”“手机”“电脑”成为

① 方奕晗：《大多数公众认为需要加强汉语保护》，《中国青年报》2004年9月13日。

② 胡明、王聪聪：《手写时代渐行渐远 83%的人提笔忘字》，《中国青年报》2010年4月16日第2版。

③ 许婕、周易：《98.8%受访者曾提笔忘字》，《中国青年报》2013年8月27日第7版。

④ 贺超：《美媒称拼音输入取代书写 汉字面临空前危机》，中国新闻网，https://world.huanqiu.com/article/9CaKrnJnWIm，2010年7月19日。

⑤ 王莉：《汉字手写能力未可乐观》，《光明日报》2010年11月22日第1版。

网友讨论的高频词。网友“夏不在线萌萌哒”称：“同桌问我某个字怎么写，一下子懵了，我发现自从沉迷于手机，好多字一提笔就忘了，太可怕了。”①

由此可见，“提笔忘字”已经成为这个时代新的“失写症”，人们大都变得只会“打字”，而不会“写字”，许多年轻人正在成为打字时代的“新文盲”。学者郦波在《北京日报》撰文称，“汉字正在经历百年来的第四次危机，即由汉字手笔书写向汉字键盘或语音录入的巨变所引发的母语情感的淡化”。②

催发“提笔忘记”现象引起全社会高度关注的还有另一个情况：在中央电视台2013年的《中国汉字听写大会》中，成人体验团写对“癞蛤蟆”“熨帖”的分别只有30%和10%，而常用词“间歇”成人组居然也有40%的人书写错误。③

综上所述，无论是中国青年报社会调查中心和光明网舆情中心所进行的调查，还是后来“汉字听写大会”上成人组的“离奇”表现，都反映出我国民众“提笔忘字”的情况日趋严重。近十余年来发生了多起关于“提笔忘字”的重要语情事件，具体如下：

> ［1］2009年全国“两会”期间，政协常委、书法家苏士澍递交了“加强对青少年汉字书写教育刻不容缓”的提案。2010年，苏士澍委员联合欧阳中石委员和王明明委员提交了《关于加强青少年汉字书写教育》的提案，认为随着电脑的普遍使用，汉字书写有更加边缘化、甚至被逐渐取代的倾向。④
>
> ［2］2009年3月，教育部语用司下发举办“首届全国大中小学生规范汉字书写大赛”的通知。大赛的宗旨是“提高规范汉

① 光明网舆情中心：《近六成网友称“提笔忘字”忽视书写引反思》，《光明日报》2019年4月9日第7版。

② 郦波：《汉字百年经历的四次危机》，《北京日报》2014年9月22日第20版。

③ 《七成人不会写“癞蛤蟆”网友：认的字还给老师了》，《新商报》，http://culture.ifeng.com/whrd/detail_2013_08/05/28270915_0.shtml，2013年8月5日。

④ 王长江：《苏士澍的鼓与呼》，《光明日报》2014年5月30日第5版。

字书写水平，培养学生热爱祖国文字和书法艺术，强化他们终身学习的能力基础，为传承、弘扬中华优秀传统文化，构建中华民族共有精神家园做出积极贡献”。①

［3］2010 年 11 月 22 日，《光明日报》在头版显要位置开辟专栏，呼吁讨论提倡手写汉字好不好、手写汉字与文化传承是否关系密切、网络时代学校还该不该开设书法课等问题。首次刊登了《拯救我们的汉字书写》《汉字手写能力未可乐观》两篇文章。

［4］2011 年 5 月，教育部、国家语委发布《中国语言生活状况报告 2011》，报告提及了社会大众所关心的学生汉语能力下降、汉字书写能力退化等问题。《“汉字书写危机”热议》作为专章被写入“热点篇”，详细介绍了“提笔忘字”现象的缘起和各方观点。

［5］同月，在《中国语言生活状况报告 2011》发布会上，教育部和国家语委有关负责人表示非常关注学生写字能力问题，目前正在制定中小学生的写字标准和具体提升写字能力的相关标准。② 2013 年 1 月，教育部发布了《中小学书法教育指导纲要》，规定从当年春季开始，书法教育将纳入中小学教学体系，学生将分年龄、分阶段学习硬笔和毛笔书法。③

［6］2011 年 8 月，教育部、国家语委宣布从当年 10 月开始在上海、江苏、云南、内蒙古 4 个省区市试点推行“汉语能力测试”。该项测试是我国第一个全面考查听、说、读、写能力的汉语母语语言评价系统，旨在遏止国人提笔忘字、淡漠汉语等现象，通过评估国人的汉语应用能力，复兴母语文化。④

---

① 教育部语用司：《教育部语用司关于举办“首届全国大中小学生规范汉字书写大赛”的通知》，教育部网，http：//www. moe. gov. cn/s78/A18/tongzhi/201006/t20100621_174274. html，2009 年 3 月 20 日。

② 刘奕湛：《教育部：学生汉语能力下降　正制定学生写字标准》，中国政府网，http：//www. gov. cn/jrzg/2011-05/13/content_1863190. htm，2011 年 5 月 13 日。

③ 沈祖春：《认识与应对“汉字危机”》，《光明日报》2014 年 5 月 10 日第 7 版。

④ 游思行：《汉语综合应用能力测试开考》，《人民日报》2011 年 12 月 25 日第 4 版。

［7］2013 年，由中央广播电视总台、国家语委推出的电视节目《中国汉字听写大会》和由河南卫视打造的节目《汉字英雄》开播。两档节目都收到了极高的收视率，引发了人们对汉字书写的强烈关注和热烈讨论。①

［8］2013 年 9 月 6 日，由中央电视台主办，中国社会科学院语言研究所、北京语言大学、商务印书馆协办的首届“中国汉字书写和传承高峰论坛”在京举办，主题为“信息化时代汉字的书写和传承问题”，学者们对“提笔忘字”问题阐述了自己的看法。②

［9］2014 年全国“两会”期间，苏士澍委员再次走上主席台，做了题为《写好中国字　做好中国人》的大会发言。他指出，“提笔忘字”现象越来越多，国人对传统文化的了解和认知日益减少。③

［10］2017 年全国“两会”期间，政协委员、中国书法家协会顾问言恭达提出设立“汉字节”、建立汉字文化教育基地，从国家层面上重视汉字和汉字文化。④

二　社会关注的主要议题和各方态度

综上所述，信息时代的“提笔忘字”已然是社会各界非常关心的议题。2010 年，光明网的一项调查显示，92.49% 的被调查者认为，如果“提笔忘字”成为一种普遍现象，会影响民族文化传承。⑤为了助力破解“提笔忘字”窘境，许多学者纷纷建言献策，这也引起了人们的热烈讨论。主流媒体对“提笔忘字”现象的讨论如表 4－2 所示。

① 钟新：《央视汉字听写大会成微博最热》，《海南日报》2013 年 8 月 9 日第 15 版。

② 唐敏：《首届汉字书写和传承高峰论坛在京举行》，《人民日报》2013 年 9 月 24 日第 24 版。

③ 王长江：《苏士澍的鼓与呼》，《光明日报》2014 年 5 月 30 日第 5 版。

④ 辜波：《全国政协委员言恭达：失写症正蔓延应设“汉字节”》，人民政协网，http：//www. rmzxb. com. cn/c/2017-03-08/1395502. shtml？n2m＝1，2017 年 3 月 8 日。

⑤ 王莉：《汉字手写能力未可乐观》，《光明日报》2010 年 11 月 22 日第 1 版。

表 4-2　　主流报刊中讨论“提笔忘字”现象的文章情况

题名	媒体名称	时间
《不能“握着鼠标忘了笔杆”》	《人民日报》	2007 年 9 月 5 日
《新新人类提笔忘字的背后》	《中国青年报》	2007 年 10 月 12 日
《“提笔忘字”与汉字危机》	《人民日报》	2010 年 8 月 11 日
《键盘时代，“手写”如何收复失地》	《人民日报》	2010 年 9 月 6 日
《电脑时代，你还会写汉字吗?》	《人民日报》	2011 年 1 月 10 日
《网络时代，我们怎样书写汉字?》	《人民日报》	2012 年 1 月 30 日
《今天，你还写字吗》	《中国青年报》	2012 年 5 月 29 日
《写字困境能否突围》	《人民日报》	2013 年 3 月 15 日
《网络时代写字的尴尬 向“提笔忘字”说“不”》	《人民日报》(海外版)	2013 年 5 月 28 日
《你还会写多少汉字》	《人民日报》	2013 年 8 月 9 日
《别忘了笔尖上的美》	《人民日报》	2013 年 8 月 9 日
《汉字“失写症”，需要治治了》	《光明日报》	2013 年 8 月 9 日
《98.8% 受访者曾提笔忘字》	《中国青年报》	2013 年 8 月 27 日
《评“提笔忘字”现象：应坚守汉字书》	《人民日报》	2013 年 9 月 3 日
《信息化造成了汉字危机吗》	《中国青年报》	2013 年 9 月 16 日
《触屏时代，不当“屏奴”》	《人民日报》	2013 年 9 月 22 日
《谨防数码时代的“失写症”》	《人民日报》	2013 年 9 月 26 日
《汉字书写，从热爱开始》	《人民日报》	2013 年 10 月 10 日
《别让心灵也“失写”》	《人民日报》	2013 年 12 月 12 日
《改变“提笔忘字”不仅仅是恢复写字课》	《中华读书报》	2014 年 2 月 14 日
《经常“提笔忘字” 海外学习如何避开“书写危机”》	《人民日报》(海外版)	2016 年 5 月 5 日
《重视“提笔忘字” 全国政协委员言恭达提出设立“汉字节”》	《中国青年报》	2017 年 3 月 9 日
《汉字教育攸关文化传承发展》	《人民日报》	2017 年 5 月 4 日
《拯救“失写症”》	《人民日报》	2018 年 1 月 4 日

续表

题名	媒体名称	时间
《中国书法家协会主席苏士澍：“汉字书写危机”不容忽视》	光明网	2018 年 7 月 16 日
《近六成网友称“提笔忘字”　忽视书写引反思》	《光明日报》	2019 年 4 月 9 日
《提笔忘字，忘掉的不仅仅是“字”》	《光明日报》	2019 年 4 月 9 日
《助力破解“提笔忘字”窘境！青少年写好汉字促进活动启动》	光明网	2020 年 10 月 20 日
《你也是电子输入时代的“文盲”吗?》	中国新闻网	2021 年 9 月 9 日

总体而言，这些讨论聚焦的问题包括，(1) 信息时代“提笔忘字”变得更严重电子设备是否是主因?(2)“提笔忘字”该如何应对?(下一小节专门论述) 对于问题 (1)，大部分观点认为是人们过度依赖手机和电脑等智能产品导致的；但在少部分观点看来，“提笔忘字”是时代进步的必然趋势，并不能全部归咎于书写技术的革新。

(一) 支持方：书写技术变革导致笔杆越握越少

主流观点认为，技术的发展使得人们对智能产品有了一定的使用基础，打字输入和语音输入使人与人之间的沟通与交流愈加快捷与便利，如此导致手写汉字的使用频率越来越低，从而使得“提笔忘字”的现象变得越发严重起来。

早在 2007 年，《人民日报》就刊发了《不能“握着鼠标忘了笔杆”》这样的文章。时任教育部副部长、国家语委主任赵沁平就指出，长期使用电脑导致学生提笔忘字，这与一个书法大国不相匹配。①2013 年的“首届中国汉字书写和传承高峰论坛”上，中国辞书学会会长江蓝生教授也认为，键盘输入日益代替了笔头书写，其结果就是提笔忘字，使得汉字的书写离我们越来越远，甚至造成不会写汉字的

① 董洪亮：《不能“握着鼠标忘了笔杆”》，《人民日报》2007 年 9 月 5 日第 11 版。

后果。[①]

后来，《人民日报》又多次刊文讨论这个问题。如《写字困境能否突围》认为，科技在使书写变得便捷的同时，也导致了“提笔忘字”现象的产生。[②]《触屏时代，不当“屏奴”》认为，触屏操控和电子输入方式的确是造成“提笔忘字”这一尴尬局面的主要原因。[③]《汉字教育攸关文化传承发展》指出信息化导致人们在日常工作生活中，书写汉字的机会在变少，提笔忘字的时候在增多，引发了汉字的危机。[④]

这种看法延续多年。2019 年 4 月 9 日，《光明日报》刊登了题为“提笔忘字，忘掉的不仅仅是‘字’”的访谈，第五、第六届中国书法家协会副主席言恭达认为，电脑的普遍使用替代了传统纸笔，拼音输入法的速写优势让人们无暇顾及汉字的结构特征，多种多样的现代传播与交流工具改变了人们的书写习惯，进而导致了提笔忘字情况的出现。中国社会科学院辞书编纂研究中心副主任谭景春指出，电脑的使用冲击了汉字的实用性书写是导致提笔忘字的原因之一。武汉大学中国语情与社会发展研究中心主任赵世举指出，电脑的使用、快餐文化的影响、生活节奏的加快、生活压力的增大和公共空间不良表达的干扰都是造成提笔忘字的原因。[⑤]

调查显示，现代大学生有“46% 的人使用电子产品记录学习和生活，74% 的人选择网络工具联系朋友而不是以往的书信或电话，过半的学生在课后作业的完成方式选择打印而不是手写”。[⑥] 由此可见，当代年轻人的书写方式确实正在改变，拼音输入法，甚至语音输入法正

---

① 《专家呼吁要警觉“中国人不会写中国字”》，《中华读书报》2013 年 9 月 11 日第 1 版。

② 熊建：《写字困境能否突围》，《人民日报》2013 年 3 月 15 日第 9 版。

③ 吴月辉：《触屏时代，不当“屏奴”》，《人民日报》2013 年 9 月 22 日第 8 版。

④ 王殿卿：《汉字教育攸关文化传承发展》，《人民日报》2017 年 5 月 4 日第 7 版。

⑤ 言恭达、谭景春、赵世举：《提笔忘字，忘掉的不仅仅是“字”》，《光明日报》2019 年 4 月 9 日第 7 版。

⑥ 梁晓涵：《新媒体时代大学生汉字书写危机的调查及对策》，《文学教育》2015 年第 12 期。

在成为一种越来越普及而且受欢迎的“书写”方式，通过敲击键盘或语音输入就可以完成日常的文字表达需要。而纵观现在各类输入法，智能拼音是使用次数最多的一种输入法，人们不用输入完整音节，就可以显示出要找的汉字。其强大的联想与纠错功能，也使得“提笔忘字”变得“没什么大不了”。

（二）反对方：提笔忘字是正常现象，不能全由电子产品“背锅”

也有不少观点认为，不应该由网络和智能设备背负“提笔忘字”严重的责任。同时，还有观点指出，该现象属于自然变化过程，不能被夸大。

2012 年的《人民日报》文章《网络时代，我们怎样书写汉字?》报道，北京大学中文系教授陆俭明认为汉字书写文化不但不会因电脑的使用而中断，相反可能会进一步发展，进入网络时代，人们除了以往的汉字能力外，将会再增加一种“打字能力（汉字输入能力）”，我们还可以输出和欣赏蕴涵着丰富文化特质的各种汉字字体。①

2013 年《人民日报》发布的《你还会写多少汉字》报道，山东大学中文系教授盛玉麒指出，书写能力的退步是文字工具进化过程中的自然现象，人们不必过于忧虑。“要是出现不会写的生僻字，用智能手机、电脑一查就知道，善于‘假物’也是一种能力。”汉字作为书写符号伴随工具的进化经历了“刀笔、软笔、硬笔”的演变，现在已经到了“机笔”阶段，这种“换笔”是科技进步的自然结果，当前常用汉字约有 2500 个，掌握之后足以读懂 99% 以上的通用汉语语料。汉字不会西化，更不会消亡。②

“首届中国汉字书写和传承高峰论坛”上，北京语言大学教授李宇明认为提笔忘字是个正常现象，我们不能夸大情况让整个社会都在以为“我怎么都成了文盲了”，不能因为某些人提笔忘字就否认信息化，甚至拒绝信息化。北京师范大学教授、《通用规范汉字表》研制

---

① 海岩、周舒艺、黄学钧等：《网络时代，我们怎样书写汉字?》，《人民日报》2012 年 1 月 30 日第 12 版。

② 唐春成、段菁菁：《你还会写多少汉字》，《人民日报》2013 年 8 月 9 日第 8 版。

组组长王宁认为，在信息传播过程中使用电脑并不是带来汉字书写不好的根本原因。①

2018年，《人民日报》文章《拯救“失写症”》也指出，当下民众提笔忘字的情况不仅仅是技术变革和民众不重视的结果，更与审美教育缺失、文化创新能力不足等相关。② 类似的观点在新加坡《联合早报》《人民日报》（海外版）等报纸文章中也有过表达。③

三　信息时代“提笔忘字”的应对策略

提笔忘字并非个人小事，而是全民语言能力下降的表现，事关中华文化的传承。很多专家都思考了破局之策，其中既有提及较多的加强书法教育等老建议，也有结合近年来技术发展和文化建设成就提出的新建议，后者可概括为输入技术破局、语文教育破局和汉字文化破局三方面。

（一）输入技术破局

在快节奏的数字化时代，人们更倾向于选择高效的键盘或语音输入，一些观点指出，应让手写也搭上技术的快车。《南方日报》评论《提笔忘字背后的“失语”困境》，提出手写体在网络场景中同样可行，既可以彰显个性，也有利于个人文化素养的提高，呼吁“让书写搭上技术的快车，赋予更多现代的内涵”。④

光明智库专家访谈中赵世举教授也谈道：

> 推进汉字手写输入法和手写汉字识别技术的创新升级，促进手写汉字在各种信息化平台、工具以及大众生活中得到更广泛的应用。⑤

① 劳斯：《信息化造成了汉字危机吗》，《中国青年报》2013年9月16日第2版。

② 尹长森：《拯救“失写症”》，《人民日报》2018年1月4日第19版。

③ 马君豪：《联合早报：汉字书写危机不是电脑手机的错》，中国新闻网，https：//www.chinanews.com.cn/hb/2014/09-02/6553263.shtml，2014年9月2日；耿一宁：《在海外学习如何避开“书写危机”》，《人民日报》（海外版）2016年5月5日第11版。

④ 李咏瑾：《提笔忘字背后的“失语”困境》，《南方日报》2019年4月30日第A4版。

⑤ 言恭达、谭景春、赵世举：《提笔忘字，忘掉的不仅仅是“字”》，《光明日报》2019年4月9日第7版。

庆幸的是，目前手写输入技术已经有了很大的发展，手写效率在不断提升。当前，电子设备不断更新，平板电脑、手写笔等层出不穷，促进了纸张电子化，受到不少年轻人的青睐。手写输入系统也在不断提升，例如，苹果公司在2018年申请的专利——实时手写识别技术，可以让用户在智能设备上手写输入文字和符号等多种字符，并实现即时识别功能，手写输入效率将得到极大的提升①。未来，手写输入更加便利，人们必会重拾书写习惯。

（二）语文教育破局

中小学语文教育在培养年轻一代学生的书写习惯上发挥着无可替代的作用。改善书写现状，各方提出和采用的策略主要有重视汉字讲解、推动书法进校园等。

1. 重视汉字讲解

提升学生汉字书写能力，首先需要重视校园语文教育。海南中学三亚学校语文教师林德武认为："提高书写能力，最有效的方法就是确保中小学的语文教学质量，让学生在学校学好语文、写好汉字。"②

聚焦于汉字教学方面，中国书法家协会副主席言恭达认为，应该注重字源字理的讲解，增强学生审美能力。③ 中国书法家协会副主席陈振濂在2017年"两会"上提出，汉字教育应树立"笔画先行"意识，即小学语文教学阶段，一、二年级先从笔画入手进行汉字教学，到三、四年级后再教拼音。④

2. 推动书法进校园

书法教育同样是加强汉字教学有效方法之一，既有利于学生在一笔一画中加深对汉字字形的认知，也有利于提升学生审美能力、传承中华文化等。让书法进校园也一直是教育部着力推动的重要项目。

---

① 《苹果新专利曝光：支持多语言混输，emoji表情也能识别》，雷科技网，http：//www. leikeji. com/article/18998，2018年6月25日。

② 徐慧玲：《提笔忘字，你多久没写字了?》，《海南日报》2019年4月23日第11版。

③ 言恭达、谭景春、赵世举：《提笔忘字，忘掉的不仅仅是"字"》，《光明日报》2019年4月9日第7版。

④ 赵晔娇：《"提笔忘字"折射汉字文化困境　人大代表呼吁"笔画先行"》，中国新闻网，http：//www. chinanews. com/cul/2017/03-11/8171508. shtml，2017年3月11日。

2013 年教育部开始在全国推动“书法进课堂”活动，将书法教育纳入中小学教学体系，要求学生分年龄、分阶段修习硬笔和毛笔书法，各学校从小学三年级起要开设专门的毛笔书法课。然而，这项活动在一些地方并未得到很好的落实，一方面由于监督力度不够，另一方面学校、学生和家长对书法教育缺乏重视，许多中小学的书法课开设不合规范，开课课时较少，师资配备不到位，并且存在书法课被挤压挪用的情况。①

2018 年 9 月教育部又联合中央电化教育馆、河北省语委、北大方正集团共同启动“墨韵智能·书法进校园助力项目”，将人工智能与书法教育相结合，为全国经济欠发达地区的学校提供书法教育支持，以精准帮扶的方式推进这些地区开设和开好书法课，成果颇丰。② 近一年时间里，全国各地学校为响应“书法进校园”的号召，开展多样性书法活动鼓励学生练习书法，如邀请书法家进校园、举办中小学书法大赛等。

为进一步促进对书法教育的重视，除注重书法课程设置外，也有专家提出应将书法知识纳入考试体系中。2014 年全国“两会”，全国政协常委、中国书法家协会主席张海曾提议在中考、高考中增加书法知识的有关试题。2019 年“两会”期间，中国书法协会副主席宋华平委员提出，将“书法纳入中小学考试”的提案，建议制定统一的书法教学大纲。书法教育成为学生成绩考核的重要指标，必定能引起学校、学生和家长对汉字书写的重视，是促进书法教育、汉字教学的重要一步。目前，上海、山东、北京等地区相继把书法纳入中小学考试。③

（三）汉字文化破局

破解“提笔忘字”的危机最根本的方法是从文化和心理出发，提高国民对汉字的重视。2014 年《中华读书报》的文章《改变“提笔

---

① 张涛：《书法纳入中小学考试确有必要》，《中华读书报》2019 年 3 月 13 日第 8 版。

② 耿建扩、陈元秋：《“墨韵智能·书法进校园助力项目”正式启动》，光明网，http：//difang. gmw. cn/2018-09/29/content_31469580. htm，2018 年 9 月 29 日。

③ 张涛：《书法纳入中小学考试确有必要》，《中华读书报》2019 年 3 月 13 日第 8 版。

忘字”不仅仅是恢复写字课》指出，要想根治“提笔忘字”的尴尬和不堪，关键要从重振汉字文化和母语自信的角度去加强教育引导，从提升社会对书写鉴赏审美能力素养的角度去塑造氛围，从提升使用频率的角度去增加汉字书写的普及。[①]

1. 营造全社会汉字书写的良好氛围

赵世举教授认为，公共空间存在不良表达，解决提笔忘字问题应从社会整体考虑，营造汉字书写的良好氛围。他指出：

> 要大力促进汉语汉字更加广泛、更加深入地融入当代大众生活之中，使之成为不可或缺的生活资源、生存依赖和精神家园。不断创新和丰富汉语汉字学习、传播和传承的方式手段，激发大众对汉语汉字的热爱和珍视。[②]

近年来，我国各界在推动汉字宣传上也做出了很多努力，如：

利用现代传媒，打造彰显传统文化的影视节目。《中国汉字听写大会》等节目的热播，激发了人民群众对汉字的热爱，促进了对中华文化的认同。

设立汉字节。进入21世纪以来，设立汉字节的声音持续不断。2017年“两会”上全国政协委员言恭达给出提案，建议设立“汉字节”，建立汉字文化教育基地。[③] 同年4月首届“世界汉字节”在鲁山县仓头乡开幕，吸引了众多来自海内外热爱汉字文化的人士。

宣传书法，建立书法博物馆。目前全国各主要省份都设立了专门的书法博物馆，今年两会上全国政协委员李翔也提出应尽快在北京筹建“中国书法历史博物馆”等。

---

① 许朝军：《改变“提笔忘字”不仅仅是恢复写字课》，《中华读书报》2014年2月12日第8版。

② 言恭达、谭景春、赵世举：《提笔忘字，忘掉的不仅仅是“字”》，《光明日报》2019年4月9日第7版。

③ 言恭达、谭景春、赵世举：《提笔忘字，忘掉的不仅仅是“字”》，《光明日报》2019年4月9日第7版。

2. 增强个人爱汉字、勤书写的意识

珍爱汉字是每个人的使命。汉字承载着丰富的文化内涵，作为汉字的使用者和中华文化的传承者，我们每个人都应当增强珍爱汉字的意识，主动承担起文化接续的使命。如谭景春研究员就发出呼吁：

> 作为中华文化的传承者理当致力于文化的接续和弘扬，不能在各种冲击面前丧失汉字文化的自尊、自重与自觉。①

汉字书写是一种“用进废退”的能力。想要真正避免提笔忘字，唯有以“勤”为径，努力增加书写机会。著名书法家言恭达先生也建议：

> 个人“勤阅读、勤查询、勤书写”“一本字典在手，便于随时查阅；一本笔记在身，读书多记录，多写读后感；一本日记在床头，养成每天写日记的习惯。”②

第四节　本章小结

青少年是网络使用的主力军，他们自然是全体国民中最认可各类网络语言的，其语言行为和言语实践无疑也会受到此态度的影响，产生一些与既有规范和标准不一样的情况。因此，全方位重视信息时代青少年群体的语言能力培养是社会各界的共识。2013 年，教育部、国家语委就针对民众书写能力采取了积极措施，如通过中小学语文课加强汉字书写、明确规定中小学要开设书法教育课程、开展规范汉字书写教育特色学校创建工作，以及通过赛事等活动提高学生汉字书写水

---

① 言恭达、谭景春、赵世举：《提笔忘字，忘掉的不仅仅是“字”》，《光明日报》2019 年 4 月 9 日第 7 版。

② 言恭达、谭景春、赵世举：《提笔忘字，忘掉的不仅仅是“字”》，《光明日报》2019 年 4 月 9 日第 7 版。

平等。①

主流观点一致认为，年轻人语言匮乏、提笔忘字等情况的加剧主要是由于网络和信息技术的普及带来的，键盘、语音等输入方式，以及长期的网络活动，都使得他们的口头表达和书写能力下降了。但也有重要观点表示应该正视语言能力随时代变化而发生的变化，不能夸大其严重性。语言能力的变化，根本原因在于年轻人的文化认同出现了新情况。需要指出的是，上述两种态度的整体格局随时间的进程变化得并不明显，体现出公众（主要是非青年群体）对语言文字使用偏离“规范”和“标准”的持续担忧。

① 李峥嵘：《给“失写症”开方》，《北京晚报》2013 年 9 月 13 日第 40 版。

第五章　网络语言使用与社会文风

社会生态应该讲求文化的多样性。但网络流行语不断刷屏所带来的，除了影响各层级网民们，尤其是青少年群体的语言能力外，其内容和形式“单曲循环”，对社会文风和社会价值观都会产生不小的冲击。无论其后果是否积极健康，都会打破现有的社会生态平衡，都应该谨慎应对。一波接一波的网络流行语，使得多个领域的话语方式发生了不小的变化，也引发了很多讨论和思考。

第一节　网络语言进政务公文

为推进“互联网＋政务”服务，全国政务新媒体迅猛发展，“两微一端”成为政务新媒体发展的新模式。随着账号数量、粉丝人数、服务领域的不断增扩，政务新媒体已成为“网络问政”与“网络助政”的重要一环。政务新媒体运营需要依靠稳定的发文频率和优质内容吸引更多注意并力图得到大众的认可，不断提高其传播力、服务力和互动力，以适应信息时代满足广大网民的新需求。但是，因传统政务用语习惯与“微时代”网言网语风格迥异，政务新媒体在顺势发展中，遇到了很多不可忽视的问题，如“空壳微博”、使用新媒体语言不当、官民互动不充分等。因此，用怎样的文风与网民沟通，如何才能掌握舆论的主动权和打通官民舆论场，已然成为政务新媒体“转文风”的重要课题。

一 政务公文使用网络语言的类型

政务公文种类繁多，网络语言也形式多样，不同的公文混杂着不同的网络语言。公安微博的通缉令、外交部微博的招募令、公路安全的宣传语、大学的录取短信，甚至是国家领导人的新年贺词，都用上了“网络体”。

经系统整理相关监测资料，我们发现政务公文中使用的网络语言的主要类型有以下几种：

一是以淘宝体、凡客体、咆哮体、元芳体等为代表的流行“××体”。例如上海徐汇交警支队团总支“淘宝体”通缉令微博：

> 在徐汇自首，还可免费获赠夏季冰饮、清真伙食、编号制服……亲，告别日日逃、分分慌、秒秒惊的痛苦吧，赶紧预订哦。

上海警方“凡客体”防范电讯诈骗海报：

> 爱打电话，爱发短信，爱装警察，爱装法官，爱装检察官，也爱说电话欠费、法院传票、银行转账、恶意透支、涉及洗钱、安全账户……我不是神马，也不是浮云，我是电讯骗子，警察一直在找我，如果我找你，马上拨打110。

外交部“淘宝体”“咆哮体”招聘启事微博：

> 亲，你大学本科毕业不？办公软件使用熟练不？英语交流顺溜不？驾照有木有？快来看，中日韩三国合作秘书处招人啦！

南京理工大学“淘宝体”新生录取短信：

亲，祝贺你哦！你被我们学校录取了哦！南理工，211院校噢！奖学金很丰厚哦！门口就有地铁哦！景色宜人，读书圣地哦！亲，记得9月2日报到哦！录取通知书明天“发货”哦！上网就可以查到通知书到哪了哦！

湖北高速交警“元芳体”微博：

狄仁杰：“今日发现，区区两轮机车，竟然飙出144平米每小时甚至168平米每小时的时速。元芳，此事你怎么看？”李元芳：“大人，此事必有蹊跷。”狄仁杰：“我已断定，此乃极速飞车，危险之极。”李元芳：“大人火眼金睛，堪比电子眼，真乃神人也！”

二是使用各种表情符号。如，陕西省府谷县交警大队（图5－1）、中央纪委监察部网（图5－2）和国家卫计委指导的中国医疗自媒体联盟（图5－3）等单位发布的系列表情包。

三是使用以“给力”“点赞”为代表的网络流行语。如2010年11月10日，《人民日报》头版头条的标题“江苏给力‘文化强省’”使用了当时火极一时的“给力”一词。2015年新年前夕，国家主席发表新年贺词，其中包括“我们的各级干部也是蛮拼的”“我要为我们伟大的人民点赞”等含有流行语的句子。

图5－1　陕西省府谷县交警大队推出的“违章表情包”

图 5－2 中央纪委监察部网推出的“反对四风”等表情包

图 5－3 中国医疗自媒体联盟发布的“健康中国 2030”表情包

二 网络语言进政务公文的热度和重要语情事件

本书选取政务公文中使用频率偏高、引起反响较大的“淘宝体”“凡客体”“表情包”“给力”等 4 种现象作为主要参考对象，以此来看政务公文中使用网络语言的热度及其对应的重要语情事件。

［1］2005 年 12 月 29 日，上海市第十二届人民代表大会常务委员会第二十五次会议通过了《上海市实施〈中华人民共和国国家通用语言文字法〉办法》，其中第十四条规定，“国家机关公文、教科书不得使用不符合现代汉语词汇和语法规范的网络语汇。”“新闻报道除需要外，不得使用不符合现代汉语词汇和语法规范的网络语汇。”据报道，这是国内首部将规范网络语言行为写入法律的地方法规。①

［2］2008 年，《人民日报》连续刊发《辩证看待“火星文”》《网络新词一夜红 语不“雷” 人死不休 今天你“雷”了吗》《网络语言与语言规范》等文章，提出要规范政务公文，

① 龚瑜：《上海拟对推广普通话进行地方立法》，《中国青年报》2005 年 9 月 15 日。

不应放任网络语言直接出现在政务公文中。

［3］2009年10月26日，睢宁出台《关于行政语言和行政行为改革的意见》等5份红头文件，明确行政语言要去除官气。该县县委书记王天琦认为，“要用网络语言跟网民交流。”①

［4］2010年11月10日，向来严肃的《人民日报》头版头条刊登了题为《江苏给力“文化强省”》的报道，“给力”这一网络语言在传统媒体上被使用让不少人感到有些意外，一度被认为是传统媒体改变文风的重要标志。②

［5］2011年8月，外交部官方微博发布了一则“淘宝体”招聘启事，3个小时里被转发4800多次。同月，上海警方的“凡客体”防范电讯诈骗海报在微博获好评如潮，一周被转发3万多次、收到评论3万余条，李开复、姚晨等名人纷纷“顶帖”。③

［6］2011年9月，《人民日报》刊发《“官话”为何用上“网络体”》一文，指出外交部官方微博“淘宝体”招聘启事有失科学严谨、浙江海宁“微博公文”还需准确贴近、谨慎使用“淘宝体”“凡客体”等清新文风促干部作风转变。

［7］同月，《中国青年报》发表《公安微博真的很给力》一文，指出“咆哮体”“凡客体”“淘宝体”时常出现在公安微博上，“全国各地公安微博放下身段，摒弃以往简单的说教和陈旧的官腔，活用时下最新的网络语言来贴近网民的生活”。④

［8］2012年3月7日，在《人民日报》“两会特刊”栏目上，新疆财经大学党委书记阿斯哈尔·吐尔逊代表称，“从形式上看，如何有效合理使用网络语言，贴近网民，对领导干部创新表达提出了新的要求。”⑤

［9］2012年5月29日，教育部、国家语委举行了“2011年

① 王国强：《用制度破除八股》，《中国青年报》2009年10月26日第3版。

② 吴晋娜：《别让粗俗网语玷污中文之美》，《光明日报》2017年1月6日第5版。

③ 梁昌杰：《“官话”为何用上“网络体”》，《人民日报》2011年9月6日第11版。

④ 杨程：《公安微博真的很给力》，《中国青年报》2011年9月29日第12版。

⑤ 梁昌杰：《提升社会管理“微素养”》，《人民日报》2012年3月7日第10版。

度中国语言生活状况报告”新闻通气会，公开对政府部门使用“淘宝体”发布公文或公告表示批评。教育部语信司时任副司长田立新表示，像通缉令之类的政务公文不宜用“淘宝体”，以维护法律的严肃性。①

［10］2012年7月，湖北利川旅游“我靠重庆”的官方广告风波未平，恩施官方旅游广告“凉民证”噱头又起，网络语言引发争议不断。

［11］2012年10月，重庆市公安局网安总队官方微博用“元芳体”发了一条微博，提醒低龄女性使用微信时注意安全，两天内被转发千次，引来众多网友围观，并被其他地区警方效仿。人民网就重庆警方用“元芳体”发警示微博推出在线小调查，发现91.4%的网友认为这种表述“道理严肃内容活泼，很好玩”。②

［12］2013年1月，南京市公安局江宁分局官方微博“@江宁公安在线”发布了题为“110，这是一个神奇的故事……”的微博，被网友疯转5万多次。

［13］同月，“提高互联网时代的舆论引导能力”等课程登上中共中央党校、国家行政学院的课程表，与微博等新媒体相关的知识技能成为课程内容。

［14］同月，共青团深圳市委五届六次全会和市青联七届二次常委会、深圳市团代表会议以及社区工作会议四会套开。大会大量运用网络语言，深受青年欢迎。工作报告用“甄嬛体”“元芳体”“淘宝体”“凡客体”等网络流行、青年喜爱的话语方式总结了2012年全市青年工作，短短几小时被转发几千次。③

---

① 郭少峰：《教育部：通缉令不宜用“淘宝体”》，《新京报》2012年5月30日第16版。

② 桂杰、梁笑梅：《政务微博“道理严肃内容活泼，很好玩”》，《中国青年报》2012年10月25日第11版。

③ 刘芳、朱建钢：《深圳共青团全会“四会套开”》，《中国青年报》2013年3月22日第6版。

[15] 2013年11月，鞍山市委党校首次针对团干部开设专题培训班，将网络热点事件和网络语言等作为青年大讲堂的内容。

[16] 2014年4月1日起，河南省启动实施《国家通用语言文字法》，规定国家机关公文、教科书等不得使用不符合现代汉语词汇和语法规范的网络词汇。

[17] 2014年6月，国务院国资委新闻中心官方微博“国资小新”创造了“小新体”，12个政务微博、30多个网络名人、50多家企业微博转发造句，1000多微博粉丝转发评论，600多个版本的“小新体”生成，成为热点中的热点。截至2015年5月，“小新体”话题的阅读量已破600万。新加坡《联合早报》评论称“中国政府用萌势力攻略民心”。①

[18] 2015年新年前夕，国家主席习近平发表新年贺词，表示“我们的各级干部也是蛮拼的”“我要为我们伟大的人民点赞”。“习大大网络流行用语”掀起一波又一波的正能量舆论浪潮。中青月度舆情指数显示，该事件的舆情满意度高居榜首，信息覆盖率更是达到了100%。②

[19] 2015年1月，深圳气象局官方微博“深圳天气”用“萌言萌语”诠释“高大上”的专业气象知识，2000多名网友对其进行转发或评论。

[20] 2015年3月，网络流行语“任性”写进了当年的《政府工作报告》。

[21] 2016年9月，中国青年报社会调查中心调查显示，官员成为“网红”，40.6%的受访者认为是个人炒作，39.6%的受访者认为是为人民办实事。55.9%的受访者认为，只要有利于当地经济、社会的发展，有助于提高老百姓的生活水平，官员成为“网红”也无可厚非。③

---

① 李增辉：《网民在哪，政务新媒体就在哪》，《人民日报》2015年2月12日第20版。

② 李林：《新一年，改革也是“蛮拼的”》，《中国青年报》2015年2月10日第6版。

③ 王品芝：《官员当“网红” 55.9%受访者表示有利于当地发展就行》，《中国青年报》2016年9月27日第7版。

［22］2016年11月，中央气象局发布的一则内容为“雪是好雪，但风不正经”的微博，引发网友“X是好X，但Y不正经”等系列造句，刷爆网络，提升了官方微博在网民心中的亲和力。①

［23］2016年12月，陕西省府谷县交警大队推出一组违章“表情包”，在网络上引发热议。

［24］2017年6月，国家卫计委指导的中国医疗自媒体联盟发布了一组“健康中国2030”表情包，引发网友热评与转发。

［25］2017年12月，中央纪委监察部网站推出一组“反对四风、反对特权、精简会议……”等16款接地气的表情包，上线首日点击量即超过百万，迅速刷屏朋友圈。

［26］2019年5月，《人民日报》刊发《硬核、锦鲤、敲黑板……从网言网语到日常用语　新词迭出，更得咬文嚼字》和《语言使用存在不得体、不规范现象　今天如何好好“说话”》两文，人民网舆论与公共政策研究中心主任祝华新建议政务新媒体应带头示范，使用规范语言。②

三　社会关注的主要议题和各方态度

总的来说，政务公文是否用网络语言来转变政务文风这个时代新课题，不同时期有截然不同的声音。这一分水岭就在2010年11月10日，一向严肃的《人民日报》头版头条刊登了题为“江苏给力‘文化强省’”的报道，这是传统媒体转变文风的标志。

在此之前，绝大多数观点都反对网络语言出现在政务公文中。如《中国青年报》连续发表两篇文章，报道上海市首次立法规定网络语言将不能出现在政府文件中的新闻。《人民日报》先后发表了5篇文章，刊印北京师范大学文学院刁晏斌教授、国家语言文字工作委员会时任副主任李宇明和教育部语言文字应用研究所时任所长姚喜双的观

① 吴晋娜：《别让粗俗网语玷污中文之美》，《光明日报》2017年1月6日第5版。

② 许晴：《今天如何好好“说话”》，《人民日报》2019年5月17日第11版。

点，认为政务公文需带头规范，不能使用网言网语。

而自此之后，各种观点相互交杂，有支持的、有反对的、也有具体问题具体分析的。特别值得一提的是，2015 年新年前夕，国家领导人的新年贺词使用了“点赞”“蛮拼的”等网络语言，同年，“任性”一词也写入了 2015 年《政府工作报告》中。

有鉴于此条思路，以下将就 2010 年 11 月 10 日后的情况简要陈明。

（一）支持方：可以改进党风文风，更接地气更亲民

支持方从群众视角出发，认为政务公文中应用网络语言是一种倒逼机制，官员话语体系口语化，改掉过于刻板的文风，有利于贴近群众、提高服务群众和推进政务的能力和水平。

在《人民日报》发表的《“官话”为何用上“网络体”》一文中，人民网舆情监测室副秘书长单学刚认为，官方微博使用网络语言是以人为本的体现，也可以说是权力回归服务本位的体现，其服务效果更好，更引人关注。① 同时，《人民日报》也刊发了《政务微博这样“接地气”》一文，指出“官方微博要改变机关公文文风，像拉家常一样和网友交流”。②

据《中国青年报》报道，云南省昆明市五华区民政局局长陈净认为在微博上应该“多用网络语言”，多发布关于登记结婚等年轻人关注的信息，“用淘宝体就特赞”。③

《光明日报》刊发的《“文风改进永远在路上”》同时指出了另一种思路，运用这些时兴的网络流行语言可以改进党风、学风、文风、会风，同时也能助推党的理论和路线方针政策在群众中的传播和落实。④

（二）反对方：会消解公文的严肃性和公信力

反对方认为政务公文误用、滥用或是过度依赖网络语言是不可取

① 梁昌杰：《“官话”为何用上“网络体”》，《人民日报》2011 年 9 月 6 日第 11 版。

② 朱磊：《政务微博这样“接地气”》，《人民日报》2013 年 1 月 24 日第 14 版。

③ 张文凌、董宇欢：《一个区民政局长的微博问政》，《中国青年报》2013 年 4 月 7 日第 1 版。

④ 杜羽、陈晋等：《文风改进永远在路上》，《光明日报》2016 年 10 月 28 日第 7 版。

的，其危害是多方面的，既损害政务公文的公信力，也折射出社会过度娱乐化、缺乏精神支撑等问题。如前所述，教育部语信司领导表示，通缉令之类的政府公文不宜用“淘宝体”“××体”的格式消除了司法的严肃性，司法不应带有更多的娱乐性。

在《中国青年报》相关报道中，作者若尘认为大学录取通知书不应滥用“××体”，其看似噱头十足、红极一时，或许是审美的下降、大学精神与内涵的缺失。[①] 接力出版社副总编辑黄集伟也认为滥用和泛化“淘宝体”，其实是一种语言枯竭和没有创意的表现。[②]

中南财经政法大学社会发展研究中心主任乔新生认为政府部门过多使用网络文体不太合适，“淘宝体”“凡客体”可能会产生更大的认知歧义，这有损政务公文的科学严谨。[③]

《人民日报》也发文称[④]，“淘宝体”“甄嬛体”等网络流行语体屡屡“越界”，不分场合地使用，折射出了网络时代的语言规则的漠视以及“娱乐至死”的消极文化态度。人民网舆论与公共政策研究中心主任祝华新表示政务公文必须规范；清华大学教授肖鹰警告称，网络全面娱乐化的结果，就是真实的信息得不到确认，严肃的教育得不到传播，社会、民族、文化的正能量都被娱乐化。

（三）中立方：取舍有度，积极适应网络社会

中立方认为政务公文想要达到转文风目的，就要学会适当使用网络语言。从公共服务的角度来看，适应网络社会，转变服务方式，值得提倡；但与此同时，政务公文使用网络语言也应有度，不应滑向极端。

在《人民日报》相关报道中，中南财经政法大学社会发展研究中心主任乔新生的看法随后有所转变，认为政府部门不宜过多使用网络

---

① 若尘：《淘宝体啥的，都是浮云》，《中国青年报》2011年7月20日第2版。

② 桂杰：《“淘宝体”通缉令让谁感觉不够严肃》，《中国青年报》2012年6月7日第11版。

③ 梁昌杰：《“官话”为何用上“网络体”》，《人民日报》2011年9月6日第11版。

④ 任姗姗：《毕业致辞，拒绝“娱乐”过火》，《人民日报》2012年7月19日第24版。

文体，相较于“淘宝体”“凡客体”这些流行形式，他更看重的还是形式背后的实际内容。他指出：“如果官员只注重亲切的形式，对问题不了解、对民情不体察，即使穿上‘淘宝体’的外套，最终也是‘两张皮’。”① 两会代表新疆财经大学党委书记阿斯哈尔·吐尔逊也认为：“政府红头文件可以吸收新时代网络语言，却不适合处处‘淘宝体’。”他表示领导干部要创新表达，有效合理使用网络语言，贴近网民，真正树立“执政为民”的意识。② 上海交通大学危机公关专家邹建华教授也认同“政务公文使用网络语言是有必要的，但是要防止走向极端”，否则会显得“油腔滑调”。③

《中国青年报》在其《政务微博如何“转文风”》一文中表示：“政务微博转文风，就要学会使用微博语言说话，值得注意的是，用微博语言并不等于过度卖萌，或者是堆砌空话、大话、套话。在‘微时代’下，敢用、会用、善用‘微语言’，熟悉、关注、驾驭‘微语言’，是执政者必须具有的素养。”④

《光明日报》在报道《提升干部“微素养” 守护党的“生命线”》一文时，⑤ 提出要学说“微语言”，擅用网络语言；在刊发《政务微博：幽默应有度》一文时，表示不能过度使用网络语言，政务微博应该幽默有度。⑥

第二节 网络“××体”

网络文体一般指通过网络传播的文章风格和体裁。广义上，网络小说、网络诗歌等都算网络文体。而从狭义上讲，网络文体通常指借

---

① 梁昌杰：《“官话”为何用上“网络体”》，《人民日报》2011 年 9 月 6 日第 11 版。

② 梁昌杰：《提升社会管理“微素养”》，《人民日报》2012 年 3 月 7 日第 10 版。

③ 邹建华：《政务微博的最大价值是与小道消息赛跑》，《中国青年报》2012 年 11 月 4 日第 3 版。

④ 桂杰：《政务微博如何“转文风”》，《中国青年报》2013 年 2 月 17 日第 4 版。

⑤ 邓凌月：《提升干部“微素养” 守护党的“生命线”》，《光明日报》2014 年 3 月 20 日第 11 版。

⑥ 谢伟锋：《政务微博：幽默应有度》，《光明日报》2016 年 12 月 20 日第 2 版。

助某一流行元素，起源并流行于网络的特殊新文体，如“淘宝体”“凡客体”“甄嬛体”等，可以概括为“××体”。近十年来，“××体”因其新奇多变的表达形式和独特的表达效果风靡网络，而对于网络新文体的使用和流行，各界的看法和讨论也从未停歇。

一　“××体”的类型及特点

“××体”是网络时代产生及流行的新型文体，促使新的“××体”产生的流行元素非常丰富，它可以是私人帖子的一次灵光乍现，可以是网民集体的一次恶搞事件，还可能是热度高涨的一个实时新闻。它们大都在论坛、微博等社交媒体上被创造出来，后因广大网友的关注和模仿得以广泛传播。“××体”的文体形式和语言特色并没有统一严格的规定，随着流行元素的不同而呈现不同的表现形式。根据其来源，我们可以大致分为以下几类：①

（一）事件主导

顾名思义，由事件主导的“××体”主要是对某一热点事件中“精彩出圈”的话语进行模仿创造，其话语模式本身也是该热点事件的一部分。如“高铁体”“校长撑腰体”“丹丹体”“膝盖中箭体”“私奔体”“埋汰体”“hold住体”“德纲体”“轻度体”“陆川体”等。这一类“××体”产生的偶然性强，传播速度快，易引起全网讨论，短期内热度高，但其流行时间较短，往往随事件热度降低而沉寂，甚至被彻底遗忘。

（二）语言风格主导

更多的“××体”主要是对某一领域（艺术作品、作家文风等）独特语言风格的推崇和模仿，继而引发广泛关注。

语气主导。此类“××体”主要因其特殊的语气而走红。如“淘宝体”“TVB体”“咆哮体”等。其中，“淘宝体”的流行热度最高，流行范围最广。“淘宝体”产生于网购平台淘宝网客服人员的回复话

① 以下对“××体”的分类参考了《网络流行体的狂欢》一文（何威：《网络流行体的狂欢》，《青年参考》2013年2月20日第39版）。

语。它往往以“亲”开头，句尾常用“哦”“呢”等语气词表示热情友好的态度，旨在拉近与顾客的交际距离，创造和谐的购物环境。由于“淘宝体”的语气过于夸张亲昵，近乎谄媚，网友们在网络上纷纷效仿调侃，也有诸多政府部门、企业单位在招聘、宣传时使用“淘宝体”来表现委婉亲切之意。

固定语言结构主导。有一些“××体”因其特殊的关键字词和句型结构深受网友追捧。以知名度较高的“甄嬛体”为例，“甄嬛体”源于电视剧《甄嬛传》中人物“古色古香”的台词。这些台词往往文气十足，婉转大方，极具雅韵。“甄嬛体”则从经典台词中选用或凝固成固定句型进行模仿创造。如：

[1]“方才/今儿个……想必……极好的……”：方才见淘宝网上一只皮质书包，模样颜色极是俏丽，私心想着若是给你用来，定衬肤色，必是极好的。

[2]“……是有些……在身上的”：你是有些幽默在身上的。

“梨花体”“琼瑶体”“安妮宝贝体”“凡客体”“舌尖体”“虚伪体”“校内体”“知音体”“蜜糖体”“走近科学体”“纺纱体”“红楼体”“元芳体”“亮叔体”“装13体”“见或不见体”“蓝精灵体”“王家卫体”“赵本山体”“大概体”“银镯体”“方阵体”等也属于此类。

二 “××体”的热度和重要语情事件

“××体”作为一种新的网络语言形式，是伴随着社交媒体，尤其是微博的兴起而大量产生并流行的，因此“××体”大多属于“微博体”，即以简短的文字内容来呈现信息。2010年被称为微博“元年”，中国互联网微博的累计活跃注册账户突破6500万①，重要

① 蔡伟：《新浪发布中国微博元年市场白皮书》，《南方日报》2010年9月10日第28版。

的年度事件均在微博上进行了广泛讨论。随后，微博迎来了发展的高峰期，诸多“××体”也应运而生。

我们以传播范围广、讨论度高的“淘宝体”“甄嬛体”“凡客体”“元芳体”“舌尖体”为关键词进行搜索，在其呈现的百度指数中一窥“××体”的发展历程。

观察图5-4可以发现，“××体”的发展高峰期主要在2011年至2013年间，在2015年后热度逐渐下降。其中“淘宝体”“凡客体”主要流行于2011年，其热度在2013年后降至最低。“甄嬛体”在2012—2013年被广泛关注，尤其在2012年8月和2013年5月其搜索指数分别达到25000、12500，风靡一时。而“元芳体”则是在2012年末、2013年初迎来关注高潮，其搜索指数高达25000，但热度转瞬即逝。“舌尖体”在2014年曾引起讨论，但其热度与之前流行的网络语体不可同日而语。

我们也可以从一些重要的语情事件印证“××体”的发展历程：

[1] 2010年7月，凡客诚品邀请韩寒和王珞丹出任形象代言人，其风格另类的广告语引起网友争相模仿，“凡客体”作为最早的网络流行体诞生。① 次年5月，南京警方推出“凡客体”防范传单，受到居民好评，江苏省公安厅称将全省推广使用。②

[2] 2011年12月，新浪微博增加年度盘点新板块“年度微博体”，入选的“××体”有：淘宝体、TVB体、咆哮体、海底捞体、扫地老太太体、见与不见体、小明体、撑腰体、文艺青年体、不相信爱情体等。③

---

① 引自百度百科“凡客体”词条，https://baike.baidu.com/item/%E5%87%A1%E5%AE%A2%E4%BD%93/8845922?fr=aladdin。

② 王伟健：《南京警方推出“凡客体”防范传单》，《人民日报》2011年5月6日第11版。

③ 2011年末，新浪微博盘点“年度微博体”，人民网微博，https://tech.sina.com.cn/i/2011-12-14/08526495833.shtml，2011年12月14日。

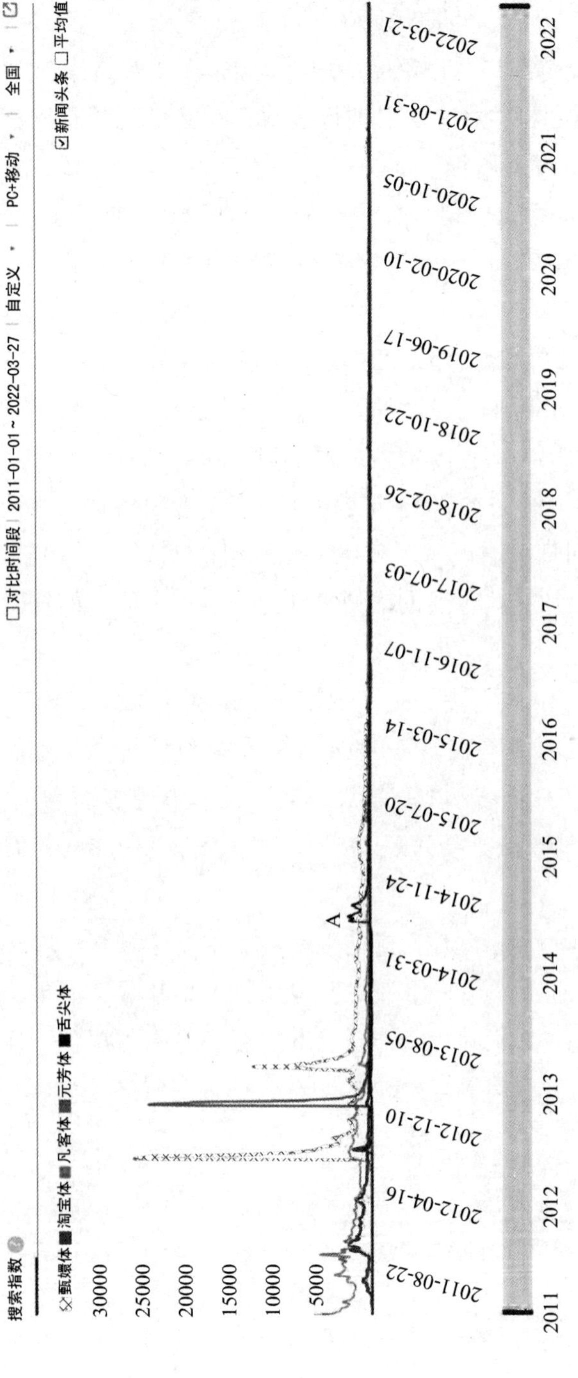

图5-4 "淘宝体"等近十年的百度指数变化趋势

[3] 2011年12月，国家语言资源监测与研究有声媒体中心、商务印书馆等主办的“汉语盘点2011”活动发布年度十大新词语，“淘宝体”位列第九。[①]

[4] 2011年内，由“淘宝体”发展出诸多衍生体，它们被广泛应用于官方文书中：“淘宝体录取通知”，如南京理工大学的录取通知短信[②]；“淘宝体通缉令”，如上海徐汇警方、福州警方、烟台警方发布的通缉令[③]；“淘宝体招聘公告”，如外交部发布的招聘信息。[④]

[5] 2012年5月，教育部、国家语委发布《中国语言生活状况报告2012》，指出新词中三字格最多，其中“××体”“微××”特别活跃，比如“咆哮体”“淘宝体”“微电影”“微访谈”等。[⑤]《报告》“第三部分 热点篇”单设文章《微博体与网络时代语言生活》，对2011年“××体”进行全面盘点，并对网络文体的流行与影响做了简要分析。在同日的《中国语言生活状况报告2012》新闻发布会上，教育部语信司时任副司长田立新表示，通缉令之类的政府公文不宜用“淘宝体”。[⑥]

[6] 2012年7月，浙江大学教授在毕业致辞中套用“甄嬛体”爆红网络，引起争议。[⑦]

[7] 2012年12月，国家语言资源监测与研究有声媒体中心、商务印书馆等联合发布“汉语盘点2012”，“元芳体”“甄嬛

---

① 桂杰：《“控”成“汉语盘点2011”年度字》，《中国青年报》2011年12月15日第11版。

② 小鱼：《南京理工大学录取通知使用“淘宝体”惹争议》，《中国青年报》2011年8月8日第11版。

③ 安然：《淘宝体通缉令引诸多争论　警察能否“亲”逃犯?》，《北京晚报》2011年11月23日第38版。

④ 马熹哲、任佳、丁姗姗：《外交部“淘宝体”招聘被指卖萌　负责人称效果好》，《法制晚报》2011年8月2日第22版。

⑤ 赵婀娜：《中国语言生活状况报告发布　2011年“降生”594条新词　淘宝体被广泛应用》，《人民日报》2012年5月30日第14版。

⑥ 郭少峰：《教育部：通缉令不宜用“淘宝体”》，《新京报》2012年5月30日第16版。

⑦ 佚名：《诸位书生必是极好》，《华西都市报》2012年7月2日。

体”入选“2012年度中国媒体十大新词语”。①

[8] 2013年5月，教育部、国家语委发布《中国语言生活状况（2013）》。《报告》“第五部分 热点篇”中综合各媒体、机构评选结果选出了2012年度流行词语，“元芳体”“甄嬛体”位列其中。

[9] 2013年12月，《人民日报》刊文《让青年工作“潮”起来》，提到“淘宝体”“咆哮体”等网络文体已被越来越多的团干部频繁使用。②

[10] 2021年11月，新华社严厉批评新冠肺炎疫情下大肆流行的“震惊体”标题，认为“万分紧急！广州明日一个不留!”“广州危急！明日戒严封城”等骇人标题引得老人恐慌，无序抢购物资，扰乱社会稳定。③

三 社会关注的主要议题和各方态度

2011年至2013年是“××体”井喷式发展的三年，社会各界对其讨论也主要集中于此，2014年后较少涉及。与之相关的议题主要集中在两个方面：一是描述时下流行的“××体”语言现象，探讨其流行成因；二是讨论对“××体”的使用态度。

国家语委发布的《中国语言生活状况报告（2012）》与《中国语言生活状况报告（2013）》分别对2011年、2012年流行的网络文体进行了专题介绍。这说明“××体”已进入普通民众的语言生活，参与人民群众的日常社会活动。2011年11月17日，《人民日报》发表《网络“文体”，风头正劲》一文。④ 出版人黄集伟认为，网络流行文

---

① 张中江：《“梦”被选为中国年度汉字 “十八大”入选十大流行语》，中国新闻网，https://www.chinanews.com.cn/cul/2012/12-20/4424245.shtml，2012年12月20日。

② 万秀斌、黄娴：《让青年工作“潮”起来》，《人民日报》2013年12月3日第19版。

③ 樊宏伟：《新华社聚焦疫情下的“震惊体”网文：骇人标题引发老年人恐慌》，新华社客户端，https://t.ynet.cn/baijia/31690678.html，2021年12月6日。

④ 任姗姗：《从造字造词到造“体” 网络“文体”，风头正劲》，《人民日报》2011年11月17日第24版。

体有着自己的生命脉络，不是凭空出现的。凭借十多年对网络语言的关注，他认为“网络语文，都离不开紧随新闻热点、社会事件，个性突出和富于创造性三个特征”。中国社会科学院新闻研究所副研究员刘瑞生认为，看似简单随意的网络文体之所以受到网民的热烈欢迎，是因为“在改革开放30多年和勃兴的新媒体影响之下，中国社会文化的生存土壤已经发生变化。”大众文化的需求增加，文化的生长空间不断扩大，文化态度更加多元和开放，而网络流行文体则是用“新”的语言记录“新”生活，评价“新”的社会现象。中国传媒大学教授侯敏则认为网络论坛、个人博客、微博的出现和兴起改变了信息传播的模式，高度自由灵活的自媒体时代到来了。“这个时代的语言会以前所未有的速度传播扩散，把某些人群关注的东西无限放大，并由此造成流行语频繁产生，你方唱罢我登场的热闹景象”。而网络文体也终会遵循流行语有起有落的属性逐渐消匿。

本书以下内容将重点梳理对“××体”流行和使用的态度。表5-1中为此议题下的主要文献信息。

表5-1　对“××体”流行和使用态度的主要文章情况

题名	媒体名称	时间
《咆哮体是一种叙事病毒》	《新京报》	2011年3月23日
《纪连海：“咆哮体”应该区分使用的场合》	《光明日报》	2011年5月6日
《淘宝体啥的，都是浮云》	《中国青年报》	2011年7月20日
《公安微博：群众监督无所不在》	《中国青年报》	2011年8月18日
《“官话”为何用上“网络体”》	《人民日报》	2011年9月6日
《“改文风”先要认清鹄的》	《人民日报》	2011年11月25日
《教育部官员：通缉令等政府公文不宜用“淘宝体”》	《新京报》	2012年5月30日
《毕业致辞，拒绝“娱乐”过火》	《人民日报》	2012年7月19日
《每个人心里都有个“元芳”》	《光明日报》	2012年10月18日
《政务微博“道理严肃内容活泼，很好玩”》	《中国青年报》	2012年10月25日

续表

题名	媒体名称	时间
《“玛雅体”带火侃“余生”专家：时尚无需板着脸》	《北京晨报》	2012 年 12 月 4 日
《微博通缉令中的互文现象》	《光明日报》	2013 年 2 月 23 日
《网络流行“舌尖体”》	《中国青年报》	2014 年 5 月 18 日
《语言文字无小事》	《光明日报》	2018 年 1 月 28 日
《使用网络语言应取舍有度》	《人民日报》	2018 年 4 月 6 日

对待这一新生语言现象的看法，大概可以分为支持使用“××体”、反对使用“××体”和中立三种。三方各有理据，其中以反对滥用“××体”的态度在权重上稍占上风。

（一）支持方：承载社会心态，释放大众娱乐需求

《光明日报》刊载了题为“每个人心里都有个‘元芳’”的文章，认为“元芳体”的走红不是偶然现象，而是因为网络新文体已然成为了一种社会文化现象。它们自身结构新奇，能够承载任何文本和内容，达到出其不意的效果。而“元芳体”的流行还反映出了一种充满疑问的社会心态，其表露出的倾听态度也正是这个社会所需要的。①

北京大学社会学系教授夏学銮在接受《北京晨报》记者采访时曾谈到，网络流行语体是时尚的一种网络表现形式，网友们大多通过此种表达方式来释放生活压力，也是一种自娱自乐、娱人之乐，没必要给它赋予过多的意义。② 针对“××体”之类网络流行语的批评之声，夏教授也认为应当更加宽容：“多元时代，多元文化中，价值观也是多元的，这也是现代社会的基本特征之一。在网络中，每个人都是新闻主体，也都是话语的主体，集中统一不可能实现，只有一种价值观本身也是不合理的。”他支持应当尊重和正视大众的娱乐需求，

① 周龙：《每个人心里都有个“元芳”》，《光明日报》2012 年 10 月 18 日第 2 版。

② 张中江：《“玛雅体”带火侃“余生”专家：时尚无需板着脸》，《北京晨报》2012 年 12 月 4 日第 1 版。

不必对“××体”的不良影响过分地担忧。

《中国青年报》有一文也同样赞同“××体”正当的娱乐性。文章认为，“甄嬛体”“舌尖体”等的出现引起全民造句，为大众生活增添无数欢乐。同时，“××体”的流行除了调侃戏谑，还代表了时代特征，极易引起民众共鸣。“用几十字上百字的语段套用固定句式来调侃自己的职业和生活，表达对现实的不满，或呼唤社会良知的回归，嬉笑怒骂，自嘲的苦涩中又不乏机敏和乐观。”①

“××体”应用于政府公文中的现象也不乏赞扬之声。2011年7月，上海徐汇交警支队团总支微博用“凡客体”撰写了一则通缉令，引得大众好评。央视知名主持人赵普发文称，警务语言网络化是一种创新社会管理的手段，懂得群众语言、使用群众语言也是一种对警察形象的重塑，他主张社会应当持包容的心态看待这类现象。②针对重庆警方微博使用“元芳体”警示女性注意安全的现象，教育部新闻发言人王旭明表示，“××体”的新式表达符合年轻人的语言使用习惯，故收效显著。也有专家认为，政务微博应当适时使用“××体”之类的网络用语，相较于刻板的语言，更能达到效果。③刊载于《光明日报》的《微博通缉令中的互文现象》一文则认为，“××体”在通缉令中的运用是一种外部互文性的体现，一改冰冷的语言风格，能够收到意想不到的效果。④

（二）反对方：病毒式传播折射内容空洞

早在“××体”刚刚进入大众视野时，《新京报》就于2011年3月发表评论，称网络文体是一种叙事病毒，“咆哮体”则是生长其中的第二代问题病毒。“咆哮体”使得表达直接而粗暴，会“恶搞”一

① 吴晓东：《网络流行“舌尖体”》，《中国青年报》2014年5月18日第3版。

② 何春中：《公安微博：群众监督无所不在》，《中国青年报》2011年8月18日第8版。

③ 桂杰：《政务微博“道理严肃内容活泼，很好玩”》，《中国青年报》2012年10月25日第11版。

④ 赵雪、曹彦男：《微博通缉令中的互文现象》，《光明日报》2013年2月23日第6版。

切文体，极易形成全社会咆哮表达的恶习。[①] 而在“××体”势微后，付海在《人民日报》发表文章《使用网络语言应取舍有度》[②]，认为部分网络流行语体实属无病呻吟，模式单一、雷同，人们在使用时只需要简单变换字词就算构成文字，实际的表达内容空洞，意义不大。陆俭明、沈阳两位学者也认为所谓的“特殊文体”不是存在即合理的，对于不当表达，应当警惕，做到“早发现，早治疗”。[③]

更多的反对者立足于“××体”在正式场合的不当及过度使用等现象，阐明了自己的态度和立场。在2012年5月的《中国语言生活状况2012》发布会上，教育部语信司领导表示，通缉令之类的政府公文不宜用“淘宝体”，“××体”的格式消除了司法的严肃性，司法不应带有更多的娱乐性。[④] 接力出版社副总编辑黄集伟认为：“尽管文体有跨行业的随意性，但‘淘宝体’在各种公文中走红恰恰是语文缺少创意的表现。汉语应该很有表现力，即便在网络上也应该有更好的方式和更好的表达。‘淘宝体’的滥用和泛化其实是一种语言枯竭和没有创意的表现。”他坚持认为公文写作应当更加得体和正式。

《中国青年报》用“淘宝体啥的，都是浮云”做标题，认为大学不应滥用“××体”，其看似噱头十足、红极一时的表象背后，或许是审美的下降、大学精神与内涵的缺失。[⑤]

2012年，浙江大学教授用“甄嬛体”进行毕业致辞，《人民日报》专门刊文批评。文章称，“淘宝体”“甄嬛体”等网络流行语体屡屡“越界”，不分场合的使用，折射出了网络时代对语言规则的漠视以及“娱乐至死”的消极文化态度，呼吁要“拒绝娱乐过火”。[⑥]

---

① 于德清：《咆哮体是一种叙事病毒》，《新京报》2011年3月23日第2版。

② 付海：《使用网络语言应取舍有度》，《人民日报》2018年4月6日第8版。

③ 沈阳、陆俭明：《语言文字无小事》，《光明日报》2018年1月28日第12版。

④ 郭少峰：《教育部官员：通缉令等政府公文不宜用“淘宝体”》，《新京报》2012年5月30日第16版。

⑤ 若尘：《淘宝体啥的，都是浮云》，《中国青年报》2011年7月20日第2版。

⑥ 任姗姗：《毕业致辞，拒绝“娱乐”过火》，《人民日报》2012年7月19日第24版。

（三）中立方：理性把握“度”和“场合”

应当如何看待“××体”的流行，一些学者对此保持中立态度，认为“××体”本身并不会对语言文字生活造成不良影响，关键在于使用时对“度”和“场合”的把握。

中南财经政法大学社会发展研究中心主任乔新生认为，政府公文使用“××体”无可厚非，网络语言的使用是政府对人民群众思维习惯和情感取向的尊重，也是权力回归、服务本位的一大体现。但是若只在语言形式上搞创新，而忽略了对民情的考察、对问题的处理，那终究是一场“语言秀”罢了，表里求一才是重中之重。[①]《人民日报》于2011年10月25日发表的文章《“改文风”先要认清鹄的》也提到，“××体”的语言模式具有眼前一亮的新鲜感，能够表现平易近人的亲和力。庄重、正式的政府公文可以偶尔使用，如果过度使用，则容易助长“空”“假”的不良文风。[②]

北京师范大学哲学与社会学学院教师侯静认为，“只要是在不触碰道德底线、在不伤害别人利益和感情的原则下，可以借助于‘凡客体’或者是‘咆哮体’来展现自我、表现个性，发泄自己。”“百家讲坛”的知名主讲人纪连海也表示，“咆哮体”等网络语体要注重使用的场合，在私人社交领域中，它有利于表达情绪，缓和气氛，但将之用于工作甚至公众场合，是极不合适的。[③]

第三节　网络“××文学”

2020年11月，“凡尔赛文学”一词忽然间在微博走红，很快登上了微信、知乎、豆瓣等网络平台的热搜，并入选了“2020年十大流行语”，其“以低调方式进行炫耀”的话语模式吸引了各界关注。随着“凡尔赛文学”的火热，又迅速诞生了其他形式的网络“××

① 梁昌杰：《“官话”为何用上“网络体”》，《人民日报》2011年9月6日第11版。

② 吴新元：《“改文风”先要认清鹄的》，《人民日报》2011年10月25日第24版。

③ 魏晓明、靳晓燕：《“凡客”“咆哮”：盛有时，用有度》，《光明日报》2011年5月6日第10版。

文学”，如“废话文学”“发疯文学”“卑微文学”“疫情文学”，这些“××文学”以简单的形式在互联网上引起广泛传播和二次创作。本节选取几种典型“××文学”的语言舆情进行分析。

一　“××文学”的类型及特点

（一）凡尔赛文学

“凡尔赛文学”又称“凡学”，得名于日本漫画《凡尔赛玫瑰》，以“凡尔赛”代指高贵奢华的生活。此词最早起源于网友创建的豆瓣小组“凡尔赛学研习小组”。2020 年 11 月 9 日，微博用户“蒙淇淇77”的一篇帖子使“凡尔赛文学”一夜之间冲上热搜，此后迅速席卷网络。①

“凡尔赛文学”具有“先抑后扬，明贬暗褒；自问自答；灵活运用第三人称视角”特点，是一种以轻描淡写的语气不经意间露出的话语模式。炫耀的内容主要为权势、财富、美貌、爱情等。以下例子引自微信公众号“语言文字周报”文章《凡尔赛文学：精致的炫耀》。②

[1] 我男朋友真是个大直男，他送了我一辆兰博基尼，可是颜色超级土！我该怎么跟他说我不喜欢啊！

[2] 我下楼拿快递，穿的冬天的大睡衣，充满了乡土气息，还带了一个大框眼镜，感觉自己丑爆了，就这都有人一直问我要微信还夸我打扮得很酷？这会什么操作啊？

“凡尔赛文学”中大量出现奢侈品牌名称及形容词定语，运用夸张、反语、衬托等手法达到朦胧炫耀的目的，营造“低调”的假象。

---

① 引自百度百科“凡尔赛文学”词条，https：//baike. baidu. com/item/% E5% 87% A1% E5% B0% 94% E8% B5% 9B% E6% 96% 87% E5% AD% A6/54290433；卢奕贝：《“凡尔赛文学”冲上热搜是怎么回事?》，界面新闻网，https：//www. jiemian. com/article/5242855. html，2020 年 11 月 9 日。

② 杨乐：《凡尔赛文学：精致的炫耀》，微信公众号“语言文字周报”，https：//mp. weixin. qq. com/s/9Es9UtJUBZ5tJb0SyyTDPA，2020 年 12 月 14 日。

其炫耀、虚荣与浮夸被无数“打工人”传播、调侃、再创造，形成了一场网络狂欢。

（二）废话文学

“废话文学”又名“废话体”“废话梗”。此词最早来源于2021年8月上旬B站up主“那就叫王师傅吧”和“旅途船长”发布的一段视频。视频中的人物看起来说了一堆话却好像什么意思也没有表达。有网友在评论区评论：“听君一席话，如听一席话”。人们于是将这种看似说了什么又好像什么也没说的言论和视频称为“废话文学”。

“废话文学”最大的特点是“说了又好像没说”，往往用来形容那些文不对题、不知所云、模棱两可、打太极式的信息。“废话文学”大多采用同义替换、前后重复、数学换算、语态转换等的形式进行创作。如“听君一席话，如听一席话”“我上次这么无语的时候还是在上次”“不能说毫无关系，只能说完全无关”“一日不见，如隔二十四小时”“春风又绿江南岸，江南岸被春风绿”等。网友们纷纷进行效仿创作，随后在微博、B站、抖音等网络平台迅速发酵，引发了公众广泛关注。①

（三）发疯文学

“发疯文学”起源于2021年8月某网友在和客服协商退款多次未果时，发给客服的一段令人抓狂的话。人们就把这段疯言疯语的文字句式称为“发疯文学”。2021年9月，豆瓣踩组成员以“我不发疯我说什么”为主题发起了发疯文学竞赛。② 在互联网的推波助澜下，“发疯文学”迅速席卷整个网络，网友们甚至还采用林黛玉式的反差口吻创作“发疯文学”，进而产生了“林黛玉发疯文学”等微博热搜话题。

“发疯文学”的首要特点是字数要多，从篇幅上震慑对方；其次是忽略逻辑，让对方无法拿捏反击；最关键的是要采用质问的语

① 引自百度百科“废话文学”词条，https：//baike. baidu. com/item/% E5% BA% 9F% E8% AF% 9D% E6% 96% 87% E5% AD% A6/58419996。

② 引自百度百科“发疯文学”词条，https：//baike. baidu. com/item/% E5% 8F% 91% E7% 96% AF% E6% 96% 87% E5% AD% A6。

气，营造出咄咄逼人的气势，让对方无力招架，只能投降。林黛玉式发疯文学则是在发疯文学的基础上，多了点阴阳怪气、先发制人、委屈巴巴的调调。甚至有人制作出“胡言乱语生成器”小程序，内含各类发疯文学经典语录，可以一键生成并转载，迅速跟上时代的潮流。如：

> ［1］我感觉我是真的疯了，我躺在床上会愤怒，我洗澡会愤怒，我出门会愤怒，我走路会愤怒，我真的觉得自己像中邪了一样，这世界上那么多快乐为什么没有一个是属于我的……
>
> ［2］我又在和你抱怨什么呢，你只是一个打工人，你又不能决定什么。我只能自己默默消化悲伤罢了，只有我在乎自己，你只会那一套话术，你不在乎的，你不会懂的，你又要轻巧地避过我的话题，你只觉得我麻烦，你只想赶紧跟我结束话题。

“发疯文学”通过大量采用毫无逻辑的、带有阴阳怪气的语句委婉地表达强烈情绪，受到了网友们的热烈追捧，引起了又一场网络文学狂欢。

二　“××文学”的热度和重要语情事件

通过图 5－5 百度搜索指数可以看到，“凡尔赛文学”在 2020 年 11 月中旬热度较高，峰值出现在 2020 年 11 月 13 日，峰值后呈下降趋势；“废话文学”2021 年 9 月至 11 月期间热度较高；“发疯文学”在 2021 年 9 月热度较高，峰值出现在 2021 年 9 月 7 日。总体来看，“凡尔赛文学”不仅热度高，而且最为持久。

2020 年 11 月 9 日，“凡尔赛文学”登上微博热搜榜，引起了各界网友的调侃、评论、创造。此后，各社交平台中还产生了“凡尔赛文案大赏”“凡尔赛文学水平考试”等评比类内容，网民参与度极高。截至 2020 年 12 月 13 日，微博内话题“凡尔赛文学”相关内容累计阅读次数高达 9.2 亿，讨论次数达 19.5 万。

“废话文学”自 2021 年 8 月在网络上出现以后，截至 2022 年 3

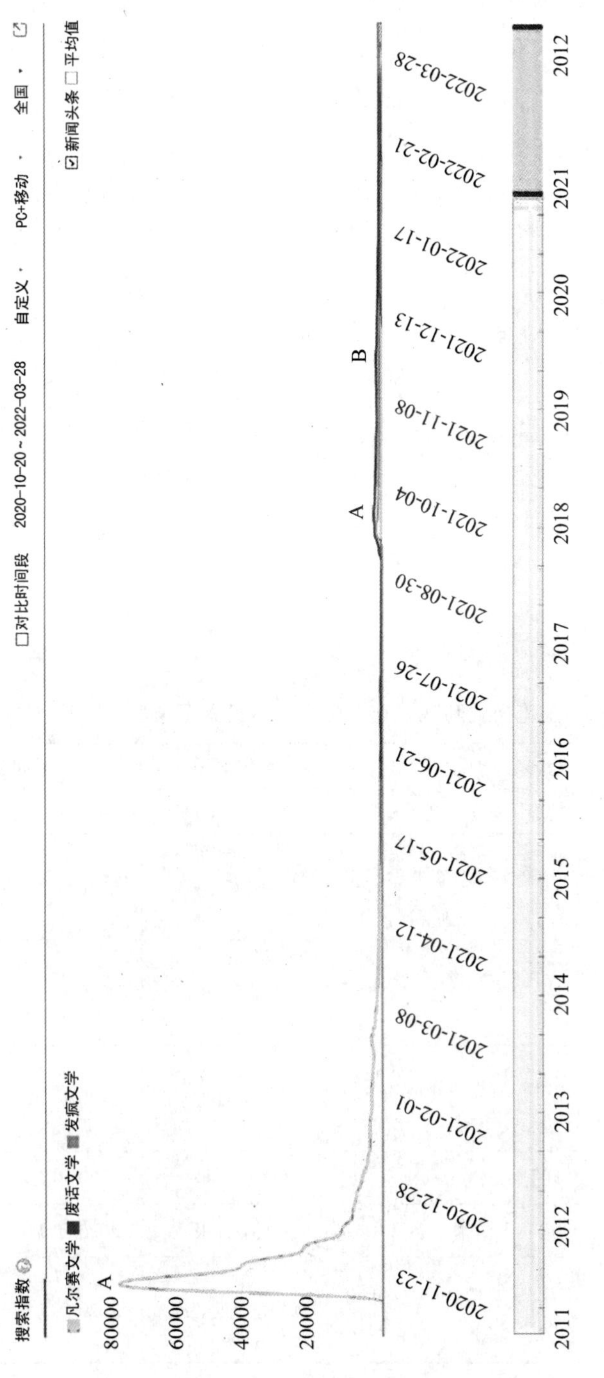

图5－5　网络"××文学"的百度用户搜索指数

月25日相关的微博话题共有234个。其中，“废话文学大赛”“甄嬛传里的废话文学”“明星都是废话文学大师吧”等话题的总阅读量均达到1亿次以上，登上了微博热搜，甚至有网友还整理出一份“全网最全《万能废话模板》”。在B站，关于“废话文学”的视频多达1000条以上，其中《教你如何正确地说废话!》《废话连篇》的播放量多达500万，且上述视频的弹幕中有大量“再来亿遍”的打卡记录。在抖音上，关于“废话文学”的视频也极其火爆。各大微信公众号也纷纷对“废话文学”发表评论文章。

截至2022年3月25日，微博上关于“发疯文学”的话题共有78个。其中话题“林黛玉发疯文学”引发了众多网友的参与和讨论，一度登上了微博热搜榜。

自2020年11月以来，各媒体平台就网络“××文学”纷纷发表评论文章，《光明日报》、“青春北京”等主流报刊和微信公众号也积极转发和评议。

表5－2　主流报刊刊载“××文学”讨论文章情况

题名	媒体名称	时间
《“凡尔赛文学”不过是用高级掩盖贫瘠》	《中国青年报》	2020年11月10日
《看完火遍全网的凡尔赛文学，我整个人都不好了……》	中国新闻网	2020年11月11日
《调侃还是炫耀？对“凡尔赛文学”你怎么看》	《半月谈》	2020年11月15日
《“凡尔赛文学”遭奚落是对扭曲价值观的纠偏》	《光明日报》	2020年11月17日
《如何看待凡尔赛文学的流行？》	《光明日报》	2020年11月28日
《“凡尔赛文学”：调侃还是炫耀》	《光明日报》	2020年11月28日
《“凡尔赛文学”：炫耀、讽刺还是社会洞察？》	《中国青年报》	2020年11月30日

续表

题名	媒体名称	时间
《凡尔赛文学与“诈作富贵体”》	光明网	2020 年 12 月 2 日
《凡尔赛文学背后体现的当代社会价值观》	光明网	2021 年 1 月 28 日
《“××文学”缘何频频引发网络狂欢》	《光明日报》	2021 年 7 月 14 日
《“废话文学”“发疯文学”……为什么大家喜欢不好好讲话》	《中国青年报》	2021 年 9 月 28 日
《废话文学：有话偏不好好说》	《中国文化报》	2021 年 12 月 9 日

表 5－3　　部分微信公众号“××文学”高阅读量文章情况

题名	微信公众号	时间	阅读量
《“凡尔赛文学”：关于身份与财富的想象》	南方周末	2020 年 11 月 9 日	4 万＋
《凡尔赛文学，都是幻觉》	光明日报	2020 年 11 月 17 日	4 万＋
《抱歉，全网吐槽的凡尔赛文学我骂不出口》	独立鱼电影	2020 年 11 月 13 日	10 万＋
《做“凡尔赛人”的快乐，只有 0 和无数次》	Vista 看天下	2020 年 11 月 9 日	10 万＋
《迷惑又讽刺的“废话文学”，你听过多少?》	字媒体	2021 年 9 月 6 日	10 万＋
《“每过去 60 秒钟就失去了一分钟”，野生文学玩梗为何盛行?》	半月谈	2022 年 1 月 12 日	7 万＋
《过年又被问考多少分？机智的我玩起了废话文学、丫头文学、发疯文学……》	作文纸条	2022 年 2 月 1 日	6 万＋

从“凡尔赛文学”到“发疯文学”，发生了多起关于网络“××文学”的重要语情事件：

［1］2020 年 11 月，与“凡尔赛文学”相关的多个话题登上微博热搜，引起众多网友热议。

[2] 2020 年 12 月 4 日，《咬文嚼字》编辑部对外发布了“2020 年十大流行语”，“凡尔赛文学”一词位列其中。

[3] 2021 年 5 月 27 日，“丫头文学”这一话题登上微博热搜，引起网友的热烈讨论。

[4] 2021 年 7 月 5 日，“什么是咯噔文学”话题登上微博热搜榜，阅读量接近 4 亿，讨论量 20 多万。

[5] 2021 年 11 月，有关“废话文学”的多个话题登上微博热搜，引起众多网友的参与和讨论。

[6] 2022 年 3 月上旬，一条“林黛玉发疯文学”的话题登上微博热搜，阅读量达 1 亿，众多有关“发疯文学”的话题引起网友热议。

三　社会关注的主要议题和各方态度

各大主流媒体对于“凡尔赛文学”所发表的评论最多，以下就以此为例进行梳理和分析。

各大媒体主要关注的是“凡尔赛文学”的流行及背后原因、“凡尔赛文学”的滥用对人们尤其是青少年价值观的影响。对“凡尔赛文学”的看法，大多数文章持反对态度，批判其空虚浮夸的本质、浅薄的物质主义及对青少年的不良导向。极少数网友认为“凡尔赛文学”有积极意义。也有文章较为客观地总结出“凡尔赛文学”特点，认为应当理性看待。

（一）反对方：精致的背后其实是内涵贫瘠

“凡尔赛文学”走红以来，大多数媒体批判了“凡尔赛文学”所代表的虚荣价值观。其中，《光明日报》《中国青年报》刊登了数篇文章批判“凡尔赛文学”对人们价值观的影响，尤其是对青少年价值观的误导，容易使青少年沉溺于虚幻之中。

《北京日报》的《拐着弯炫富，“凡尔赛文学”活该被“拆”》警示道，“凡尔赛文学”不属于文学，它是作者出于自恋、炫富心理而对语言进行的矫饰。人性都有虚荣的一面，如果只是私下里的自娱自乐，倒也没有太大影响。但若“凡尔赛文学”入侵到文学创作等更广阔的领域，则要引起警惕，以免让某些价值观尚未成熟的粉丝信以为真，甚至陷入“凡尔赛”的大梦中不能自拔。[①]

《安徽日报》的《虚伪造梦，造不出理想未来》一文提到，“凡尔赛文学”不仅是对理想人生的虚幻投射，而且对美貌、财富、地位、权势近乎狂热的推崇和宣扬，一味追求所谓的上流社会、名媛圈子，并将人分为三六九等的观念，不符合主流价值观，可能增加社会隔阂，激化社会矛盾。[②]

《光明日报》的文章《“凡尔赛文学”：调侃还是炫耀》认为，作为炫耀的“凡尔赛文学”以“晒生活”之名行炫耀之实，流露出不健康的心态，暴露出虚伪的人生态度和扭曲的价值观念。尤其是青少年，如果热衷于“凡学”，很有可能影响青春的选择，对他们的人生造成一定的影响。[③] 该报另一篇文章《“凡尔赛文学”遭奚落是对扭曲价值观的纠偏》较为客观地指出，“把梦想和幻想投射于网络虚拟空间，借助凡尔赛文学来营造一个理想中的自我‘人设’，为心灵留存一方玫瑰色的乌托邦空间，只要能分得清现实和虚幻，似乎也无伤大雅。但是如果沉溺于虚幻的凡尔赛文学不可自拔，错把乌托邦当成愿景，面临悬崖尚且凌空高蹈，那么，那条充满蛊惑的‘通往天堂之路’，是不会把人引领到天堂的。”[④]

光明网的《凡尔赛文学与“诈作富贵体”》指出“凡尔赛文学”本质是一种“诈作富贵体”，其炫耀的背后往往并不是真正拥有，所以免不了遮遮掩掩，言行中总透着一股不合时宜。将现实和虚设等同，在一定程度上是自我认知的迷失。[⑤] 该网发布的另一篇文章《凡尔赛文学背后体现的当代社会价值观》认为，“凡尔赛文学”话语背

---

① 王广燕：《拐着弯炫富，“凡尔赛文学”活该被“拆”》，《北京日报》2020 年 11 月 11 日第 11 版。

② 韩小乔：《虚伪造梦，造不出理想未来》，《安徽日报》2020 年 11 月 24 日第 6 版。

③ 胡一峰：《“凡尔赛文学”：调侃还是炫耀》，《光明日报》2020 年 11 月 28 日第 7 版。

④ 封寿炎：《“凡尔赛文学”遭奚落是对扭曲价值观的纠偏》，《光明日报》2020 年 11 月 17 日第 2 版。

⑤ 张黎明：《凡尔赛文学与“诈作富贵体”》，光明网—文艺评论频道，https：//wenyi. gmw. cn/2020-12/02/content_34422181. htm，2020 年 12 月 2 日。

后隐含的社会性对主体认知的建构问题，尤其是关于女性主体的认知话语，值得我们深究和反思。[①]

《中国青年报》的文章则使用了"'凡尔赛文学'不过是用高级掩盖贫瘠"的标题，批评它越是婉转、朦胧、失实的表述，越会增加烦琐无用的信息，而虚构或维持这些假象，需要更高的成本。[②]

（二）支持方：折射本性的同时可以宣泄情绪

总体来看，只有少数的媒体和网友认为"凡尔赛文学"对人们的生活有一定的积极作用。

公众号"语言文字周报"发表的《流行语丨凡尔赛文学：精致的炫耀》一文指出，"随着'凡尔赛文学'爆火，衍生出了'入门凡''低级凡''高级凡'等不同级别。但不同等级之分背后折射出的都是人们精致的虚荣心。虚荣心本就是刻在人的本性之中，这无可厚非，相反，他们愿意展示自己的'凡尔赛'，也侧面说明了他们的自信和对生活的热爱。'凡尔赛文学'之所以能在网络爆红，一定程度上也反映了社会的发展和人们观念的变化。"[③]

《中国青年报》的《"废话文学""发疯文学"……为什么大家喜欢不好好讲话》一文认为，在"内卷"严重的当代社会，××文学为情绪的宣泄与流动打开了一个出口，为平淡的生活增加调剂。[④]

（三）中立方：虽无营养但无害，"自黑"可以活跃气氛

也有不少文章认为，网络"××文学"在生活中适当地使用可以作为生活的"调味剂"，可以在一定程度上活跃气氛和缓解焦虑。但过度地使用必然会造成表达的贫瘠，必然会在沟通交流中增加大量烦琐无

---

① 单羽：《凡尔赛文学背后体现的当代社会价值观》，光明网—文艺评论频道，https://wenyi.gmw.cn/2021-01/28/content_34579520.htm，2021年1月28日。

② 易之：《"凡尔赛文学"不过是用高级掩盖贫瘠》，中国青年报客户端，http://m.cyol.com/app/2020-11/10/content_18846995.htm，2020年11月10日。

③ 杨乐：《凡尔赛文学：精致的炫耀》，微信公众号"语言文字周报"，https://mp.weixin.qq.com/s/9Es9UtJUBZ5tJb0SyyTDPA，2020年12月14日。

④ 余冰玥：《"废话文学""发疯文学"……为什么大家喜欢不好好讲话》，《中国青年报》2021年9月28日第9版。

用的信息，降低人们的审美趣味。且网络“××文学”的过度传播也必然会对青少年的价值观产生不良的影响，容易使青少年走上歧途。

《光明日报》发表的《如何看待凡尔赛文学的流行?》《“××文学”缘何频频引发网络狂欢》两篇文章，都认为“凡尔赛文学”像无害的“自黑”或“吐槽”，在一定程度上起到了情绪解乏和缓解焦虑的作用，但“凡尔赛文学”的过度传播，可能催生、助长玩世不恭的心态，损害对待生活、对待自我的正确态度。①

《南方日报》的文章《“废话文学”的无用之用》认为“废话文学”冗余信息含量高，但非有效信息并不是完全无用。其本质上是一种交流策略，可以给生活带来乐趣。②

《大众日报》的《多少流行语，假文学之名以行》认为，“××文学”用游戏的姿态将反讽功能玩到极致，它创新了一种较为多样化的表达方式，给流行语注入了一点儿鲜活的生命力。但必须承认，这种变化是极为有限的。③

2022年1月13日，“半月谈”微信公众号推出的《“每过去60秒钟就失去了一分钟”，野生文学玩梗为何盛行?》一文，阐述了众多网友认为“互联网××文学”具有娱乐性和实用性的观点，同时多位专家也表示“互联网××文学”的使用在增进人际关系、提升语言的修辞活力等方面有一些积极作用，但也存在诸多弊端，如没有营养、交流内容匮乏。④

第四节　阴阳话术

话术，即说话的方法与技巧。对某种话术的灵活掌握，能够更好

① 《如何看待凡尔赛文学的流行?》，《光明日报》2020年11月28日；谭妍爽、曾利君：《“××文学”缘何频频引发网络狂欢》，《光明日报》2021年7月14日第13版。

② 维辰：《“废话文学”的无用之用》，《南方日报》2021年9月17日第A4版。

③ 李梦馨：《多少流行语，假文学之名以行》，《大众日报》2021年12月30日第12版。

④ 陈青冰：《“每过去60秒钟就失去了一分钟”，野生文学玩梗为何盛行?》，微信公众号“半月谈”，https：//m. gmw. cn/2022-01/13/content_1302761503. htm，2022年1月13日。

地表情达意，实现积极高效的交流。不同的话术配合不同的交际背景和意图使用。近年来在网络上流行的“阴阳话术”风靡一时，其“出圈”式的广泛使用和特殊的表达效果引起了广泛关注。

一　“阴阳话术”的基本特点

阴阳怪气，形容说话人态度冷僻，从侧面或反面表达对事情的嘲讽和揶揄，是一种带有恶意与攻击性的表达方式。“阴阳话术”则是借网络之手将此构建出一套话术体系，而掌握和使用“阴阳话术”的人也被称为“（老）阴阳人”。网络上流行的“阴阳话术”主要有以下几个特点：①

第一，常与语气词搭配使用。语气词本来是有着和缓气氛的作用，但是被用在“阴阳话术”当中，给表达的语句增加了许多不必要的“亲昵”，尤其是用在陌生人之间，会让气氛逆转，充满嘲讽之义。如“那你很棒哦”“是的呢，嘻嘻”“这你都知道呢”。

第二，常使用反问、反复、夸张等修辞。我们常见的阴阳语“不会吧 不会吧”“就这？”就是进行了简单地重复和反问，用简洁却有力的方式表现了贬损和讽刺的效果。而为了更好地通过明褒暗贬的方式进行反讽，使用过分夸张的形容和比较也能传递出“阴阳”的效果。比如“你真聪明，比爱因斯坦都聪明”。

第三，表情包的另类使用。在“阴阳话术”中，人们惯常使用的表情符号会被冠以附加含义。如 emoji 中经典的“微笑”“再见”等表情在年轻人的交际领域成为了阴阳怪气的代表。如图 5 – 6。而将重新赋义的表情包与阴阳语结合在一起时，阴阳怪气的氛围会更加浓重。如将“充满期待的星星眼”与经典阴阳语“不会吧”结合，看似和谐的表达却充满了火药味。如图 5 – 7。

第四，使用经典文艺作品并进行语义改造。在许多文艺作品

① 以下分类参考《阴阳怪气，为什么成了当下最流行的社交用语传染病?》（张晨阳：《阴阳怪气，为什么成了当下最流行的社交用语传染病?》，澎湃新闻，https://m.thepaper.cn/baijiahao_14495923，2021 年 9 月 15 日）。

中，我们常常看到一些人物用迂回的表达方式进行暗讽和调侃，这些“阴阳语”被一些网友借用在“阴阳话术”中。例如，在《红楼梦》中，以牙尖嘴利闻名的林黛玉就有许多听似刻薄的话语，网友将其整理为“黛玉语录”，运用在交际当中。如图5－7：

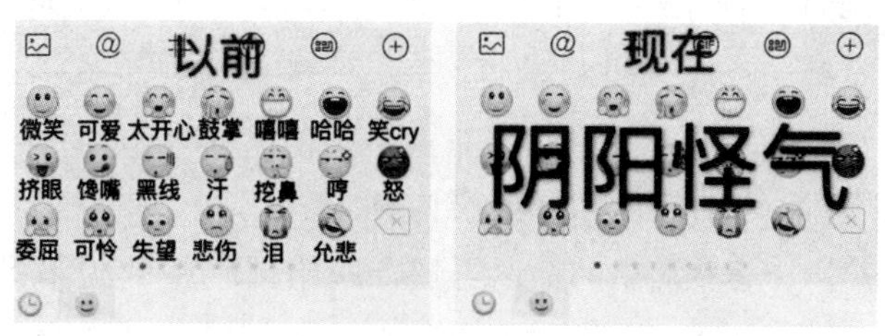

图5－6　表情符号表意的变化

图5－7　“充满期待的星星眼”表情与“不会吧”结合

［1］我给你的那个荷包，你也给她们了？你明儿再想要我的东西，可不能了。

［2］我来得不巧，早知他来，我就不来了。

［3］比不得宝姑娘，什么金什么玉的，我们不过是个草木之人罢了。

还有经典的宫斗剧《甄嬛传》中，诸位嫔妃身份高贵、修养不俗，在表达不满情绪时，不会直接破口大骂，而是采用婉转的形式进行反驳，这也深受网络“阴阳人”的喜爱。如：

［4］妹妹真是有福气的人。

［5］只是妹妹想姐姐出身武家，必定文武双全，果真姐姐如此骁勇，不失家门风范。

图 5－8　王熙凤的询问

除了对人物台词的直接搬用，网友们还会对一些话语进行语义改造，改变其使用的社交环境，配合表情包一同使用，使之达到“阴阳”的表达效果。如对凤姐的询问句“妹妹几岁了?”“可也上过学?”“现吃什么药?”进行重新创作，来表达揶揄之义。

二　阴阳话术的热度和重要语情事件

作为日常口语中常用的话语习惯，网络语言中的阴阳怪气现象也客观存在。而近年来，随着网络交际平台的不断丰富和完善，网络行为的监督和监管也变得更加严格。网络的主体参与者因担心被禁言或销号，在进行网络交流时对粗鄙敏感的语言往往选择回避，但又迫切地渴望发表言论，表达情绪。因此阴阳话术顺势而起，风靡一时，走出亚文化圈，被媒体和广大网友关注和讨论。相关重要的语情事件有：

［1］2019 年 4 月 13 日，豆瓣小组“说话就要阴阳怪气”创建。① 组员在小组内进行“阴阳话术”的交流和探讨。截至 2022 年 1 月，小组共有 860 位成员，发布 90 个帖子，发布的内容多与追星和粉圈文化相关。

［2］2020 年 8 月 19 日，教育部等六部门印发《关于联合开展未成年人网络环境专项治理行动的通知》，针对未成年人网络社交不良行为、“饭圈”“黑界”“祖安文化”等进行全面整治，对涉及侮辱谩骂、人身攻击、网络暴力、恶意举报等现象依法严肃处置。②“阴阳话术”因其隐晦性借此成为网络新宠。

① 豆瓣小组“说话就要阴阳怪气”，https：//www. douban. com/group/660011/discussion? start = 0&type = new。

② 教育部等六部门印发：《教育部等六部门关于联合开展未成年人网络环境专项治理行动的通知》，教育部网，http：//www. gov. cn/zhengce/zhengceku/2020-08/26/content _ 5537641. htm，2020 年 8 月 19 日。

［3］2020年11月3日，新华社主办的杂志《半月谈》发表《“祖安文化”之外，还有“阴阳话术”　不带脏字就无公害?》认为一些阴阳话术实则为一种新型的网络暴力，有伤网络秩序。新华网、光明网以及国内多家媒体相继转发该文章，引起公众热议。

［4］截至2022年3月19日，以“阴阳话术”为检索内容，微博共有三个话题与之相关：“祖安文化外还有阴阳话术”“半月谈评网络阴阳话术”“阴阳话术成网络暴力新武器”，累计讨论数近5000条，阅读量近600万次。①

三　社会关注的主要议题和各方态度

关于阴阳话术的讨论主要集中在两个方面：一方面是自媒体在整理“阴阳话术”流行的具体表现形式时的调侃性介绍和说明。另一方面是社会各界就“阴阳话术”对网络交际产生的影响发表不同的看法。以下着重梳理后一方面的情况。

（一）支持方：替代不文明用语来纾解情绪

支持使用“阴阳话术”的以网友为绝对主力，认为它有一定的积极作用，不应该断然认为它是网络暴力。以下是微博“阴阳话术”话题下支持者的部分发言②：

@惑星扎扎：这个论点真的有点神奇，难道看到不喜欢的或者遭受委屈了，连揶揄一下或者皮里阳秋一番都算网络暴力了?仓颉造字何用哉。

@过期小吧唧：每天都像睡在公园长椅上一样，睡在大街上，被吵醒、被冻醒，我是真的会谢。（我还是需要学习一下阴阳话术，这点子都不够发泄我的起床气。）

@将一键删除拉黑运用到极致的懒鬼：“文喜私关”，我觉得

① 微博关于“阴阳话术”的话题讨论，https：//s. weibo. com/topic? q = % E9% 98% B4% E9% 98% B3% E8% AF% 9D% E6% 9C% AF&pagetype = topic&topic = 1&Refer = weibo_ topic。

② 出自微博话题“阴阳话术成网络暴力新武器”内的讨论，https：//s. weibo. com/weibo? q = %23 阴阳话术成网络暴力新武器%23。

还蛮可爱的语气，起码是表示赞同。①

对于经常使用“阴阳话术”的特定年轻人来说，他们认为“阴阳话术”的使用是网络环境下个人表达风格的体现，能够从侧面纾解个人情绪，避免不文明用语，不应轻易定为网络暴力。

（二）反对方：是语言软暴力，助长网络戾气

作为一种充满争议的表达方式，针对“阴阳话术”反对、批评的声音不绝于耳。自《半月谈》发布《“祖安文化”外还有“阴阳话术”：不带脏字就无公害？》一文后，多家媒体发文评论。北京师范大学新闻传播学院教授、博士生导师徐敬宏认为，“阴阳话术”在网络上的流行固然有其客观性，但是却不应因此而认同其合理性，要避免给网络喷子披上合法外衣。他也认为，需要不断提高网民尤其是青少年的媒介素养，提高对信息的甄别能力，才能减少“阴阳话术”对网络舆论空间的负面影响。②

光明网转载《重庆日报》的文章《别让语言软暴力割裂网络舆论场》。该文章提到，看似“文明”、不见脏字的阴阳话术实则是“反文明”的，是赤裸裸的网络暴力。而盛行的网络直播也成为了传播“阴阳话术”的主要渠道，许多辨别能力不强的网民，尤其是青少年人群，很容易把主播当偶像，将“阴阳话术”当成时髦流行的“有文化”的话语学习，成为了“阴阳话术”的受害者，更导致了其二次扩散，从受害者变成了传播者。文章还认为，“阴阳话术”助长了网络表达的戾气，扰乱了网络和谐稳定的秩序，应当进行规范和管理。因此，各网络平台应当加强监管，尤其要加大对网络直播的治理力度，网民也应当不断提高甄别信息的意识和能力，不作网络暴力的帮凶。③

---

① “文喜私关”是一个网络流行语，是“你的文字我很喜欢，你的私信记得关”的缩写。

② 李力、徐宁：《“祖安文化”外还有“阴阳话术”：不带脏字就无公害?》，《半月谈》2020 年第 20 期。

③ 戴先任：《别让语言软暴力割裂网络舆论场》，《重庆日报》2020 年 11 月 6 日第 8 版。

人民日报高级记者徐建中在《“阴阳话术”，要害在于“阴”》《剥去网络语言“阴阳话术”的华丽外衣》两篇文章中都谈到了对“阴阳话术”的反对态度。① 他认为，“阴阳话术”在网络中的使用是一种裹着文明语言外表的“冷暴力”，看似柔和，实则攻击性极强，对网络理性讨论的氛围产生了恶劣的影响，对青少年的价值取向会造成不良影响，不利于未成年人健康成长。同时他建议管理部门对此现象进行重点治理，要规范社交平台的语言管理体系。知名网络大V、头部主播也应积极响应，注意言行，传播正能量，而普通网民也应提高个人素质，自觉抵制“阴阳话术”带来的不良风气。

《中国教育报》的媒体评论员齐亚尼认为，“阴阳话术”看似干净体面，实则与“祖安文化”无异。它不是彰显个性的话语形式，而是一种语言软暴力，模糊了善恶的界限，侵蚀了网络理性讨论的公共空间，长此以往会损害社会道德规范，造成群体素质下降。因此，应当警惕“阴阳话术”的负面影响，各方应当对以“阴阳话术”为噱头的网络活动加强监管力度，净化网络空间，保护青少年全面健康成长。②

除却官方媒体和相关专家对“阴阳话术”的讨论和反思，网友们对于“阴阳话术”的厌恶与反感在开放的微博评论区以及微信公众留言上也可见一斑。在微博话题“阴阳话术成网络暴力新武器”下，有许多网友畅谈对“阴阳话术”的反对看法，收获大量点赞。③ 如：

@VivinWwy：错把这些阴阳怪气当有趣，还很多沾沾自喜

① 徐建中：《“阴阳话术”，要害在于“阴”》，台海网，http://www.taihainet.com/comment/plzw/2020-11-06/2444297.html，2020年11月6日；徐建中：《剥去网络语言“阴阳话术”的华丽外衣》，《荆门日报》2020年11月7日第2版。

② 齐亚尼：《警惕“阴阳话术”带来的负面影响》，《中国教育报》2020年11月6日第2版。

③ 引自新浪微博“阴阳话术成网络暴力新武器”话题下的网友评论，https://s.weibo.com/weibo?q=%23%E9%98%B4%E9%98%B3%E8%AF%9D%E6%9C%AF%E6%88%90%E7%BD%91%E7%BB%9C%E6%9A%B4%E5%8A%9B%E6%96%B0%E6%AD%A6%E5%99%A8%23。

的。(点赞量 332)

@兜儿里有粉红混纺花混纺：十分讨厌“就这?”这种……十分厌恶！(点赞量 222)

@kiki 莉娅：这种话真的快看吐了。(点赞量 108)

@旷野海东青：本质就是网络喷子啊，不管它披着什么外衣。(点赞量 103)

@在二三四师夜喵喵连当獭：胖谈好懂哦，这几句阴阳话我真的每次看到都觉得拳头硬了。网络环境我是真心希望能好好治理，希望大家都能真正地开心冲浪。(点赞量 74)

@_早一天_：网上冲浪，见到很多戾气很重、阴阳怪气的网友，他们阴阳怪气之后，还表明自己没有脏字，不算骂人。这种网络暴力真的需要严惩。(点赞量 46)

半月谈公众号发表《“祖安文化”外还有“阴阳话术”：不带脏字就无公害?》一文后，其评论区也有诸多网友对“阴阳话术”这一网络语言现象发表看法，并提出治理该现象的相关建议和措施：

@■?.：归根结底要提升网民，特别是青少年网民的媒介素养。(点赞量 760)

@Buddy：网络环境鱼龙混杂，泥沙俱下。一方面提高网民素质很重要，另一方面主流媒体也应担负责任进行舆论风气引导，引导网民特别是青少年网民形成良好的价值观和交往方法。(点赞量：432)

@无问西东：直接网络实名化，最根本解决问题。喷子不就是仗着“在网上乱说又没人认识我”的想法肆意妄为吗，扯掉遮羞布直接以实名示人，就像现实性一样，看看还有谁敢乱说话。(点赞量 254)

@行路难：网络就是因为互相不认识，觉得何须用道德自我要求，又看他人也是如此，不好的风气便传播开了。首先应该自

己筑起一道高墙，不受这些语言的影响，也不要学着去这么影响别人。（点赞量58）

（三）中立方：不侵犯他人权益就无伤大雅

一种事物的产生和流行都有一定的客观性和合理性。因此，也有学者认为，网络交际中"阴阳话术"的使用应当辩证来看，它是否构成负面影响，关键要注意使用的交际场合。

中国艺术研究院副研究员孙佳山认为，在网络交际中，"阴阳话术"作为个人语言特色的展现是无可厚非的，但应当注意度的掌握，不能侵犯他人的合法权益，损害社会的道德规范。[①]

澎湃新闻文章《阴阳怪气，为什么成了当下最流行的社交用语传染病?》提到，[②] 不能完全把"阴阳话术"作为语言垃圾、语言毒瘤丢弃，将之彻底否定，而是要注意言语交际中语境的重要性。在使用阴阳怪气的话语之前要先认定只针对事而不针对人，避免人身攻击之嫌。同时也要考虑适用的场合，在使用"阴阳话术"调侃之前要确定与对方的交际距离，判断是否恰当，减少误会和冲突。

《文化产业评论》的评论文章认为"阴阳话术"的兴起源于"怼"文化的兴起。[③] 年轻群体在权力分配中处于弱势，其不满、委屈等情绪可以通过隐形、非直接的方式宣泄。他们利用"阴阳话术"能够实现自娱自乐，并在小群体中得到共鸣。朋友之间使用"阴阳话术"有一种"互损"意味，处理得当可以增进感情。但是，对于无差别地滥用"阴阳话术"的行为，评论也认为应当批判。过度的阴阳怪气会将戾气和攻击伪装成玩笑，成为恶意挑衅和语言暴力的武器。

---

① 李力、徐宁：《"祖安文化"外还有"阴阳话术"：不带脏字就无公害?》，《半月谈》2020年第20期。

② 张晨阳：《阴阳怪气，为什么成了当下最流行的社交用语传染病?》，澎湃新闻，https://m.thepaper.cn/baijiahao_14495923，2021年9月15日。

③ 陈爽、栀晞：《火遍全网的"阴阳怪气文学"是什么梗?》，《文化产业评论》，https://www.163.com/dy/article/GKKA56590519CS5P.html，2021年9月23日。

第五节　本章小结

总体上看，社会对各类以“××体”和“××文学”为代表的网络流行语关注的重点，已经不再是它们是否符合国家通用语言文字本体方面的规范，而是聚焦于其形式和内容“疯狂”传播对特定领域固有的话语方式和社会风气等有多少影响。与第四章比较接近，本章所讨论的情况存在各类观点和态度，而且它们基本都势均力敌。

值得注意的是，在不同领域使用网络流行语句，社会在不同阶段对其态度是不一样的。政务领域在 2010 年之前是排斥网言网语的，主要是认为网络语言会消解权威，而后逐渐“改文风”，在适当场合使用网络体服务广大群众。在公共空间，社会对某些骤然流行的网络语句其实是抱有欣赏态度的，认为它们折射出了社会面的一些情况。但在被大众无节制地复制传播后，各种批评的声音盖过了先前的意见，“内容空洞”“过度娱乐”等占据上风。随着流行文体热度的消散，各类态度又归于平和，静静地细说它们的得与失。

第六章　网络语言使用与国家治理

自2012年我党十八大召开以来，习近平总书记多次指示要加强网络伦理和网络文明建设。党的十八届四中全会（2014年10月）指出，“加强互联网领域立法，完善网络信息服务、网络安全保护、网络社会管理等方面的法律法规，依法规范网络行为”。2021年9月14日，中共中央办公厅、国务院办公厅印发了《关于加强网络文明建设的意见》，指出要加强网络空间行为规范，并明确要求要“规范网上用语，把网络文明建设要求融入行业管理规范”。[①] 由此可见，网络治理、网络语言治理已经成为社会和国家治理的一个重要方面。《人民日报》也曾刊文指出，网络语言使用不当，实际上会对语言安全、文化安全、意识形态安全带来负面影响，需要引起高度警惕。[②] 本章将从国家治理层面关注网络语言使用过程中存在的几类重要问题。

第一节　网络低俗语言

低俗语言，指格调低下、内涵庸俗的词语。除了日常生活中惯用的那些，互联网也催生了很多带有网络特色的低俗语言，如“屌丝”“逼格”等。由于网络发言具有匿名性，加之网友们好标新立异和跟风从俗，这些低俗词语很容易成为流行语，并从线上向线下

---

① 中共中央办公厅、国务院办公厅：《关于加强网络文明建设的意见》，中央人民政府网，http：//www.gov.cn/zhengce/2021-09/14/content_5637195.htm，2021年9月14日。

② 成丕德：《净化网络语言》，《人民日报》2018年6月5日第7版。

部分纸媒蔓延。久而久之，不分场合地使用网络低俗语言就成为常见情况，严重毁伤网络文明建设，影响社会文明风气，降低社会文明程度。因此，必须治理网络低俗语言，规范网络用语，倡导文明用语。

一 网络低俗语言的基本特点

低俗语言先于网络存在，是语言的一部分。不过网络的出现使得低俗语言不断变形和创造。2015 年，人民网舆情监测室发布了全网首份《网络低俗语言调查报告》①，充分描述了这个现象。该调查指出，网络低俗语言的产生主要有四个途径：

一是现实生活中的脏话经网络变形而受到广泛传播，如“草泥马”“尼玛”等；二是词语因输入法运用而呈现出象形创造，如“我艹”等；三是英文发音的中文化、方言发音的文字化，如“碧池（bitch）”“逼格（bigger）”“无 fuck 说”“坟蛋”等；四是部分网民因自我矮化、讽刺挖苦而创造性地简化或重构中文，如“屌丝”“土肥圆”“绿茶婊”等。

调查还认为，网友们主要在以下三种情境中使用网络低俗语言：

一是以情绪发泄为目的的网络谩骂，即部分网民在不了解事实的情况下在网络空间谩骂，致使流言裹胁公众义愤。官员、城管、专家、医生、警察成为所谓的互联网“黑五类”，在历次公共事件中成为口诛笔伐的对象。二是以恶意中伤为手段的语言暴力。有网民将自己的现实压力和不满情绪转化为恶意中伤，对网络语言空间造成严重毁伤。三是以粗鄙低俗为个性的网民表达。如论坛、微博、微信中被广泛使用的“撕逼”“装逼”等词。

二 网络低俗语言的热度和重要语情事件

早在 2001 年，《人民日报》就在刊发的《网络语言令人忧 流行

① 李晓喻：《报告称中国网络语言低俗化问题突出》，中国新闻网，https://www.chinanews.com.cn/sh/2015/06-02/7316618.shtml，2015 年 6 月 2 日。

用语须规范》一文中就指出，不能对品位不高的词语“照单全收”。[①]不过，规范网络低俗语言的提法虽很早便已存在，但在2015年以前并没有引起广泛关注。随着3G、4G通信技术的民用及普及，网络低俗语言才被逐渐曝光，引发社会激烈讨论。

本书根据2015年发布的《网络低俗语言调查报告》选取了“屌丝”“逼格”“草泥马”等几个当时词频极高的低俗语言进行百度指数趋势调查（如图6-1）。结果显示，“屌丝”的关注度和使用率遥遥领先。该词大致兴起于2012年初，来源于百度贴吧“李毅吧”。2012年11月3日，网络热词“屌丝”甚至还登上《人民日报》十八大特刊。[②]

从图6-1可以看出，“草泥马”首次出现大致在2009年5月，它作为“网络十大神兽之一”被“百度百科”收录，因谐音被恶搞而蹿红。“屌丝”自2012年初出现，关注度陡然攀升，鼎盛时期是2012年至2013年这两年，其被关注的峰值一度达到70000+，而其他时段则基本都在10000以上，从2014年开始呈下降的态势，2017年起逐渐淡化（不代表词语消失，而只是热度不再）。“逼格”源于“装B”，谐音“装逼”，2012年前后开始流行。它火爆于2014年9月网友对苹果公司广告语“Bigger than bigger”事件，其中的“bigger”被谐音翻译为“逼格”。

经过梳理，与网络低俗语言相关的重要语情事件有以下一些：

［1］2001年，《人民日报》刊发《网络语言令人忧　流行用语须规范》一文，明确表示不能对品位低下的词语坐视不理。

［2］2015年6月，经国家互联网信息办公室指导，中国文化网络传播研究会召开主题为“你我善语良言 网络绿水青山”的净化网络语言座谈会。[③]

① 佚名：《网络语言令人忧　流行用语须规范》，《人民日报》2001年2月27日第2版。

② 陈琨：《激发中国前行的最大力量》，《人民日报》2012年11月3日第5版。

③ 李林：《〈网络低俗语言调查报告〉发布》，《中国青年报》2015年6月4日第8版。

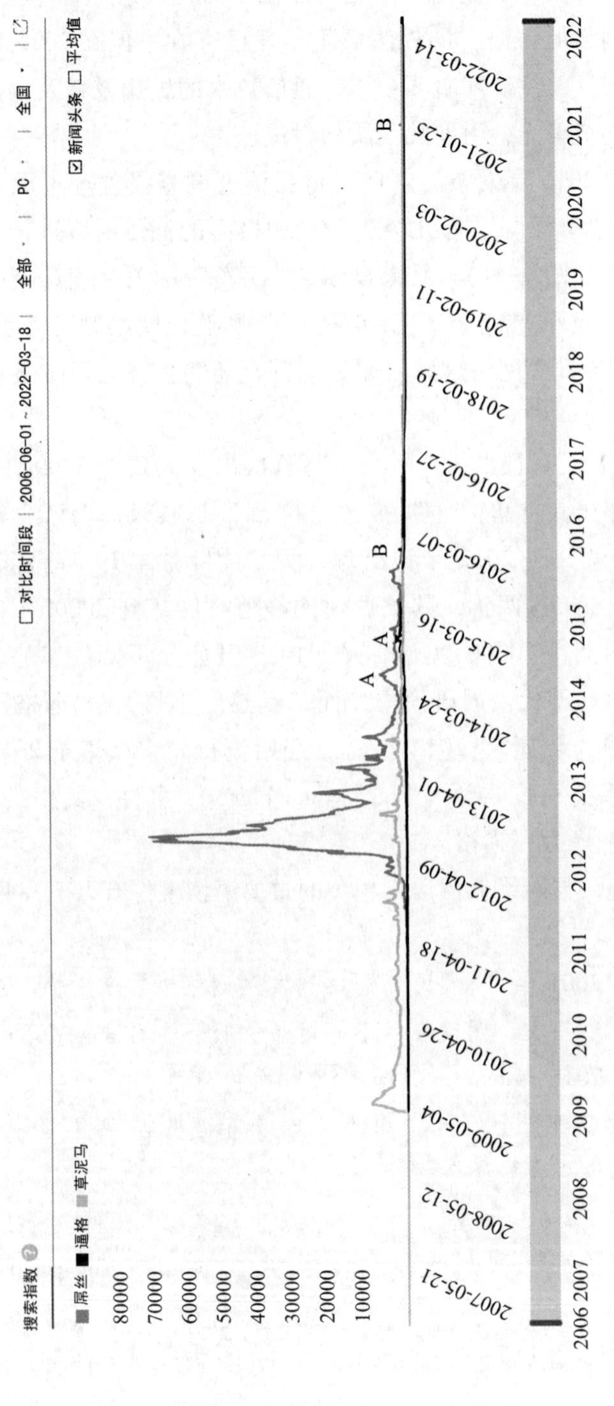

图6-1 “屌丝”等近十年的百度指数变化趋势

[3] 同日，人民网舆情监测室发布了《网络低俗语言调查报告》。《报告》选取的25个网络词语中，12个网络低俗用词的原发微博数量在百万次以上，4个网络低俗用词的原发微博数量在千万次以上。其中，“尼玛”“屌丝”和“逗比”位列2014年网络低俗词语排行榜前3名，媒体在中文报刊标题中使用最多的是“屌丝”“逗比”和“叫兽”。如何净化网络语言，构建网络空间的“绿水青山”，成为热议的话题。① 据《法制晚报》记者调查，83.6%的网友表示自己经常使用黑名单上的网络语言。②

[4] 2015年8月，中宣部、中央文明办、中国记协联合举办了“抵制网络低俗语言、倡导文明用语”专题座谈会。会上，中国记协、首都互联网协会发布了《抵制网络低俗语言、倡导文明用语倡议书》，号召新闻媒体和网站负起主体责任，净化语言传播环境。③

[5] 2015年10月，教育部和国家语委联合发布了《中国语言生活状况报告2015》。发布会上，时任教育部语言文字信息管理司副司长田立新指出，网络低俗语言已到了非治理不可的程度。④

[6] 2016年3月，共青团中央网络影视中心、中国孔子基金会、共青团中央学校部全国学校共青团新媒体运营中心联合启动了“青年之声·净语良言我承诺”网络大行动，动员广大青少年积极响应《青年自觉净化网络语言倡议书》。⑤

---

① 李林：《〈网络低俗语言调查报告〉发布》，《中国青年报》2015年6月4日第8版。

② 余明辉：《调查称超8成网友自认常使用“网络低俗粗鄙语言”》，《法制晚报》2015年6月4日。

③ 张贺：《中宣部等召开专题座谈会：抵制网络低俗语言　倡导文明用语》，《人民日报》2015年8月15日第4版。

④ 程盈琪：《教育部称将整治部分媒体热衷网络用语》，《中国日报》2015年10月15日。

⑤ 杨谧、王斯敏：《国家一级演员孙丽英委员：用净语良言替代网络粗俗用语》，《光明日报》2016年3月13日第6版。

[7] 同月，人民网舆情监测室发布了《2015年网络语象报告》，指出网络低俗语言已向纸媒等传统媒体渗透，传统媒体频繁使用网络用语作为标题。①

[8] 2016年4月至5月，某女主播直播时被低俗“弹幕”骂哭，另一知名UP主Papi酱因在视频中大量使用网络低俗语言被广电管理部门责令下线整改。②

[9] 2016年4月28日、5月5日和12日，《人民日报》刊发“关注网络语言低俗化现象”系列文章：《扫除“语言垃圾”得有铁扫帚》《别让“语言任性”弄脏网络》《“网语倒灌”绑架传统媒体》，抵制网络语言低俗化，治理网络低俗用语时不我待。6月20日，《光明日报》头版刊发《规范使用网络语言》，称“‘牛掰’‘然并卵’‘屌丝’等不雅网络语言频频出现在领导干部的讲话中，更有领导为取悦听众，使用‘草泥马’‘蛋疼’‘我日’等粗鄙化表达。这不仅违背了公序良俗，损害了党和国家的形象，也是对民族语言文化的亵渎”。③

[10] 2016年7月，中国文化网络传播研究会、商务印书馆、北京语言大学、千龙网在国家互联网信息办公室网络社会工作局指导下举办题为“文明网络语言 共建清朗空间”的2016中国网络语言文明论坛，中国网络语言文明建设再获助力。④

[11] 2016年8月11日，《人民日报》以“本非‘纯净水’，应去‘粗鄙化’”为大标题，再次刊发了三篇关于治理网络低俗语言的文章：《网络语言不是“洪水猛兽”》《警惕网络语言“粗

① 朱四倍：《抑制“网语倒灌”更需社会价值引导》，《光明日报》2016年5月16日第2版。

② 史竞男：《国家新闻出版广电总局整治低俗网络节目 “papi酱”系列视频被勒令整改》，新华社，http://www.gov.cn/xinwen/2016-04/18/content_5065482.htm，2016年4月18日。

③ 郑晋鸣：《规范使用网络语言》，《光明日报》2016年6月20日第1版。

④ 杨雪梅：《中国网络语言文明论坛举办》，《人民日报》2016年8月1日第8版。

鄙化”》《源于生活的“矿泉水”》。

[12] 2016年9月，全国人大常委会副委员长兼秘书长王晨出席纪念《国家通用语言文字法》实施15周年暨国务院颁布《关于推广普通话的指示》和《汉字简化方案》60周年会议时指出，各级语言文字工作部门要积极回应网络低俗语言滥用的问题，营造文明规范使用语言文字的社会环境。①

[13] 同月，中国记协新闻道德委员会召开了网络文明用语专题评议会，相关委员、专家学者等对网络不文明用语进行评议，最终票选出了17个建议禁用的网络不文明用语。②

[14] 2016年10月，教育部和国家语委联合发布《中国语言生活状况报告2016》，将《网络低俗词语问题》作为专章列入“热点篇”进行报告。

[15] 2017年1月，内蒙古新闻出版广播影视局召开会议，监测、监督和检查重点报刊使用网络低俗语言的情况。③

[16] 2019年两会期间，全国政协委员、河北省教育厅总督学韩爱丽建议修改国家通用语言文字法，对低俗网络词语应加强监管。④ 2020年两会期间，全国人大代表、华东政法大学副校长陈晶莹提交了修改国家通用语言文字法的议案，抵制不规范、低俗的网络语言，维护汉语的纯洁性。⑤

[17] 2021年11月30日，国务院办公厅发布《关于全面加强新时代语言文字工作的意见》，提出要加强语言文明教育，强化对互联网等各类新媒体语言文字使用的规范和管理，

---

① 王晨：《在纪念〈国家通用语言文字法〉实施15周年暨国务院〈关于推广普通话的指示〉发布60周年座谈会上的讲话》，人民网，http://politics.people.com.cn/n1/2016/0914/c1001-28714585.html，2016年9月14日。

② 吴姗：《“网俗”有了负面清单》，《人民日报》2016年11月17日第14版。

③ 李爱平：《内蒙古：持续打击假媒体、假记者》，中国新闻网，https://www.chinanews.com.cn/gn/2017/01-22/8132314.shtml，2017年1月22日。

④ 蒲晓磊：《韩爱丽委员：对低俗网络词语应加强监管》，《法制日报》2019年3月13日第4版。

⑤ 朱宁宁：《陈晶莹代表建言修改国家通用语言文字法》，《法制日报》2020年6月2日第5版。

坚决遏阻庸俗暴戾网络语言传播，建设健康文明的网络语言环境。

三 社会关注的主要议题和各方态度

如上文所述，各层政府机构（如中宣部、中央文明办、国务院办公厅、教育部、国家语委、国家网信办等重要部门）及领导、全国人大代表和政协委员、行业协会和知名专家，以正式文件、座谈会、讲话、倡议、报刊文章等各种形式向全社会表达了治理网络低俗语言的滥用问题的决心。《人民日报》《光明日报》等国家级媒体也积极行动，多次组织专栏，讨论相关治理对策。

政府部门、专家学者、媒体人士以及大部分网民都认为网络低俗语言有害于网络生态文明建设，应该共同抵制。不少主体主动呼吁同行业人士共同治理网络低俗语言，比如中国记协和首都互联网协会倡议新闻媒体和网站抵制网络低俗语言；共青团中央网络影视中心、共青团中央学校部全国学校共青团新媒体运营中心、中国孔子基金会号召青年学生远离网络低俗语言。根据《法制晚报》记者的调查，"超半数网友对抵制不文明用语行动表示支持"。[①] 只有极个别网友认为"网骂"有情绪疏导的作用，如知乎网友"小昭"认为："网络语言传播快、消亡快、生命周期短的特质，自带'自净机制'，会自行消散。"[②]

由此可见，抵制网络低俗用语、规范和治理网络低俗用语的使用是各行各业的共识。因而社会舆论呈现一边倒的情况，都希望网络低俗语言蔓延态势能及时有效地被遏制。综合来说，可从政府管理、媒体履职、公众素养提升和社会综合治理这四个方面，对如何有序地规范网络低俗语言进行总结。

从政府管理角度来看，需要立法先行，列出清单，加强监测。

① 余明辉：《调查称超 8 成网友自认常使用"网络低俗粗鄙语言"》，《法制晚报》2015 年 6 月 4 日。

② 于洋、张音、吴姗、李瑞宁、张欣：《别让"语言任性"弄脏网络》，《人民日报》2016 年 5 月 5 日第 14 版。

《弹幕粗鄙言词曝网络文化低俗之风》一文报道了中国政法大学传播法研究中心副主任朱巍在强调“互联网要法治化，加强文化立法”的态度。① 北京师范大学新闻传播学院教授徐敬宏在《网络低俗用语和语言暴力必须治理》一文也提出了类似建议。② 北京大学张颐武教授和商务印书馆余桂林编辑分别提出要在健全法律法规的同时加强监管，并建议有关部门开出网络低俗语言清单。教育部语用司副司长彭兴颀也指出要从加强顶层设计、完善法律法规、开展监测研究等方面进行引导。③

《人民日报》2015 年 10 月 22 日《低俗语言非治不可》一文则建议“国家语委每年审订公布一次准入中文语库的网络词汇。”④ 具体而言，一是政府部门应高度重视网络低俗语言问题，加强顶层设计，做好问题结构性解决方案。二是相关部门顺势而变，不断修改完善国家通用语言文字法，做到有法可依。三是各语言文字相关部门实时公布网络不文明用语清单，将网络低俗语言拉入“黑名单”，让媒体平台做到有律可循。四是各部门要时常查检，加强网络语言环境监测，做好监测研究，执法必严，依法查处相关违规情况。

从媒体履职的角度来看，要身先示范，拒绝低俗，倡导文明。在 2015 年 8 月 15 日“抵制网络低俗语言、倡导文明用语”专题座谈会上，国家新闻出版广电总局宣传司副司长戈晨和商务印书馆汉语编辑中心主任余桂林指出，主流媒体要以严谨的态度使用语言文字，要抵制网络低俗语言，并倡导文明用语；与此同时，新华社新媒体中心总经理李俊、人民网总编辑余清楚和京华时报社新媒体中心副主任郑辉等媒体从业人员表示，主流媒体要做新媒体时代网络文明的倡导者和

---

① 韩丹东、廉颖婷：《弹幕粗鄙言词曝网络文化低俗之风　专家：或涉侵权》，《法制日报》2016 年 4 月 7 日第 5 版。

② 徐敬宏：《网络低俗用语和语言暴力必须治理》，《人民日报》2016 年 8 月 16 日第 20 版。

③ 张薇、郭佳、李政葳：《规范网络用语是媒体义不容辞的责任——“抵制网络低俗语言、倡导文明用语”专题座谈会发言摘登》，《光明日报》2015 年 8 月 15 日第 6 版。

④ 李景瑞：《低俗语言非治不可》，《人民日报》2015 年 10 月 22 日第 24 版。

践行者。[①] 全国政协委员孙丽英则从意见领袖角度建议社会名人、网络大V、传媒精英等行动起来，带头使用净语良言，承担社会责任。[②] 人民网舆情监测室主任陈晓冉提出文化出版界也需要甄别网络语言，拒绝低俗网络语言进入辞书和其他出版物。[③] 对于媒体来说，要设置相关敏感网络低俗语言词条，从技术上甄别低俗语言、从发布关卡住低俗语言，同时加强媒体之间、媒体与有关部门之间的沟通联系，携手举办拒绝使用低俗语言的相关宣传活动。

从公众素养提升的角度来看，要教育学生，提升修养，抵御“顽疾”。教育部语言文字应用研究所副所长吕同舟和国家网信办副主任彭波都呼吁，要提高网友们的文化水平，积极引导他们。[④] 《人民日报》2016年1月21日的文章《网络不是语言粗鄙之风的温床》指出，每个人要有保护语言意识，从源头上遏制网络粗鄙语言的蔓延。[⑤] 还有很多专家学者都认为网络低俗语言影响青少年健康成长，建议教师引导学生理性知识网络语言和使用网络语言。如，北京第二外国语学院宋晖教授认为要想根治网络语言低俗化这一“顽疾”，“最根本的是提高公民的语言素养”。[⑥] 总体而言，提升公民素养，要教育引导好青少年，学校和家庭教育相结合，建议教师和家长要培养青少年文明良好的用语习惯，帮助学生理性地看待网络语言、正确地使用网络语言；同时在这个网络交互平台爆发的全媒体时代，更重要的是要提高全民的语言认识和用语素养，才能从根本上遏制网络低俗语言大范围蔓延。

从社会综合治理的角度来看，需要各方联动、分层治理、把握重

---

① 张颐武等：《“抵制网络低俗语言、倡导文明用语”座谈会发言摘要》，《中国青年报》2015年8月15日第2版。

② 杨谧、王斯敏：《国家一级演员孙丽英委员：用净语良言替代网络粗俗用语》，《光明日报》2016年3月13日第6版。

③ 陈晓冉：《警惕网络语言“粗鄙化”》，《人民日报》2016年8月11日第24版。

④ 赵振江：《网信办传播局局长：网络低俗语言是语言“雾霾”》，《东方早报》2015年6月3日第26版；李林：《网络低俗语言调查报告》，《中国青年报》2015年6月4日第8版。

⑤ 鲁平：《网络不是语言粗鄙之风的温床》，《人民日报》2016年1月21日第17版。

⑥ 宋晖：《根治语言低俗化“顽疾”修复网络生态　清新网络空间》，《人民日报》2016年3月17日第7版。

点。《人民日报》2018 年 6 月 6 日发表的《净化网络语言》、2016 年 3 月 17 日发表的《根治语言低俗化“顽疾” 修复网络生态 清新网络空间》两篇文章，从多个方面对网络综合治理提出了建议。[①]《人民日报》2015 年 10 月 22 日《治理网络恶语不可头痛医头》一文指出不应该孤立地来看网络语言粗鄙化的现象，其中折射了浮躁心态、戾气累积等社会问题。[②] 广东外语外贸大学汪磊教授长期关注网络语言生活，他在《网络语言“情”与“理”之思》一文中提出了分层治理、把握重点、上下联动等综合治理的方案。[③] 同样提出要综合治理网络低俗语言的还有南通大学文学院张颖炜《不能听任网络詈词“绞杀”汉语之美》一文。[④] 社会是一个联动的整体，纷繁复杂。有鉴于此，我们要分层看待不同层次、不同功能媒体的语言问题，重点关注和规范官方媒体、门户网站及公众号等面向公众的大众传播平台。同时不能将网络空间完全孤立起来看待，要齐抓共管网络语言生活与现实语言生活，在全社会倡导文明用语。

第二节　“祖安文化”入侵校园

近年来，一种所谓“祖安文化”的亚文化在很多游戏社区、社交媒体和视频剪辑网站走红，其突出的网络脏话和语言暴力特征对青少年产生了潜移默化的影响，有日趋泛滥的趋势，引发了各方的高度关注。

一　“祖安文化”的基本特点

（一）“祖安文化”的产生

“祖安文化”最初源于网游《英雄联盟》一个名为“祖安”

① 成丕德：《净化网络语言》，《人民日报》2018 年 6 月 6 日第 7 版。

② 刘阳：《治理网络恶语不可头痛医头》，《人民日报》2015 年 10 月 22 日第 17 版。

③ 汪磊：《网络语言“情”与“理”之思》，《光明日报》2017 年 1 月 15 日第 12 版。

④ 张颖炜：《不能听任网络詈词“绞杀”汉语之美》，《光明日报》2015 年 9 月 15 日第 2 版。

服务器的聊天区，是玩家为了规避语言过滤机制又能宣泄情绪而采用的犀利、独特的骂战文化。它主要是以对方母亲为圆心、直系亲戚为半径、生殖器为主武器、意淫为主技能，配以伦理、两性、家畜、宠物、殡葬行业等领域的特有动词及名词来编造的詈语。① 如：

[1] 你再这样你吗（妈）的追悼会我就不去了。

[2] 赢则双亲健在，输则族谱升天。

[3] 最美的不是下雨天，是你表（婊）字（子）吗（妈）。

2019 年下半年，经多位颇有影响的网游主播推波助澜，原本盛行于电竞圈的“祖安文化”开始出圈蔓延。这种标榜“有创意，不单调；够下流，够恶毒”的“嘴臭文化”瞬时获得电竞圈外年轻网友的追捧，在 B 站掀起了“祖安再创作”的风潮，迅即席卷全网。典型行为就是取材大众熟知的视频片段后进行阴阳怪气的恶搞。它也从早期简单粗暴而隐晦的骂战，演变为对各种歇后语、成语、对联的改编，辅以各种段子形式加速传播。② 随着这种所谓的“文化”出圈扩张，追求骂人要有创意、脏话要足够恶毒的“祖安文化”日渐侵蚀部分校园，青少年语言粗鄙现象愈演愈烈。

（二）“祖安文化”成为社会关注焦点

1. 大数据显示“祖安文化”成为热点

从微信指数看（如图 6－2），“祖安”及“祖安文化”受到了社会大众的广泛关注。“祖安”的微信指数在 2020 年 7 月 16 日达到 250 万＋。

---

① 见 https：//www. zhihu. com/question/348609757，原文内容已删除。

② 陈善炜、马文龙：《祖安人，你是否无话可说》，微信公众号“清华大学清新时报”，https：//mp. weixin. qq. com/s/8Bd9O0rhk2MUmCTXfriAug，2020 年 5 月 8 日。

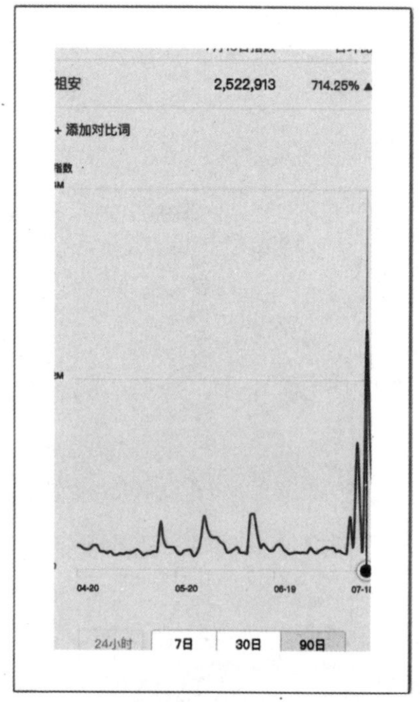

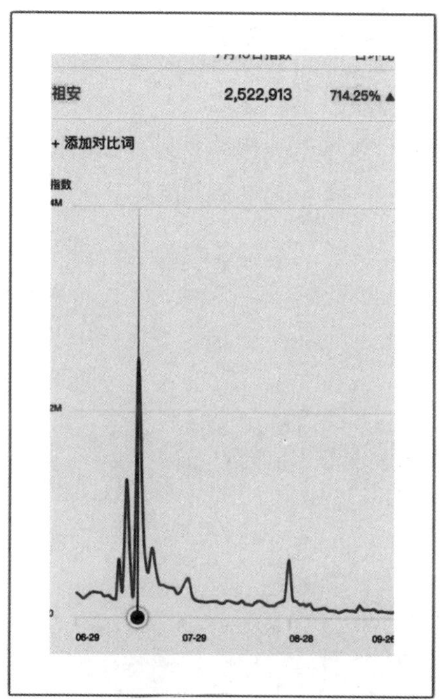

图 6－2　2020 年 4 月 20 日至 9 月 26 日“祖安”微信指数

从百度指数来看（如图 6－3），2020 年 1 月 1 日至 2020 年 9 月 26 日，以“祖安”为关键词的内容搜索指数峰值主要集中在上半年，最高指数为 20533；以“祖安文化”为关键词的内容搜索指数峰值主要集中在 7 月以后，最高指数为 6914。

2. 各类媒体高度关注“祖安文化”

2020 年 3 月 10 日，微博话题“一人一句祖安语录”以抢眼的 703. 8 万阅读量登上微博热搜榜，语录中口无遮拦式的“问候语”令人震惊，引发网民议论。

2020 年 7 月，“祖安文化”再一次出现在公众眼前。7 月 11 日，半月谈网刊登快评文章《“祖安文化”出圈入侵校园，该制止了!》。此后一周之内，光明网、《半月谈》、人民日报客户端、人民日报评论公众号、《中国青年报》《新京报》《南方日报》《广州日报》等重量

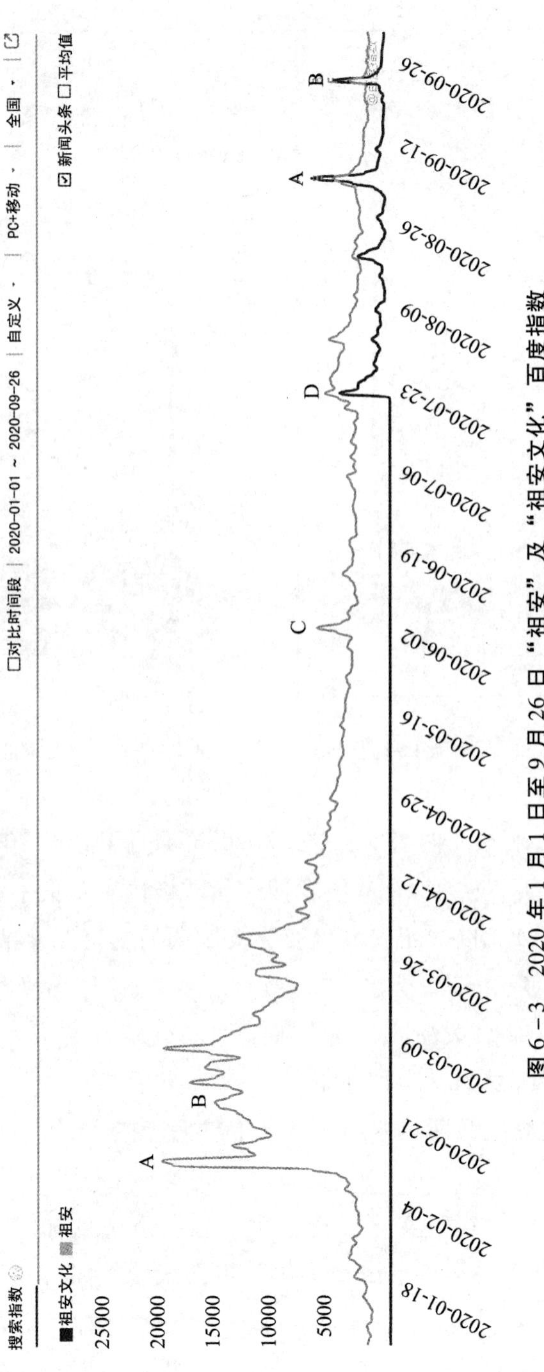

图 6－3 2020 年 1 月 1 日至 9 月 26 日"祖安"及"祖安文化"百度指数

级媒体平台纷纷发表原创性文章，一致声讨这个在网络和青少年群体内非常流行的“文化”。人民网、新华网、新浪网、腾讯网等主流网站，共青团中央以及不少地方共青团微信公众号和微博（如广东、广西、河南、河北、福建等），也进行了大量转发。部分媒体的传播情况如表6－1所示：

表6－1 部分媒体平台热点文章的传播情况

时间	媒体	文章题名	传播情况
2020年7月11日	新华社—半月谈微信公众号	《“祖安文化”出圈入侵校园，该制止了！》	阅读10万+
2020年7月14日	新华网—半月谈微信公众号	《粗鄙暴戾失底线，脏话成了亚文化，“祖安文化”正侵蚀校园》	阅读10万+
2020年7月15日	新京报微信公众号	《警惕出口成脏的“祖安文化”污染校园》	阅读2.7万
2020年7月16日	共青团中央微信公众号	《该管！满口脏话却引以为傲，“祖安”现象正侵蚀着校园》	阅读10万+
2020年7月16日	河南共青团微信公众号	《“祖安文化”，真的该管管了！》（转发半月谈微信公众号）	阅读10万+
2020年7月16日	广东共青团微信公众号	《“祖安文化”，真的该管管了！》（转发半月谈微信公众号）	阅读10万+
2020年7月17日	人民日报评论微信公众号	《“祖安人”出没，能为“亚文化”带盐吗？》	阅读8.0万
2020年7月17日	学校共青团微信公众号	《“祖安现象”，真的该管管了！》（转发半月谈微信公众号）	阅读10万+
2020年7月18日	江西共青团	《“祖安文化”，真的该管管了！》（转发半月谈微信公众号）	阅读10万+

在微博、微信公众号、知乎等新媒体平台和社区中，相关主题下网友的讨论也异常热烈。其中获得社会热烈反响的，如（均截至2020年9月27日）：

[1] @光明日报微博账号7月14日发表的微博“#光明时评#‘祖安’是病不是文化，得治!”共获得4423次点赞、1024次转发、353条评论。

[2] @半月谈微博账号7月14日发表的微博“#半月谈调查#粗鄙暴戾失底线，脏话成了亚文化？警惕变味的亚文化污染青少年价值判断”共获得19612次点赞、2692次转发、1331条评论。

[3] @中国青年报微博账号7月17日发表的微博“不是所有的亚文化都值得尊重与包容”共获得1809次点赞、638次转发、233条评论。

[4] @人民日报微博账号8月26日发表的微博“#六部门发文治理未成年人网络环境#”共获得12万+次点赞、8175次转发、6565条评论。

[5] @半月谈微博账号8月26日发表的微博“六部门点名‘饭圈’‘黑界’‘祖安文化’发文治理未成年人网络环境”共获得8444次点赞、1186次转发、979条评论。

[6] @人民网微博账号9月16日发表的微博“网信、教育部门#清理祖安文化等不良信息97.5万余条#”共获得19799次点赞、1179次转发、1105条评论。

二　社会各界对“祖安文化”的态度

据观测，报刊评论文章和网友观点基本上呈现一边倒趋势，即强烈抨击“祖安文化”对青少年所产生的巨大消极影响，呼吁及时治理网络生态，净化网络环境。同时，也有极少数自媒体文章和网友评论意见认为“祖安文化”具有积极的一面性。

（一）谴责“祖安文化”，呼吁整治

自各大媒体发文抨击“祖安文化”起，社会大众对于“祖安文化”的看法渐渐呈现出一边倒的趋势，大部分的网友对“祖安文化”持批评态度，表示“祖安文化”应受到监管与抵制。主要观点包括：

1. “祖安文化”对青少年成长产生了负面影响

《新京报》的《警惕出口成脏的“祖安文化”污染校园》：

> 毫无疑问，这是一种语言暴力。但许多孩子都没有感受到其中的暴力、污秽、冒犯，而是一种发泄的畅快、一种负面语词带来的狂欢。①

《南方日报》的《“祖安文化”不能只当玩笑看》：

> 长此以往，未成年人的价值判断可能会受到扭曲，现实和网络上的语言暴力也会被注入“新鲜血液”，愈演愈烈。阻止“祖安文化”进校园，有赖于家长和老师正确引导，要让未成年人明白，这些话不值得效仿。另一方面，也需要更多人放弃“在网络发泄情绪没什么大不了”的无所谓态度，认真审视“祖安文化”这一亚文化现象。”②

中国青年网在《不是所有的亚文化都值得尊重与包容》中明确表示：“‘祖安文化’耳濡目染，青少年应有的纯真同学关系、伙伴关系也趋于异化。……受语言习惯的反作用，一些‘祖安少年’的思维也趋向于极端、狭隘，一人的谩骂引发‘病毒式’的复制传播，理性的批评商榷也被遮盖。”

新华网的《粗鄙暴戾失底线，脏话成了亚文化，“祖安文化”正侵蚀校园》：

> “祖安文化”对尚处在三观形成期的青少年造成恶性诱导和不良影响。……这不利于在青少年群体中形成健康礼貌的用语习惯，甚至污染青少年对何谓文明、何谓文化的价值判断。③

---

① 张丰：《警惕“出口成脏”的“祖安文化”污染校园》，《新京报》2020年7月16日第A3版。

② 笃鲜：《“祖安文化”不能只当玩笑看》，《南方日报》2020年7月15日第4版。

③ 蒋芳、贝赫：《粗鄙暴戾失底线，脏话成了亚文化，“祖安文化”正侵蚀校园》，《半月谈》2020年第13期。

《半月谈》的《“祖安文化”出圈入侵校园，该制止了!》：

要警惕“祖安文化”恶性诱导青少年的思想和行为，防止形成畸形的价值观。①

网友们评论的典型意见如：

@小九：希望我们的言语有底线，文化推动者有底线，我作为一个母亲，真的很担心青少年的教育，不想自己的孩子接触这种文化……（点赞量：1033，来源：半月谈微信公众号文章《“祖安文化”出圈入侵校园，该制止了!》留言区）

@锦鲤本鲤：乱刷梗太真实了，年轻人该树立正确的价值观，不应该以“祖安”文化为傲。（点赞量：1.4万，来源：广东共青团微信公众号文章《“祖安文化”，真的该管管了!》留言区）

@HkjkL：祖安文化作为某些人无素质，无底线在游戏中、现实中骂人的挡箭牌。对于辨识能力较弱的未成年来说，不断吸取这种亚文化的糟粕，则会使他们的三观遭到影响。所以一定要加强对青少年的正确文化引导啊。（点赞量：999，来源：来源：广东共青团微信公众号文章《“祖安文化”，真的该管管了!》留言区）

@Sana：早该管了，这个真的影响青少年健康。（点赞量：2345，来源：广东共青团微信公众号文章《“祖安文化”，真的该管管了!》留言区）

@赌吉若有急事电联：很多少年不以为耻，反以为荣。悲哀。（点赞量：1802，来源：新华网微信公众号文章《“祖安文

① 蒋芳、贝赫：《“祖安文化”出圈入侵校园，该制止了!》，半月谈网，http://www.banyuetan.org/jrt/detail/20200711/1000200033134991594449608600672700_1.html，2020年7月11日。

化”，真的该管管了!》留言区）

@青风语：青少年的自我辨识意识差，需要正确的引导。这方面希望每个家庭都予以重视，我们作为前辈也要做好榜样，尽自己所能改变网络环境，从自己做起消除戾气，杜绝阴阳怪气与负能量。（点赞量992，来源：学校共青团微信公众号文章《“祖安现象”，真的该管管了!》评论区）

2. “祖安文化”对语言规范产生了负面影响

《半月谈》第13期刊登的《粗鄙暴戾失底线，脏话成了亚文化，“祖安文化”正侵蚀校园》指出：“追求圈层文化的‘志同道合’不等于可以‘信口开河’。类似‘祖安语录’这样的粗鄙发言不该因为时髦、出圈而被迎合，不应默许其变得合理化、日常化、低龄化。对于庸俗暴戾的网络流行语，需要做好引导规范。”

“人民日报评论”公众号明确表示：“祖安文化破坏了语言表达和交流规则，还造成了舆论场域的撕裂和冲突，更以污言秽语荼毒了成长中的青少年。”①

中国青年网在《不是所有的亚文化都值得尊重与包容》中明确表示：“‘祖安文化’还破坏了语言表达应有的纯净与典雅。”②

光明网在文章《“祖安文化”感染校园，不能坐视不管》中指出：“如果说，所谓的‘祖安文化’，是在一个成人小圈子流行时，或许不必过分在意，但是当它蔓延到校园，侵蚀孩子们的语言表达时，就要引起注意了。……这种恶毒而低俗的话语体系，对传统语言文化形成了冲击。”③

《新京报》也认为：“毫无疑问，这是一种语言暴力。单独看一个

① 盛玉雷：《“祖安人”出没，能为“亚文化”带盐吗》，微信公众号“人民日报评论”，https：//mp. weixin. qq. com/s/UZ7mRQHjxM-dsya9bKt7Kg，2020年7月17日。

② 王钟的：《不是所有的亚文化都值得尊重与包容》，《中国青年报》2020年7月15日第2版。

③ 与归：《“祖安文化”感染校园，不能坐视不管》，光明网—时评频道，http：//guancha. gmw. cn/2020-07/13/content_33989564. htm，2020年7月13日。

案例，可能构不成‘违法’，也到不了警方出动的地步，但是大量个案就汇集成一种粗鄙成风的语言氛围。”①

红网评论文章《“祖安文化”流行，教育该如何反思》认为，“不可否认，从具体表现来看，‘祖安文化’其实就是脏话文化，是一种反礼仪性的社会语言现象。”②

网友们评论的典型意见如：

> @逆浪千秋：需要通过教育，树立正确的语言规范，构建互联网文明，而不是顺应这种低俗语言在生活中流行乃至泛滥。（点赞量：616，来源：广东共青团微信公众号文章《“祖安文化”，真的该管管了!》留言区）
>
> @张桂兰：要通过教育，树立正确的语言规范，构建互联网文明。（点赞量：225，来源：新华网微信公众号文章《“祖安文化”，真的该管管了!》留言区）
>
> @周和泰：净化网络环境，净化语言环境。（点赞量：169，来源：半月谈微信公众号文章《粗鄙暴戾失底线，脏话成了亚文化，“祖安文化”正侵蚀校园》留言区）

3. “祖安文化”对网络生态产生了负面影响

《半月谈》的文章《“祖安文化”出圈入侵校园，该制止了!》认为，“治理网络生态，打造清朗的网络空间，决不能让‘祖安文化’大行其道!”③

《广州日报》发表快评文章《“祖安文化”不应成庸俗遮羞布》认为，“‘祖安文化’拉低了网民的素质水平，严重地污染了

---

① 张丰：《警惕“出口成脏”的“祖安文化”污染校园》，《新京报》2020年7月16日第A3版。

② 朱小峰：《“祖安文化”流行，教育该如何反思》，红网，https://hlj.rednet.cn/content/2020/07/19/7682082.html，2020年7月19日。

③ 蒋芳、贝赫：《“祖安文化”出圈入侵校园，该制止了!》，半月谈网，http://www.banyuetan.org/jrt/detail/20200711/1000200033134991594449608600672700_1.html，2020年7月11日。

网络环境。”①

网易新闻网的《“祖安文化”流行，教育该如何反思》指出，“现在唯一能做的，就是尽量把脏话的使用压缩到私人对话领域，在社会公共生活领域，尤其是在网络公共空间以及校园环境中，要坚决杜绝‘祖安文化’的存在，避免产生负面传播效应。”②

《南方日报》刊发的《“祖安文化”不能只当玩笑看》认为，“但当这种文化流传开来，在网络上不断传播戾气，无疑会让更多人感到不适，甚至酿成网络暴力事件。”③

网友们评论的典型意见，如：

> @一韦杭之：所谓的“祖安文化”极大的拉低了互联网素质，支持净化网络环境，将互联网文化向积极方向引领！（点赞量：438，来源：新华网微信公众号文章《“祖安文化”，真的该管管了!》留言区）
>
> @Kai：虽然作为电竞爱好者，但真的不希望“祖安”文化盛行，净化网络环境势在必行！（点赞量：266，来源：新华网微信公众号文章《“祖安文化”，真的该管管了!》留言区）
>
> @叶：营造良好上网氛围！正确引导青少年成长！（点赞量：1136，来源：广东共青团微信公众号文章《“祖安文化”，真的该管管了!》留言区）
>
> @冰糖葡萄汁：网络上的氛围真的挺重要的，每个圈子都应该有一个底线的。跟风刷梗、游戏里骂人，这些现象都是每一天都存在的，还是凡事都要把握一个度。（点赞量：322，来源：广东共青团微信公众号文章《“祖安文化”，真的该管管了!》留言区）

---

① 李海蒙：《“祖安文化”不应成庸俗遮羞布》，《广州日报》2020年7月14日第4版。

② 朱小峰：《“祖安文化”流行，教育该如何反思》，红网，https：//hlj. rednet. cn/content/2020/07/19/7682082. html，2020年7月19日。

③ 笃鲜：《“祖安文化”不能只当玩笑看》，《南方日报》2020年7月15日第4版。

4. “祖安文化”对和谐文化建设产生了负面影响

光明网《“祖安”是病不是文化，得治!》一文中提到，

> 任何时候，脏话都不可能成为优美的一部分，骂人都不可能成为文明的一部分。污言秽语就是污言秽语，当孩子们习以为常的时候，我们可不能再随波逐流。①

新华社—半月谈《“祖安文化”出圈入侵校园，该制止了!》认为：

> 粗鄙下流的语言，无疑是侵害社会和谐的病毒，纵使它披上互联网文化的外衣，也不应被默许存在，更不应变得合理化、日常化、低龄化。②

《粗鄙暴戾失底线，脏话成了亚文化，“祖安文化”正侵蚀校园》一文提到：

> 教育界人士认为，类似“祖安语录”这样的粗鄙发言不该因为时髦、出圈而被迎合，不应默许其变得合理化、日常化、低龄化。对于庸俗暴戾的网络流行语，需要做好引导规范。③

中国青年网在《不是所有的亚文化都值得尊重与包容》中明确表示：

---

① 与归：《“祖安文化”感染校园，不能坐视不管》，光明网—时评频道，http://guancha.gmw.cn/2020-07/13/content_33989564.htm，2020年7月13日。

② 蒋芳、贝赫：《“祖安文化”出圈入侵校园，该制止了!》，半月谈网，http://www.banyuetan.org/jrt/detail/20200711/1000200033134991594449608600672700_1.html，2020年7月11日。

③ 蒋芳、贝赫：《粗鄙暴戾失底线，脏话成了亚文化，“祖安文化”正侵蚀校园》，《半月谈》2020年第13期。

“祖安文化”违背社会公序良俗和道德，甚至侵犯人身权利……①

红星新闻《“祖安文化”辱没了“文化”二字》：

“祖安充斥”，必然导致公共讨论无价值、无意义，以骂战代替讨论，消解公共舆论的意义，从而造成社会认知水准下降，社会文化的总体滑坡。

（二）并非完全消极，具有两面性

通过大量亚文化群体的再创作，如今“祖安文化”从早期简单粗暴的骂人方式，转变为各种歇后语、成语、对子乃至抽象话的魔改版，并以各种朗朗上口的段子等形式加速传播。不少青少年网友认为观看相关“祖安文化”的视频、笑料等能够释放生活压力，结合“祖安文化”的反击战令人解恨，同时新潮的语言形式凸显个性，因此有少数新媒体文章和网友表示“祖安文化”也有积极的一面，主要观点包括：

第一，认为其可宣泄情绪，如：

“祖安文化”的外在表现其实就是一种简单粗暴的骂街，用以宣泄情绪，释放压力。即在进行自我表演的过程中伴随着快乐原则和情绪宣泄原则，以及以青年为主体的一种“唯恐在社会变局中落伍”的心态。（来源：“考新闻”微信公众号文章《祖安文化成了亚文化？官媒能管住祖安男孩和女孩吗？》②）

@点辶：其实也就是发泄一下平日里积攒的不如意和怨忿罢了，人生不过贪嗔痴罢了，如果不是生活所迫，何人愿意活在祖

① 王钟的：《不是所有的亚文化都值得尊重与包容》，《中国青年报》2020年7月15日第2版。

② 一酱：《祖安文化成了亚文化？官媒能管住祖安男孩和女孩吗？》，微信公众号“考新闻”，https：//mp. weixin. qq. com/s/3h-fSy5hUkWklieVtsQ1Sw，2020年7月18日。

安呢，毕竟有妈的孩子像块宝。（点赞量：576，来源：差评微信公众号文章《以嘴臭闻名的祖安文化，火了第二次。》评论区）

第二，认为其是部分年轻人存在感的寄托，如：

“祖安文化”是部分年轻人存在感的寄托……真正的祖安不只有骂人，更是（电竞）年轻人迷茫和不安分背后想要的直接和真诚。……“祖安文化”对青少年的成长是两面性的。这种文化的产生与电竞的发展相互依存，电竞很难完全脱离祖安文化，却可以发挥出主观能动性，在管制中发挥出文化带给电竞人积极的一面。（来源：界面新闻网文章《“祖安文化”有积极的一面吗?》①）

第三，认为其只是娱乐的工具，如：

@HkjkL：祖安文化本来就是一个梗、一个玩笑罢了，而现在却作为某些人无素质、无底线在游戏中、现实中骂人的挡箭牌。对于有一定的文化辨识能力的人来说，这种亚文化对他们来说只不过是茶余饭后的笑话，看看，笑一笑就过去了。（点赞量99，来源：“广东共青团”微信公众号文章《“祖安文化”，真的该管管了!》留言区）

三　治理“祖安文化”的思考和建议

“祖安文化”在网络和青少年群体中大肆流行是多方原因综合导致的，主要与法治建设、商业监管、学校教育和家庭教育等方面存在一定的问题有关。以下略作分析，并提出对策建议。

首先，网络空间语言治理缺位，相关法规亟待完善。“祖安文化”是典型的网络空间语言失范现象。不仅侵害了语言健康，污染了网络

① https：//www. jiemian. com/article/4722420. html，原文内容已丢失。

空间，还蔓延至现实社会，甚至可能颠覆人们的基本道德和价值观，对青少年的影响很大。然而，目前针对网络空间语言生活乱象的监管不够，建议尽快推动网络空间的语言生活治理，做到有法可依、有章可循。

其次，商业运作推波助澜，网络文化建设要掌握主动权。“祖安文化”大肆流行和传播是一些商家失德失范、推波助澜的结果。它泛滥的背后，还有一个更深层次的问题，即面对伴随互联网成长起来的“00后”们，如何利用优秀的网络文化去构建他们健康的精神世界。建议国家牢牢掌握网络文化发展的主动权：一是“堵”，加强网络文化的监管和规范，督促文化产品制作者主动遵守3月1日起正式实施的《网络信息内容生态治理规定》。二是“导”，主动出击，引领优秀网络文化的开发与建设。相关部门可以出台政策鼓励企业积极探索和建设适应新时代青少年学习和效仿的优秀文化产品和内容，并充分利用互联网的特点进行推广和传播，实现经济价值和社会价值的双赢。

再次，思想教育和心理引导不到位，学校相关工作亟待加强。据《半月谈》报道，使用“祖安语录”的学生满口脏话却不以为然，认为自己只是在开玩笑，他们甚至还引以为傲，觉得骂脏话可以带来认同感。这都反映出学校教育存在薄弱点。建议对青少年群体进行语言行为文明教育，如，学校可以专门设置相关课程，传授语言文明知识，训练语言文明规范；教育部门可考虑组织编写这方面的指导性教材，引导学生增强语言文明意识。同时，还可加强青少年的心理引导工作，丰富课外生活，尽最大可能满足青少年猎奇心强、求异心重的心理需求。

最后，家庭教育和课外监护有缺失，各方齐抓共管是关键。在“减负”的大背景下，学校和家长对少年儿童课余生活的关心指导又极为有限。建议公益性和商业性力量齐头并进，辅助家庭和学校进行青少年的监护和教育。如，可考虑由社区牵头，充分利用本区域的人力资源，招聘合格的志愿者，并联系辖区内的机关单位进行指导，集中辅导中小学生的课外活动。

第三节 网络“标题党”现象

“标题”被称为“文眼”，它往往以简洁的语句概括文意，标明文章的主旨。尤其是对于讲究时效性、简明性的新闻报道来说，标题的拟写对于新闻的传播和阅读起着重要的作用。而随着门户网站、自媒体的兴起，出现了使用煽情、大搞噱头等极端手法来吸引公众注意、赚取超高阅读量的“标题党”现象。

一 网络“标题党”的基本特点

作为透视新闻的窗口，新闻标题的撰写往往受到极大的重视。对于标题拟写技巧的探讨和创新从未间断，好的标题需要兼具明确、简略和新颖等特点。但是在信息时代，为了抢夺更大的话语空间，争取高阅读量带来的丰厚经济利益，很多媒体只抓住标题创作新颖夺目的特质，产出的标题大都浮夸吸睛、虚实难辨，导致“标题党”现象甚嚣尘上。

从标题的表现形式来看，“标题党”大致可以分为以下四类：[①]

第一，题文不符。标题与正文内容不完全符合。如《小区两车起火，浓烟几十米高！消防车却进不来》这个标题意指小区车辆起火，可消防车难以救援，情况紧急。但实际后文中并没有提到“消防车却进不来”的任何信息，反而在文末提到消防员及时赶到，扑灭火灾。

标题与内容毫无关联，文不对题。如《为什么国外校服那么好看，国内校服却像“麻袋”？这 3 个原因太扎心了》看起来是在谈论国内外校服的差异，文章本身实则是在讨论足球运动员霍伊别尔的事迹，丝毫没有提到有关校服的话题。

标题截取事件片段，胡乱拼凑，故意张冠李戴，混淆视听，以图关注。如《刘銮雄携甘比参加新年 party，娱记变阔太很有范，马云都竖大拇指》中，“马云都竖大拇指”在这个标题中会让人理解为马云在表

---

① 这里的分类方式采用了《百家号严惩标题党，这 7 类标题都会被打压》（百家号成长中心，2021 年 2 月 4 日）一文。

明态度，但事实上，“马云都竖大拇指”是对合照中马云动作的描述。标题随意置换语境，制造看点，实则是在提供错误信息，误导读者。

第二，夸大特征。“标题党”为了夺人眼球，常常将文中一些关键人物或事件的某些特征夸大描述，营造刺激紧张的矛盾冲突来获取关注。如《3个女人和105个男人的故事》（实指《水浒传》）和《豪门浪子啊，却为真爱遁入空门》（实指《红楼梦》）。这两个题目无视经典名著的书写全貌和阅读价值，将文章展现的某些情节和特征夸大，以偏概全，夺人眼球。

第三，滥用敏感词汇。这里的敏感词汇包括“震惊”“活该”“竟然”等设疑制险的词语，也包括热点人物、事件的名称，还有涉及色情、暴力等方面的表述。“标题党”们惯用敏感词汇来制作标题，以求达到高点击量、高阅读量的商业目的。如，《震惊！这是怎么回事？中国大使馆给我打电话了……》（实则是新型诈骗手段）、《李湘在大街上被人强行拖行》（实则为两男子手拖印有李湘照片的购物袋）、《你和异性在教室做过最刺激的事是什么》（涉及软色情信息）。上述三例标题都使用了易让人产生阅读兴趣的敏感词汇，实则文章缺乏实质内容，没有传达出实际的新闻消息，只是诱人点击而已。

第四，道德绑架。这类标题充斥着“不转不是中国人”“为了家人健康请转”等道德绑架的字眼，让诸多网友哭笑不得，被迫转发，标题发布者以此提高阅读量和转载量。

二　网络“标题党”的热点语情事件

论及“标题党”的发展源头，可以追溯到19世纪末，新闻载体的大众化转向。美国两大报业《世界报》和《新闻报》为了增加发行量，他们以煽情、耸人听闻为特点的“黄色新闻”作为竞争的制胜法宝。“黄色新闻”的标题往往夸张醒目，充斥暴力、色情等刺激性内容。而我们现在关注的网络“标题党”现象，也与新闻载体多样化、移动化的发展有着必然联系。

通过对关键词“标题党”的百度指数搜索，我们可以从图6－4中一览其发展历程：

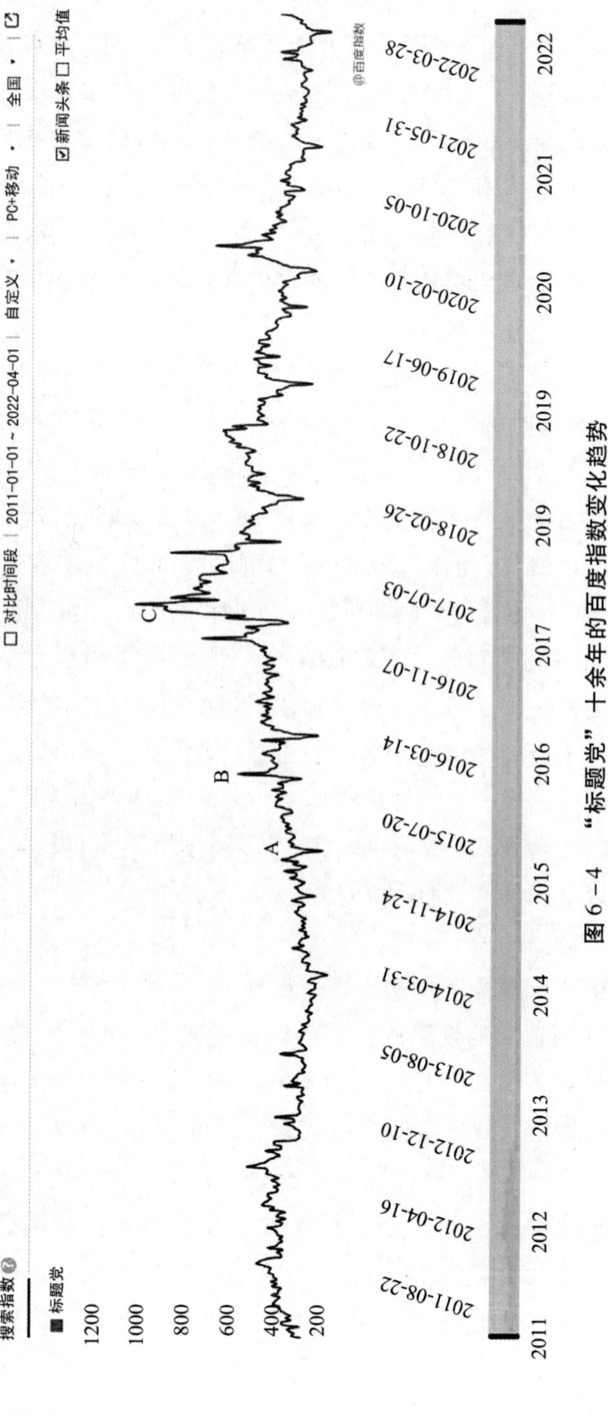

图6－4 “标题党”十余年的百度指数变化趋势

“标题党”现象在2011年之前就已经出现，且讨论热度一直延续到今日。从2015年起，“标题党”现象愈演愈烈，在2017—2018年达到峰值，近三年热度略降，但仍然是各方关注的热点问题。

我们可以从以下语情事件中更清晰地了解“标题党”现象的发展和引发的讨论。

［1］2013年8月，公安部展开集中打击网络有组织制造传播谣言等违法犯罪的行动，于9月中旬查处“环保董良杰”、网络大V“薛蛮子”等微博账号。二人滥用“标题党”标题，编造虚假信息，利用网络影响力传播网络谣言，造成极其恶劣的不良影响。①

［2］2015年4月，国家版权局发布了《关于规范网络转载版权秩序的通知》。《通知》涉及网络版权转载的几个重要问题，其中明确指出互联网媒体的转载不得歪曲篡改标题和作品原意。②

［3］2015年10月，国家网信办官网刊文《“标题党”“图片党”该收手了》。文章痛斥微信、微博等社交平台上存在的大量标题党、图片党现象，引发热议。③ 同月，北京市网信办和首都互联网协会组织新浪、搜狐、网易等17家北京属地重点网站，召开“网络新闻报道标题规范及要求”评议会，通报了网络转载篡改标题的情况，各负责人均承诺杜绝“标题党”乱象。④

［4］2016年12月，北京市网信办通报了多起网络媒体涉及

① 张洋：《责任丢了　人气涨了　人心慌了——“环保董良杰”、网络大V“薛蛮子”悔过道歉》，《人民日报》2013年9月27日第4版。

② 《关于规范网络转载版权秩序的通知》，国家版权局网，https：//www. ncac. gov. cn/chinacopyright/contents/12228/346313. shtml，2015年4月22日。

③ 徐可：《“标题党”“图片党”该收手了》，中国网信网，http：//pinglun. youth. cn/shsz/201510/t20151009_7189609. htm，2015年10月9日。

④ 张洋、余荣华：《网络任性转载：是病，得治》，《人民日报》2015年10月16日第4版。

"标题党"违规行为的案例，引发关注。①

［5］2017年1月，国家网信办联合相关部门开展专项整治活动，旨在打击"标题党"行为，对5家网站进行处罚，并对互联网新闻信息标题制作制定印发了《互联网新闻信息标题规范管理规定（暂行）》，严禁使用夸张、猎奇等表现手法的"标题党"行为。②

［6］同月，首都互联网协会新闻评议专业委员会通报新浪、搜狐等网站近期"标题党"乱象。③

［7］2017年3月，UC"震惊体"标题风靡一时，引发热议。④

［8］2017年5月，中国青年报社社会调查中心进行了有关"标题党"现象的问卷调查。78.7%的受访者表示有过被标题党"欺骗"的经历。⑤

［9］2017年8月，国家新闻出版广电总局通报一些报刊出版单位所办新媒体发布虚假新闻、"标题党"和"三俗"等问题，并下发通知要求规范新闻标题制作，严防"标题党"行为。⑥

［10］2018年7月2日起，人民网发表"三评浮夸自大文风"系列文章，直指《在这些领域，中国创下多个"世界第一"！无人表示不服》《别怕，中国科技实力超越美国，居世界第一》等文章断章取义，妄下结论，类似"全球首款""世界第

① 张伟泽、邓煜洲：《北京市网信办通报多起网络媒体"标题党"违规案例》，央视网，http：//m. news. cctv. com/2016/12/05/ARTIniJaZsjmOXWYVfMWWjmD161205. shtml，2016年12月5日。

② 张洋：《国家网信办规范传播　深入整治网络"标题党"》，《人民日报》2017年1月14日第4版。

③ 孙颖：《"标题党"博眼球　多家网站被点名》，《北京晚报》2017年1月23日第7版。

④ 引自百度百科"UC震惊部"词条，https：//baike. baidu. com/item/UC% E9% 9C% 87% E6% 83% 8A% E9% 83% A8/20461377。

⑤ 孙山、杜园春：《78.7%受访者有过被标题党"欺骗"的经》，中青在线，http：//theory. cyol. com/content/2017-05/23/content_16106118. htm，2017年5月23日。

⑥ 白瀛、史竞男：《新闻出版广电总局要求抵制假新闻严防"标题党"》，新华社，http：//www. xinhuanet. com/politics/2017-08/30/c_1121565917. htm，2017年8月30日。

一”的“标题党”文章值得反思。①

[11] 2019年1月至4月，国家网信办开展全国范围内从网络生态治理专项行动，主要整治包括“标题党”在内的12类负面有害信息。②

[12] 2019年4月，国家版权局、国家互联网信息办公室、工业和信息化部、公安部四部门联合启动打击网络侵权盗版“剑网2019”专项行动，该行动将严肃查处自媒体通过“标题党”“洗稿”方式剽窃、篡改、删减主流媒体新闻作品等不良行为。③

[13] 2019年5月，教育部、国家语委发布《中国语言生活状况报告2019》。其中，“第四部分 领域篇”设专题文章《微信“标题党”现象调查》。

[14] 2020年7月，针对网上盛行的“高速公路自7月20日起将再次免费通行”说法，交通运输部新闻发言人孙文剑表示，“这是典型的标题党，是错误的信息传播”。④

[15] 同月，国家网信办再次出击，开展针对自媒体和商业网站六个方面的整治，其中指出散播虚假信息、大搞“标题党”等行为需重点解决。

[16] 2021年3月，腾讯公司公开基于人工智能甄别标题党的方法和相关装置的专利。⑤

[17] 2021年8月27日，国家网信办开展清朗·商业网站平

---

① 林峰：《文章不会写了吗?》，人民网，http：//opinion. people. com. cn/n1/2018/0702/c1003-30098611. html，2018年7月2日。又观：《中国人不自信了吗?》，人民网，http：//opinion. people. com. cn/n1/2018/0703/c1003-30106201. html，2018年7月3日。艾梧：《文风是小事吗?》，人民网，http：//opinion. people. com. cn/n1/2018/0704/c1003-30125559. html，2018年7月4日。

② 李政葳：《国家网信办集中查处一批违法违规色情、赌博和占卜网站》，《光明日报》2019年4月21日第3版。

③ 史竞男、王子铭：《四部门启动“剑网2019”专项行动：重点整治自媒体“洗稿”和图片市场》，《光明日报》2019年4月27日第7版。

④ 张旭：《交通运输部辟谣“全国高速7月20日免通行费”：典型的标题党》，中新网客户端，https：//www. chinanews. com. cn/sh/2020/07-23/9245945. shtml，2020年7月23日。

⑤ 佚名《腾讯首次公开标题党识别专利：基于人工智能》，快科技，https：//j. eastday. com/p/161468895577012502，2021年3月2日。

台和自媒体违规采编发布财经类信息专项整治，重点打击包括“标题党”行为在内的8类违规问题。[①]

三 社会对“标题党”现象的态度

“标题党”现象的泛滥在一定程度上说明了新媒体时代新闻传播的特征发生了改变，传统新闻的报道方式对受众的吸引力减弱。复旦大学新闻学院副院长张涛甫表示：“在新媒体语境下，信息蔓延且不受空间限制。相比之下，受众的注意力相对稀缺且易转移易分散。于是，标题的竞争会以博取公众注意力作为目标，让尽可能多的关键词露出，以优化搜索。”[②] 人民网总裁廖玒也感慨自己虽然痛恨标题党，但在移动端看新闻，标题党还是会更受欢迎。[③]

尽管“标题党”现象的存在有一定的客观性与合理性，但各方对其态度和看法都不积极，总体态度是坚决反对。

中国青年报社会调查中心早在2012年就做过一次万人民调，结果显示六成受访者曾受到“耸人听闻式”新闻的误导。[④] 在2018年7月，中国青年报社社会调查中心对2018名受访者进行的问卷调查显示，81.8%的受访者直言反感“标题党”，可见普通网民对于“标题党”的厌恶程度逐步加深。

诸多学者和相关专业人士也对“标题党”现象持鲜明的反对态度，认为其对文风、媒体公信力会造成恶劣影响和损伤，同时指出了“标题党”现象易滋生网络谣言、网络暴力等不良网络行为。具体陈述有以下三个方面：

（一）对文风和文化产生不利影响

北京师范大学国学经典教育研究中心副研究员施经研认为，粗暴

---

① 张璁：《对“自媒体”违规采编发布财经类信息开展专项整治》，《人民日报》2021年8月28日第4版。

② 王彦、汪荔诚：《标题要有话好好说》，《文摘报》2017年4月4日第6版。

③ 廖玒：《传得久远 要靠内容》，《人民日报》2015年8月20日第12版。

④ 冯雪梅：《谁都可能是“标题党”幕后推手》，《中国青年报》2012年5月31日第1版。

煽情的标题故意制造惊人、浮夸的效果，在语言背后，更体现了少数人浮夸自矜的心态，长此以往会严重影响传统文化浸润下的典雅表达，损伤国人的文化自信。[①]《光明日报》于2017年4月13日刊发《警惕“自媒体江湖”侵蚀语文》一文，指出高质量的阅读是建立在植根于文化基因的基本语法、表达逻辑、文字美之上的，而现在流行的“标题党”新闻则大肆使用“爆款”，在遣词造句上生硬而低俗，对语文乃至整个话语生态侵蚀不小。[②] 复旦大学传播与国家治理研究中心主任李良荣认为，网络中涌现大量“标题党”信息会对网络文化造成负面的引导，“网民就容易被引入一个个范围很小的‘信息茧房’并排斥其他形式的文化。”这样会对网络主流文化的传播造成威胁。[③]

2018年7月2日起，人民网连续发布三篇系列文章《人民网三评浮夸自大文风之一：文章不会写了吗?》《人民网三评浮夸自大文风之二：中国人不自信了吗?》《人民网三评浮夸自大文风之三：文风是小事吗?》。三篇文章都关注到了新闻标题写作的浮夸风，直陈“标题党”断章取义、妄下结论，指出新闻写作不能只重营销而忽略内容。[④] 随后，引起各大媒体转发和热议。2020年2月，媒体评论员阎岩在《光明日报》发文称，“文品就是人品，文艺观即是价值观。”他认为“标题党”所谓在形式上的求新其实根本不是创新，反而违背了创作的基本规律。“形式”上的过失折射出文章内容和思想上的扭曲，极易造成价值观的缺失和错位。[⑤]

（二）损伤媒体公信力，带偏新闻取向

早在2010年，就有学者注意到了“标题党”对新闻行业的不利

---

① 施经研：《粗暴浮夸的网络语言有百害而无一利》，《光明日报》2018年5月22日第2版。

② 汤嘉琛：《警惕“自媒体江湖”侵蚀语文》，《光明日报》2017年4月13日第2版。

③ 李良荣：《培育正能量充沛的网络主流文化》，《人民日报》2017年9月10日第5版。

④ 林峰：《人民网三评浮夸自大文风之一：文章不会写了吗?》，人民网，http://opinion.people.com.cn/n1/2018/0702/c1003-30098611.html，2018年7月2日。

⑤ 阎岩：《思想扭曲的网文该休矣》，《光明日报》2020年2月4日第2版。

影响。人民日报发表的《媒体如何用好话语权》一文就表明“真实是新闻的生命，公信力是媒体竞争力的核心。”如果为了营销顺利，一味地大搞“标题党”，炮制假新闻来装点门面、吸引眼球，最终会“损害新闻媒体的公信力，损害新闻队伍的形象，损害人民群众对党和政府的信任”。[①]《莫让新闻变“尖叫”》一文也指出，媒体为了获取高点击量大量使用“标题党”新闻，是一种抛弃社会责任和违背良心道德的做法。[②] 还有学者认为，网络转载中滥用“标题党”现象也对媒体形象造成了危害。《人民日报》评论员李浩燃认为，网络新闻利用“标题党”标题对传统媒体报道进行二次加工，是“舆论场转载中的网络劫持”，“不仅扰乱视听，更严重损害媒体公信。”[③]

近年来，微信、微博以及各门户网站中的自媒体成为“标题党”大军中的主力。《光明日报》2018 年 10 月刊登《微信公号影评，别赚了快感扫了威信》一文。浙江师范大学文化创意与传播学院副教授黄钟军认为，微信各公众号团队为了获取更多的流量，绞尽脑汁地制作耸人听闻的标题，有些头部大号甚至还专门成立取标题团队。“‘标题党’在网络时代的泛滥无疑将点燃‘擦边球’和‘浮夸风’的标题大战，看谁擦得稳、准、狠，不论是对于成年用户还是未成年用户都会产生不利的影响。”这直接消耗了公众对媒体的信任。[④] 石河子大学文学艺术学院副教授张凡认为，自媒体常用“标题党式的消息推送”来获取关注，其中无底线地断章取义、蹭热点等行为严重侵害了公众的合法权益，更贬低了自媒体的公信力，长远来看，是一种自掘坟墓的行为。[⑤]

（三）助长网络谣言、网络暴力等不良网络行为

“标题党”往往喜欢使用断章取义、张冠李戴等方式制造眼球效

---

① 范正伟：《媒体如何用好话语权》，《人民日报》2010 年 11 月 24 日。

② 张烁：《莫让新闻变“尖叫”》，《人民日报》2013 年 8 月 22 日第 17 版。

③ 李浩燃：《“网络劫持”式的转载当休矣》，《人民日报》2015 年 4 月 27 日第 4 版。

④ 黄钟军：《微信公号影评，别赚了快感扫了威信》，《光明日报》2018 年 10 月 9 日第 16 版。

⑤ 张凡：《自媒体也要讲求章法与底线》，《光明日报》2018 年 5 月 17 日第 2 版。

应，势必会在一定程度上曲解文意，甚至造成虚假新闻。《人民日报》在2013年发文《浇灭网络谣言的“火”》。文章中谈到网民们在毫不知情的情况下看到的诸多趣味内容，其实早已经过“标题党”精心炮制。而不经意的对此类新闻的转发，也许会使得普通网民成为网络谣言传播中的推手。[①]《人民日报》评论员李浩燃也曾发文称，许多虚假新闻案例都闪动着“标题党”的身影，当“尖叫思维”运用在新闻上，那么新闻的真实性、客观性都会大打折扣，那些最基本的新闻采编规范也会被抛诸脑后，虚假新闻更会大行其道。[②]《条例何以屡被误读》一文则针对政府颁布条例屡遭误读的现象做了简要分析。文章认为，条例被误读不能简单地将责任全部推给政府，更应该反思相关新闻在传播时滥用“标题党”标题等问题，这会造成“片面解读”，对公众造成误导，也不利于政府与公众之间的良性沟通。[③]

除了存在造成信息不实、片面误导等隐患，“标题党”现象的盛行也会引发网络暴力。《人民日报》于2015年1月23日发表《“标题党”的语言暴力》一文，新华网、环球网等多家媒体相继转发。文章认为，“标题党”常常借用“煽情、惊悚、污秽和侮辱性的词句赚取眼球”，将“屌丝”“TMD”“装13”等低俗语言用在标题中更加强了其书面性和传播力度，“种种类似的表达已经在互联网这个公共语境中形成了语言暴力。”网络语言的自由和活力不应当成为语言粗鄙化和趣味衰退的代价，新闻标题更不能成为语言暴力滋生的温床和传播的保护伞。[④]

四 治理“标题党”现象的措施

根据中国青年报社会调查中心的三次问卷调查结果来看，受众对“标题党”现象的反感程度不断加深。在2017年的调查当中，有73.8%受访者认为“媒体行业应恪守新闻伦理，禁止蓄意炒作舆

① 于江邶：《浇灭网络谣言的“火”》，《人民日报》2013年8月29日第14版。
② 李浩燃：《谁是“悬疑新闻”的推手》，《人民日报》2014年9月15日第4版。
③ 张洋：《条例何以屡被误读》，《人民日报》2014年7月9日第7版。
④ 许苗苗、徐鹏飞：《“标题党”的语言暴力》，《人民日报》2015年1月23日第24版。

论热点”。[①] 从对热点语情事件的梳理可以看到，国家网信办先后数次打击“标题党”现象，并颁布相关条例和法规进行规范和治理，可见国家对于杜绝“标题党”现象的决心。而针对“标题党”标题盛行的现状，各方学者和专家也提出了相应的治理措施，主要体现为不同的主体（监管部门、互联网媒体、普通网民）应当各司其职，相互配合，争取使“标题党”问题得以解决。

广东省韶关市政协委员胡湘泉建议，应当进一步完善《中华人民共和国广告法》《互联网信息服务管理办法》等法律法规的配套规章，出台专门的网络管理办法，用法律的手段来规范网络营销活动，从而甄别出大搞噱头的“标题党”行为，剔除恶意营销的行为，还要“进一步明确工商、文化、公安等监管部门职责，形成协同监管合力，坚决打击扰乱互联网经营秩序和信息传播秩序的现象。”[②]

中国人民大学新闻学院教授、博士生导师宋建武则强调应当从技术手段入手，给算法提供正确引导，让人工智能能够更精确地识别“标题党”新闻等虚假信息，并能有效地控制其传播。他还指出，我国的互联网平台已做出了努力：“针对‘标题党’现象，一些网站构建了‘人工＋机器’的模式构建防火墙，对敏感词、标题党和虚假信息进行技术性拦截。”同时他对如何改进人工智能的算法也提出了自己的看法：

> 首先，我们需要更全面地梳理和分析产生虚假和低俗内容的利益结构和动机，分析各类利益主体制造和传播虚假及低俗内容的行为特点……通过这些分析，为建立模型提供依据。
>
> 其次，可以通过对网络平台上虚假及低俗内容传播者生产的内容进行文本分析，对其传播行为进行跟踪研究，以掌握其心理特征及行为特征，支持识别模型的构建。

---

① 孙山、杜园春：《78.7%受访者有过被标题党“欺骗”的经历》，中青在线，http://theory.cyol.com/content/2017-05/23/content_16106118.htm，2017年5月23日。

② 胡湘泉：《网络营销活动当规范》，《人民日报》2017年1月11日第20版。

> 此外，还可以通过对人们网络信息接收和接受的心理特征及行为的分析，建立模型，探索如何通过算法干预这一过程，阻断虚假及低俗内容的传播，减低其传播效果。①

厦门大学新闻传播学院副教授邱鸿峰指出，要想治理“标题党”，首先要对其影响进行实事求是的实证研究，从而确定具体的规范方式，还要对网络二次传播做出要求，规范转载行为。最后则要注重保护原创新闻，提高版权保护意识，从源头上减少“标题党”的二次传播。②

而加强媒体的自省自改是有效治理“标题党”现象的重要环节。《人民日报》评论员李浩燃认为，媒体要在报道中展现较高的专业性，勇于承担社会责任。媒体自身要坚守好底线，把持住自身的价值，自觉做到不信谣、不传谣，要保证新闻的可信度，守护行业的公信力。③《媒体评价须警惕两大误区》一文中提到，在新媒体时代，媒体内部的评价和考核不应唯数据论、唯市场论，更应注重内容要旨。媒体评价要合理用好数据和市场，更要使媒体真正成为发展的“推进器”、民意的“晴雨表”、社会的“黏合剂”、道德的“风向标”。④

“标题党”乱象的清除更离不开广大网民的努力。《人民日报》（海外版）发文称，“标题党”的泛滥也与网民的热烈追捧和盲目转发有关。作为互联网活动主体，网民应当不断加强对信息的甄别能力，在阅读和传播新闻时要先确保真实性，主动拒绝谣言。⑤北京师

① 宋建武：《人工智能是虚假新闻的“克星”》，《人民日报》2017年3月23日第14版。

② 孙山、杜园春：《78.7%受访者有过被标题党“欺骗”的经历》，中青在线，http：//theory. cyol. com/content/2017-05/23/content_16106118. htm，2017年5月23日。

③ 张宇：《对话李浩燃：人民日报为何炮轰“悬疑新闻”?》，人民网，http：//politics. people. com. cn/n/2014/0919/c1001-25696735. html，2014年9月19日。

④ 李凯：《媒体评价须警惕两大误区》，《人民日报》2017年7月30日第5版。

⑤ 广龙：《朋友圈岂能“标题党”泛滥》，《人民日报》（海外版）2019年8月5日第8版。

范大学国际与比较教育研究院副教授刘敏认为，加强媒介素养教育，是减少“标题党”现象、增强社会互信的一条有效途径。在教学中可以引导学生浏览和识记真实可靠的信息源，训练学生获得有效新闻的能力，提高学生的批判性思维水平，加强判断和分析信息的能力。媒介素养教育更要帮助学生树立包容开放的观念，能够更好地理解他人的处境和表达。①

第四节　网络语言暴力

网络语言暴力，是指在网络平台上以“语言霸权”的形式非理性地发表具有攻击性、煽动性、歧视性和侮辱性的言论，直接或间接对他人进行侮辱谩骂、恶意中伤、诽谤声誉、侵犯隐私、人身攻击、人肉搜索等，使他人的身心健康和人格尊严遭到损害和侵犯的行为，比日常生活中的语言暴力更具有伤害性。网络语言暴力本是使用网络低俗语言中影响最为恶劣的一种情况，但已超过一般网民为宣泄情绪和表达个性的初衷，不单是简单的“吐槽”或者标新立异。虽原生于网络低俗语言，但它已逐步发展至可独立于网络低俗语言存在，且危害更大。近年来，网络语言暴力袭击对象平民化、网络谩骂泛滥化、人肉搜索推广化。类似“死亡博客事件”的网络语言暴力事件已发生多起，引起了社会广泛关注。网络语言暴力严重违反语言行为规范，严重污染网络舆论环境，严重损害现实社会和网络空间的公序良俗，误导广大受众，毒害青少年，亟须进行社会引导和社会治理。

一　网络语言暴力的基本特点

网络语言暴力是语言暴力在网络空间形成的变体，比传统的语言暴力影响面更广、冲击性更强，又称“网络舆论暴力”“口水冲突”“话语斗殴”。《人民日报》2013 年 8 月 16 日发表的《网络语言暴力

① 刘敏：《“媒介素养”教育的价值》，《光明日报》2020 年 6 月 4 日第 14 版。

现象的防范与治理》部分指出了网络语言暴力现象的特征、表现形态和产生原因。①

网络语言暴力有三个特征：一是语言上以道德的名义，恶意制裁、审判当事人并谋求网络问题的现实解决；二是行为上通过网络追查、公布并传播当事人的个人信息，纠集煽动网友以暴力语言进行群体围攻；三是现实中对当事人身心和精神产生严重伤害。

网络语言暴力有三个表现形态：一是散布未经证实的谣言，侵害当事人名誉权和人权；二是发表具有攻击性、煽动性和侮辱性的言论，造成当事人名誉受损；三是恶意滥用人肉搜索，影响当事人及其亲友的正常生活，致使其人身权利受损。

网络语言暴力有四个产生原因：一是 BBS、微博、微信等一系列网络平台的兴起，其具有匿名特性和广场效应，网友“法不责众”的心理作祟，利于情绪发泄；二是网友善作“道德审判”和“道德民兵”的传统国民性格使然，加之从众心理助推，盲目跟风，缺乏理性；三是部分网站道德感缺失，推波助澜，或缺乏有效的内容审核机制，或为流量故意炒作；四是网络管理者的制度疏漏，我国网络管理的相关法律法规文件缺乏侵权判定标准和执行细则，实施效果不尽如人意。

二　网络语言暴力的热度和重要语情事件

大多网络语言暴力借助品位低下的网络低俗语言实现预期目的，最严重上升至“人肉搜索”的地步。故本书选取部分网络低俗语言和关键词“人肉搜索”的百度指数来观察网络语言暴力热度的发展过程。如本章第一节所示，抵制网络低俗语言的相关提法最早在 2001 年《人民日报》就已提出。网络语言暴力单独作为词条被社会大众关注到，则是因为 2006 年 2 月的“高跟鞋虐猫”事件和 4 月的“铜须门”事件。

① 王漱蔚：《网络语言暴力现象的防范与治理》，《光明日报》2013 年 8 月 26 日第 7 版。

根据2015年发布的《网络低俗语言调查报告》和网络语言暴力极端表现形态，我们选取了网络低俗语言词频极高的“屌丝”“逼格”“草泥马”和“人肉搜索”，对它们进行了百度指数趋势调查（如图6-5）。“屌丝”“逼格”和“草泥马”的缘起和百度指数变化情况在“网络低俗语言”一节已经详细阐述，这里不再赘述。

从图6-5“人肉搜索”近十年的百度用户搜索指数来看，它源自2006年人肉搜索引擎的出现，一出现其热度就陡然上升，不过半年指数达10000+；顶峰时期是2008年至2012年，指数最高值达到20000+；2013年以后开始缓慢下降。相关的重要语情事件有：

[1] 2001年2月，《人民日报》刊发《网络语言令人忧　流行用语须规范》一文，明确表示不能对品位低下的词语坐视不理。

[2] 2006年2月，“高跟鞋虐猫”事件爆发，随后4月发生了“铜须门”事件，“网络暴力”现象进入公众视野。

[3] 2006年4月，中国互联网协会公布《文明上网自律公约》，20余家互联网博客服务商和博客代表承诺履行自律公约内容。由此，掀起了各网站维护网络文明的一系列倡议活动。①

[4] 2006年12月，新华社披露贵州省兴仁县县长文建刚一家5口及保姆被杀后，围绕文县长的身份和财富的种种猜测和传言瞬间充斥了各大门户网站。《中国青年报》为此专门刊发了《防止网络语言暴力有赖于民主法制的完善》一文。②

[5] 2007年8月，《人民日报》刊发《对“网络舆论暴力”说“不”!》一文，指出“最恶毒后妈事件”等“网络语言暴力”

① 郭丽君、钟晓军：《20余家博客服务商倡导网络文明》，《光明日报》2006年4月20日第4版。

② 王亦君：《防止网络语言暴力有赖于民主法制的完善》，《中国青年报》2006年12月4日第3版。

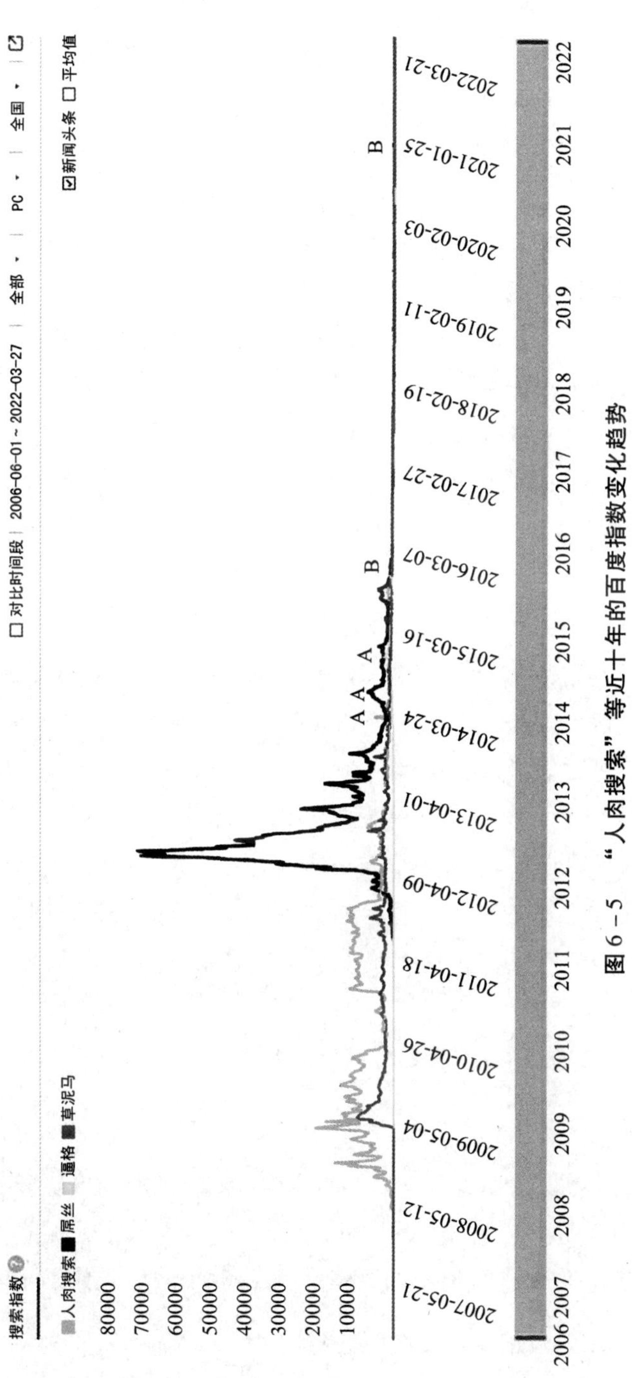

图6－5　“人肉搜索”等近十年的百度指数变化趋势

事件频发。① 网络语言暴力愈演愈烈。

[6] 2007年12月，“很黄很暴力”事件和“姜岩死亡博客”事件爆发，引发网友们反思。

[7] 2008年9月，《人民日报》教科文部和人民网联合举办“让网络远离暴力”座谈会。与会专家一致认为，“网络暴力”现象已经越过了道德和法律底线，必须予以防范和治理。②

[8] 2009年12月，《人民论坛》刊登北京大学社会学系夏学銮教授《网络时代的谣言变局》一文，认为网络语言暴力、网络隐私侵犯已是网络的顽疾。③

[9] 2010年8月，《人民日报》刊发《“门”的背后花样多》一文。据该文统计，各种“门”铺天盖地，如“打错门”“艳照门”“索赔门”，仅2009年至2010年8月比较出名的就达100多起。④

[10] 2011年8月，中国青年报社会调查中心通过民意中国网和新浪网，对1825人进行的一项调查显示，60.8%的受访者曾遭遇网上人身攻击，其中6.6%的人“经常”遭遇；76.6%的人感觉当前互联网上羞辱、谩骂等人身攻击现象普遍；仅3.9%的人“很少”或“没有”发现类似情况。⑤

[11] 2011年10月，环球网主办了“文明上网，抵制网络语言暴力”座谈会。与会的新华网、人民网等30家网站负责人共同签署了《文明上网，抵制网络语言暴力》宣言。⑥

---

① 邓晓霞、王舒怀：《对“网络舆论暴力”说“不”!》，《人民日报》2007年8月10日第16版。

② 赵永新、赵亚辉：《采取综合措施防治“网络暴力”》，《人民日报》2008年9月19日第2版。

③ 佚名：《学者析网络谣言十大特性 吁以六大态度应对》，中国新闻网，http://www.chinanews.com.cn/sh/news/2009/12-07/2003421.shtml，2009年12月7日。

④ 陈原、石语：《“门”的背后花样多》，《人民日报》2010年8月27日第17版。

⑤ 肖舒楠、刘子曦：《76.6%受访者感觉网上人身攻击现象普遍》，《中国青年报》2011年8月4日第7版。

⑥ 李亮：《30余家网站代表承诺共同打击网络语言暴力》，环球网，https://www.chinanews.com.cn/gn/2012/02-21/3686408_2.shtml，2012年2月21日。

［12］2012 年 3 月，《人民日报》刊发《治理网络语言暴力刻不容缓》一文，指出“网络语言暴力不仅仅是一个道德层面上的问题，更是一种文化失范的表征”。①

［13］2012 年 7 月，《中国青年报》刊发《网上大字报，谁能独善其身》（7 月 20 日）、《微博“约架”：从网络语言暴力到现实的拳头》（7 月 23 日）、《谁在为网络戾气“添油加柴”》（7 月 24 日）、《谁是“网络打手”谁在“人肉搜索”》（7 月 25 日）、《谁能扼住网络暴力的脖子》（7 月 30 日）、《国务院奥运首金贺电遭遇网络暴力》（7 月 31 日）等有关网络语言暴力的系列报道，但却随即遭遇网络语言暴力攻击。②

［14］2013 年 6 月，首都互联网协会发出“使用文明用语 共建网络家园”倡议，呼吁整治网上存在的造谣传谣、恶意攻击谩骂、网络用语粗俗等不良现象。③

［15］2013 年 8 月，《人民日报》刊发《网络语言暴力现象的防范与治理》，指出了网络语言暴力现象的内涵特点、表现形态及产生根源。④

［16］2013 年 9 月，最高人民法院、最高人民检察院发布《关于办理利用信息网络实施诽谤等刑事案件适用法律若干问题的解释》，进一步明确了利用信息网络实施诽谤等犯罪的定罪量刑标准。⑤

［17］2014 年 12 月，人民网发起一项名为“善意回帖”的在线活动，共收到善意回帖帖文 3.1 万余篇，网友留言超过 43 万条。⑥

---

① 徐毅成：《治理网络语言暴力刻不容缓》，《人民日报》2012 年 3 月 23 日第 17 版。

② 庄庆鸿：《公民社会　学会质疑》，《中国青年报》2012 年 8 月 6 日第 3 版。

③ 张薇、郭佳、李政葳：《规范网络用语是媒体义不容辞的责任——“抵制网络低俗语言、倡导文明用语”专题座谈会发言摘登》，《光明日报》2015 年 8 月 15 日第 6 版。

④ 王湫蔚：《网络语言暴力现象的防范与治理》，《光明日报》2013 年 8 月 26 日第 7 版。

⑤ 史兆琨：《网络语言暴力频发　追责过程是否艰难?》，《检察日报》2018 年 4 月 17 日第 4 版。

⑥ 李家鼎、杨玲、李瑞宁：《善意让回帖有力量》，《人民日报》2014 年 12 月 18 日第 18 版。

[18] 2015年6月，“净化网络语言”座谈会召开，人民网舆情监测室在会上发布了《网络低俗语言调查报告》，详细分析了网络语言暴力的内涵特点。①

[19] 2015年8月，中宣部、中央文明办、中国记协联合举办召开了“抵制网络低俗语言、倡导文明用语”专题座谈会。中国记协、首都互联网协会在会上发布《抵制网络低俗语言、倡导文明用语倡议书》。②

[20] 2016年5月，中央编译出版社出版的《善意回帖》发行，旨在净化网络环境、反对网络语言暴力。③

[21] 2016年6月，国家网信办召开全国跟帖评论专项整治视频会议，部署集中治理跟帖评论存在的突出问题，倡导“文明评论、理性跟帖、善意回帖”的“阳光跟帖”行动。④

[22] 2016年8月，由国家互联网信息办公室网络社会工作局指导，中国文化网络传播研究会、商务印书馆、北京语言大学、千龙网联合举办了“2016中国网络语言文明论坛”。

[23] 2018年12月，中国社科院发布《社会蓝皮书：2019年中国社会形势分析与预测》。其数据显示，青少年在上网过程中遇到过暴力辱骂信息的比例为28.89%。其中，暴力辱骂以“网络嘲笑和讽刺”及“辱骂或者用带有侮辱性的词汇”居多，分别为74.71%和77.01%。网络暴力已成为威胁互联网环境的一大毒瘤。⑤

[24] 2019年12月，《北京互联网法院“粉丝文化”与青少年网络言论失范问题研究报告》发布。《报告》显示，在北京互

---

① 张洋：《净化网络语言座谈会召开》，《人民日报》2015年6月3日第12版。

② 张贺：《中宣部等召开专题座谈会：抵制网络低俗语言　倡导文明用语》，《人民日报》2015年8月15日第4版。

③ 陈菁霞：《善意回帖重拾人性之美》，《中华读书报》2016年5月4日第1版。

④ 《国家网信办部署开展跟帖评论专项整治》，中国网信网，http://www.cac.gov.cn/2016-06/21/c_1119086937.htm，2016年6月21日。

⑤ 刘泽溪、张鹏禹：《〈网络信息内容生态治理规定〉今年3月1日起施行　拔除网络生态“杂草”》，《人民日报》（海外版）2020年1月15日第8版。

联网法院审理的明星诉网友侵害名誉权案件中，七成被告为青少年，多因“粉丝骂战”引起。同月，北京互联网法院主办了以“提升青少年网络素养 共筑晴朗网络空间”新闻发布会，北京互联网法院院长张雯在会上发布了《弘扬社会主义核心价值观 共筑清朗网络空间》倡议书。①

［25］2019 年 12 月，国家互联网信息办公室发布《网络信息内容生态治理规定》，《规定》自 2020 年 3 月 1 日起施行。《个人信息保护法》以及《数据安全法》两部关于完善互联网领域治理的法律也正在制定中。

［26］2022 年 1 月，中央网信办开展为期 1 个月的“清朗·2022 年春节网络环境整治”专项行动，集中整治网络暴力、散播谣言等问题。②

［27］2022 年全国两会期间，张雄等 40 位代表联名建议为反网络暴力专项立法，有关“网络暴力”的话题冲上热搜。网站对排查到的 20507 条相关违规内容及时清理，并对 1418 个违规账号，视程度采取禁言 7 天至关闭账号的处置。③

三　社会关注的主要议题和各方态度

综上所述，从中宣部、网信办、文明办，到两会代表和专家学者，社会各层次从多个方面对网络语言暴力现象表示担忧，纷纷揭其危害、共议对策。各权威媒体如新华社、《人民日报》《光明日报》《中国青年报》竞相向社会大众揭示网络语言暴力的相关事件、专家意见和舆论现状，仅《人民日报》刊发的相关文章就达 36 条之多。更令人惊讶的是，就连《中国青年报》也曾因系列报道而陷入网络语

① 王亦君：《流量经济助推“粉丝骂战” 明星诉网友侵害名誉权案件七成被告为青少年》，中国青年报客户端，https：//shareapp. cyol. com/cmsfile/News/201912/19/web305716. html，2019 年 12 月 19 日。

② 张璁：《中央网信办开展春节网络环境整治专项行动：集中整治网络暴力、散播谣言等问题》，《人民日报》2022 年 1 月 26 日第 12 版。

③ 陈茜：《上千个账号被处置！40 位代表联名建议》，微信公众号“中国青年报”，http：//news. cyol. com/gb/articles/2022-03/08/content_ xgnPxsVxO. html，2022 年 1 月 26 日。

言暴力的漩涡之中。

多份报告与调查显示，网络语言暴力危及网民的精神健康、心理健康和人身安全，特别要提及的是在侵害明星名誉的相关案件中，青少年占比近7成。更有甚者，网络语言暴力发展至极端，会上升至“人肉搜索”、线下“约架”等程度，严重威胁生命安全。

网络语言暴力情况的严重性不言而喻，它已不是只影响网络空间文明，其触发的问题千丝万缕、复杂万千。相关政府部门已经做了很多尝试，如国家互联网信息办公室发布《网络信息内容生态治理规定》等。各媒体网站也在积极适应新网络常态、提出新的活动倡议，如新华网、人民网等30家网站负责人共同签署了《文明上网，抵制网络语言暴力》宣言等。各在校大学生也深知网络语言暴力的危害，如《人民日报》刊发的《“门”的背后花样多》一文中就有不少大学生表示不负责任的暴力话语到处流淌，危害不小。管理部门和不少专家学者也提出了治理之方，认为只有政府、各级媒体网站和网友们同心同德、同向同行，才能有效引导网络语言暴力得以化解，粉碎“语言垃圾场”“戾气集中营”，避免网络空间再变成废墟。

以下从法律建设、管理建设和文化建设这三个角度对防范和治理网络语言暴力现象的各方观点和建议进行梳理。

首先，以法律建设为核心，建立健全法治制度。《全国人大常委会关于维护互联网安全的决定》《互联网信息服务管理办法》《互联网电子公告服务管理规定》《互联网站从事登载新闻业务管理暂行规定》《网络信息内容生态治理规定》等近期颁布的一系列互联网管理法律法规为治理网络语言暴力提供了法律依据。《个人信息保护法》以及《数据安全法》也在制定当中。不过要注意的是，目前的法律法规缺乏专门的网络针对性，需要不断调整，以适应新时代网络语言生活的变化情况，应对各种新兴的网络问题，包括制定保护公民隐私信息等法律法规。这是南京大学法学院教授单勇和中国政法大学教授李显冬提出的建议。[①] 同时，规范的网络伦理尚未建立，有关部门需要加快研究网络伦理规范，明晰各主体之间的权责义务和网络道德基本原则。在2022年的全国“两会”上，张雄等40位代表向大会提交联名议案，建议为反网络暴力专项立法。他们建议，一是制定反网络暴力专项法律，以专门化、体系法立法来处理网络暴力问题；二是明确规定好网络语言暴力的定义范畴、内容形式及相关边界；三是加大网络暴力的刑罚力度，严惩恶性网络暴力事件，加强法律的执行力，做到施法要严明。[②] 这也是不少专家学者的一致呼声。

其次，以管理建设为手段，完善构建管理机制。一是创造更合适更全面的意见表达渠道和反馈机制。谣言止于公开，要压缩谣言生存空间，让民众了解事情原委，掌握“事实论据”。中央党校党建教研部党建原理教研室主任高新民教授认为，“网络是我们社会的一道减压阀、调节器”，大众需要发泄情绪、表达意见的途径，[③] 所以我们需要创造良性的情绪发泄和意见反馈机制，让网络这条路能做到为网民解压。二是政府应加强处理网络事件的能力。网络媒体传播速度快、范围广，民意汇聚速度也很快，政府相关部门要学会正面疏导，掌握应对突发事件、网络舆论和危机公关的能力。三是推进政务公开，特别是突发事件信息的公开透明，同时建立快速回应机制，及时和民意互动，掌握民意的脉搏，引导主流民意，与主流民意同向同行。四是加强对网络媒体和大V人物的监督管理，及时清理品质低下、缺乏理性的网站和个人号，确保网站良好文明运行；同时，加强跟帖评论管理，努力建设良好的跟帖评论生态。这是环球网总经理许丹丹、腾讯副总编辑陈鹏和北京市网信办副主任邢建毅的建议。[④] 五是分门别类

---

① 赵永新、赵亚辉：《采取综合措施防治“网络暴力”》，《人民日报》2008年9月19日第2版。

② 陈茜：《上千个账号被处置！40位代表联名建议》，微信公众号“中国青年报”，http：//news. cyol. com/gb/articles/2022-03/08/content_ xgnPxsVxO. html，2022年1月26日。

③ 邓晓霞、王舒怀：《对“网络舆论暴力”说“不”!》，《人民日报》2007年8月10日第16版。

④《国家网信办部署开展跟帖评论专项整治》，中国网信网，http：//www. cac. gov. cn/2016-06/21/c_1119086937. htm，2016年6月21日。

治理网络语言暴力，不能“一刀切”，对于“要堵死的”“要疏通的”和“要迎战的”，应该采取不同的措施。《文汇报》刊发的《净化网络空间应标本兼治》一文指出：“大量的‘不善意回帖’是对争议性公共决策的揶揄批评”，“决策者可以在宽容对待和尊重诉求的基础上，完善对话机制并化解矛盾，将其作为提高决策科学性的契机和动力，以求对‘不善意回帖’的标本兼治”。①

最后，以文化建设为辅助，营造良好舆论环境。一是充分发挥先进文化的教育作用，以文化人，增强网民的文化素养和文化自信，提高全民族的思想道德素养和科学文化素养。二是正确发挥舆论的引导作用，褒贬分明，营造良好健康的网络舆论环境。《光明日报》刊载的《网络语言暴力现象的防范与治理》提出，正确的网络舆论引导是遏制网络语言暴力的重要方法，对整治网络语言暴力有着“釜底抽薪”功效。② 三是从思想上让网民认识到网络语言暴力的危害，通过社会的共同监督和社会各界的宣传教育，提升网民特别是青少年的道德自律意识，培养健康负责的网络行为，培养公民应有的责任与担当，不触碰法律底线去侵犯他人权利。中国青少年研究会副会长、中国青年政治学院教授陆士桢曾建议，网络暴力大都产生在以青少年为主体的网络使用者当中，所以应该引导青少年学会自律，学会在网络上分辨什么是好的，什么是坏的，什么该做，什么不该做。③ 四是文化建设需要网站主体和大众传媒的共同努力，需要网站主体和大众传媒接受规则的约束，承担发声者应有的社会责任，并做好跟帖评论自律管理。

网络语言暴力的治理是一项复杂而艰巨的工程，社会生活中各个主体都应该参与其中，各司其职、各尽其责，共同打造好这项重要工程。

---

① 王兴全：《净化网络空间应标本兼治》，《文汇报》2016 年 6 月 30 日第 1 版。

② 王漱蔚：《网络语言暴力现象的防范与治理》，《光明日报》2013 年 8 月 26 日第 7 版。

③ 赵亚辉、赵永新、朱慧卿：《网络表达如何远离“暴力”》，《人民日报》2008 年 9 月 25 日第 11 版。

第五节　本章小结

语言行为是否文明是社会是否足够和谐的一个重要指标。网络低俗语言、网络“标题党”和网络语言暴力，这些层出不穷的现象说明网络空间的文明程度亟待提高。好在这些问题已经得到了高度关注。2021 年 11 月 30 日，国务院办公厅发布《关于全面加强新时代语言文字工作的意见》，提出要加强语言文明教育，强化对互联网等各类新媒体语言文字使用的规范和管理，坚决遏阻庸俗暴戾网络语言传播，建设健康文明的网络语言环境。

从规范观的角度来看，社会各界无疑一直坚定地抵制和反对所有不文明现象，并举行了多种多样的活动，包括发布有约束力的文件和倡议、呼吁有影响力的主体以身示范，甚至有关部门还通过立法予以规范。这些都极为有效地遏制住了网络风气往庸俗、暴戾的方向发展。但同时我们也要看到，不文明的语言行为并不是伴随着网络才兴起的，它本身就是语言生活和社会生活的一部分，是无法完全消除的。只有坚持“语言生活健康观”，坚定地进行监管和引导，并一直贯彻下去，才可能将其危害最小化，才能更好地满足广大人民群众日益增长的精神生活需求。

参考文献

专著

李玮主编:《中国网络语言发展研究报告》, 人民出版社 2020 年版。

李艳、盛静:《新媒体时代的语言生活》, 光明日报出版社 2017 年版。

李宇明主编:《新时期语言文字规范化问题研究》, 语文出版社 2020 年版。

刘海燕编著:《网络语言》, 中国广播电视出版社 2002 年版。

柳思思:《网络语言暴力问题研究》, 人民日报出版社 2018 年版。

沈阳、邵敬敏主编:《新时期语言文字规范化问题研究》, 商务印书馆 2017 年版。

施春宏:《语言规范理论探索》, 北京语言大学出版社 2021 年版。

王建华主编:《政务新媒体话语应用与传播研究》, 上海交通大学出版社 2017 年版。

现代汉语规范问题学术会议秘书处编:《现代汉语规范问题学术会议文件汇编》, 科学出版社 1956 年版。

于根元主编:《网络语言概说》, 中国经济出版社 2001 年版。

袁伟:《我国网络空间语言使用及治理研究》, 吉林人民出版社 2019 年版。

赵世举主编:《语言与国家》, 商务印书馆、党建读物出版社 2015 年版。

中国社会科学院语言研究所词典编辑室:《现代汉语词典》, 商务印书馆 2012 年版。

Spolsky, Bernard, *Language Management*, Cambridge, UK: Cambridge

University Press, 2009.

Spolsky, Bernard, *Language Policy*, Cambridge, UK: Cambridge University Press, 2004.

学术论文

侯敏、杨尔弘:《中国语言监测研究十年》,《语言文字应用》2015 年第 3 期。

胡凌、刘云、杨传丽:《网络语言二十年发展综述》,《湖南大学学报》(社会科学版)2014 年第 5 期。

颈松、麒珂:《网络语言是什么语言》,《语文建设》2000 年第 11 期。

邝霞、金子:《网络语言——一种新的社会方言》,《语文建设》2000 年第 8 期。

李宇明:《关于中国语言生活的若干思考》,《北华大学学报》2011 年第 5 期。

李宇明:《语言规范试说》,《当代修辞学》2015 年第 4 期。

李宇明、王敏:《语言规范化的时代必要性及须重视的若干关系》,《辞书研究》2020 年第 5 期。

立鑫:《谈谈网络语言的健康问题》,《语文建设》1998 年第 1 期。

梁晓涵:《新媒体时代大学生汉字书写危机的调查及对策》,《文学教育》2015 年第 12 期。

刘海涛:《跨语言计算机网络中语言通讯障碍及解决办法》,《情报科学》1994 年第 2 期。

罗常培、吕叔湘:《现代汉语规范问题》,载现代汉语规范问题学术会议秘书处编《现代汉语规范问题学术会议文件汇编》,科学出版社 1956 年版。

闪雄:《网络语言破坏汉语的纯洁》,《语文建设》2000 年第 10 期。

狮醒:《通用网络语言》,《外语电化教学》1997 年第 3 期。

王均:《网络时代的语言生活和语言教学》,《语文建设》2000 年第 10 期。

杨文华:《网络语言的流行对主流意识形态的解构》,《深圳大学学报》（人文社会科学版）2012 年第 5 期。

于根元：《〈网络语言概说〉引言》，载于根元主编《网络语言概说》，中国经济出版社 2001 年版。

于根元：《应用语言学的基本理论》，《语言文字应用》2002 年第 1 期。

于根元：《整理汉语新词语的若干思考》，《语言文字应用》1993 年第 3 期。

张普：《关于网络时代语言规划的思考》，《语文研究》1999 年第 3 期。

赵世举：《新时代我国语言文字事业转型发展刍议》，《社会科学家》2020 年第 10 期。

赵世举：《再论新时代的语言规范观》，载中国应用语言学会编《第九届全国语言文字应用学术研讨会论文集》，中国书籍出版社 2017 年版。

赵世举：《中国语言观测研究的实践与思考》，《语言战略研究》2016 年第 5 期。

报刊文章

安然：《淘宝体通缉令引诸多争论　警察能否“亲”逃犯?》，《北京晚报》2011 年 11 月 23 日第 38 版。

白毅鹏：《高兴只会“哈哈哈”是得了语言贫乏症?》，《中国青年报》2019 年 4 月 9 日第 2 版。

蔡闯、周强：《汉语应与时俱进》，《光明日报》2001 年 6 月 14 日第 B01 版。

蔡伟：《新浪发布中国微博元年市场白皮书》，《南方日报》2010 年 9 月 10 日第 28 版。

操秀英：《中科大一博士点立新规：发篇中文文章才能毕业》，《科技日报》2019 年 6 月 21 日第 4 版。

陈菁霞：《〈善意回帖〉重拾人性之美》，《中华读书报》2016 年 5 月 4 日第 1 版。

陈菁霞:《专家呼吁要警觉“中国人不会写中国字”》,《中华读书报》2013 年 9 月 11 日第 1 版。

陈琨:《激发中国前行的最大力量》,《人民日报》2012 年 11 月 3 日第 5 版。

陈晓冉:《警惕网络语言“粗鄙化”》,《人民日报》2016 年 8 月 11 日第 24 版。

陈原:《语言,该规范就要规范》,《人民日报》2014 年 12 月 4 日第 19 版。

陈原、石语:《“门”的背后花样多》,《人民日报》2010 年 8 月 27 日第 17 版。

成丕德:《净化网络语言》,《人民日报》2018 年 6 月 6 日第 7 版。

戴先任:《别让语言软暴力割裂网络舆论场》,《重庆日报》2020 年 11 月 6 日第 8 版。

邓洁:《学会用文字促膝长谈》,《人民日报》2018 年 7 月 17 日第 19 版。

邓凌月:《提升干部“微素养” 守护党的“生命线”》,《光明日报》2014 年 3 月 20 日第 11 版。

邓晓霞、王舒怀:《对“网络舆论暴力”说“不”!》,《人民日报》2007 年 8 月 10 日第 16 版。

董洪亮:《不能“握着鼠标忘了笔杆”》,《人民日报》2007 年 9 月 5 日第 11 版。

笃鲜:《“祖安文化”不能只当玩笑看》,《南方日报》2020 年 7 月 15 日第 4 版。

杜羽、陈晋等:《“文风改进永远在路上”》,《光明日报》2016 年 10 月 28 日第 7 版。

杜园春、白紫微:《62.1%受访者建议将有意义的网络词汇收进词典 89.6%受访者频繁接触网络用语,66.9%受访者会使用》,《中国青年报》2016 年 7 月 19 日第 7 版。

范正伟:《媒体如何用好话语权》,《人民日报》2010 年 11 月 24 日第 3 版。

方奕晗：《大多数公众认为需要加强汉语保护》，《中国青年报》2004年9月13日。

封寿炎：《“凡尔赛文学”遭冷落是对扭曲价值观的纠偏》，《光明日报》2020年11月17日第2版。

冯雪梅：《谁都可能是“标题党”幕后推手》，《中国青年报》2012年5月31日第1版。

付海：《使用网络语言应取舍有度》，《人民日报》2018年4月6日第8版。

傅振国：《300年后汉语会消亡吗?》，《文汇报》2010年2月28日第16版。

耿一宁：《在海外学习如何避开“书写危机”》，《人民日报》（海外版）2016年5月5日第11版。

龚瑜：《上海拟对推广普通话进行地方立法》，《中国青年报》2005年9月15日。

顾骏：《网络成语：干扰了汉语的纯洁性吗?》，《北京日报》2013年9月30日第19版。

光明网舆情中心：《近六成网友称“提笔忘字”　忽视书写引反思》，《光明日报》2019年4月9日第7版。

广龙：《朋友圈岂能“标题党”泛滥》，《人民日报》（海外版）2019年8月5日第8版。

桂杰：《“控”成“汉语盘点2011”年度字》，《中国青年报》2011年12月15日第11版。

桂杰：《“淘宝体”通缉令让谁感觉不够严肃》，《中国青年报》2012年6月7日第11版。

桂杰：《妙手偶得还是审慎之作国家语委新词发布引争议》，《中国青年报》2007年9月24日第9版。

桂杰：《网语词典六月问世　新新话语该捧该贬》，《中国青年报》2001年1月5日。

桂杰：《政务微博如何“转文风”》，《中国青年报》2013年2月17日第4版。

郭丽君、钟晓军：《20 余家博客服务商倡导网络文明》，《光明日报》2006 年 4 月 20 日第 4 版。

郭少峰：《教育部：通缉令不宜用“淘宝体”　称“淘宝体”消除了司法严肃性》，《新京报》2012 年 5 月 30 日第 16 版。

郭少峰：《教育部官员反对“网语”进作文》，《寿光日报》2005 年 8 月 25 日第 1 版。

海岩、周舒艺、黄学钧等：《网络时代，我们怎样书写汉字?》，《人民日报》2012 年 1 月 30 日第 12 版。

韩丹东、廉颖婷：《弹幕粗鄙言词曝网络文化低俗之风》，《法制日报》2016 年 4 月 7 日第 5 版。

韩浩月：《屏蔽“囧”和“槑”的思维才可怕》，《新京报》2010 年 3 月 10 日第 8 版。

韩小乔：《虚伪造梦，造不出理想未来》，《安徽日报》2020 年 11 月 24 日第 6 版。

郝日虹：《语情研究关乎国家竞争力建设》，《中国社会科学报》2015 年 6 月 12 日第 2 版。

何春中：《公安微博：群众监督无所不在》，《中国青年报》2011 年 8 月 18 日第 8 版。

何威：《网络流行体的狂欢》，《青年参考》2013 年 2 月 20 日第 39 版。

何勇海：《语言贫乏的“网络病”得治》，《经济日报》2019 年 3 月 24 日第 6 版。

何勇海：《治治语言贫乏的“网络病”》，《人民日报》（海外版）2019 年 4 月 8 日第 7 版。

贺心群：《乱改成语，成何体统?》，《河南日报》2014 年 12 月 2 日第 10 版。

胡明、王聪聪：《手写时代渐行渐远　83% 的人提笔忘字》，《中国青年报》2010 年 4 月 16 日第 2 版。

胡湘泉:《网络营销活动当规范》,《人民日报》2017 年 1 月 11 日第 20 版。

胡一峰:《“凡尔赛文学”: 调侃还是炫耀》,《光明日报》2020 年 11 月 28 日第 7 版。

黄骏:《表情包为何成为年轻人的社交“副语言”》,《中国青年报》2021 年 12 月 15 日第 2 版。

黄启哲:《“当 00 后在说 YYDS 时, 他们在说什么?》,《文汇报》2021 年 8 月 15 日第 1 版。

黄帅:《网络语言为啥就不能进词典》,《中国青年报》2016 年 7 月 20 日第 2 版。

黄钟军:《微信公号影评, 别赚了快感扫了威信》,《光明日报》2018 年 10 月 9 日第 16 版。

蒋芳、贝赫:《粗鄙暴戾失底线, 脏话成了亚文化, “祖安文化” 正侵蚀校园》,《半月谈》2020 年第 13 期。

晋浩天、周世祥、王远方等:《高兴只会用“哈哈哈”: 我们的表达能力“断档”了吗》,《光明日报》2019 年 4 月 8 日第 7 版。

劳斯:《信息化造成了汉字危机吗》,《中国青年报》, 2013 年 9 月 16 日第 2 版。

李海蒙:《“祖安文化” 不应成庸俗遮羞布》,《广州日报》2020 年 7 月 14 日第 4 版。

李浩燃:《“网络劫持” 式的转载当休矣》,《人民日报》2015 年 4 月 27 日第 4 版。

李浩燃:《谁是“悬疑新闻” 的推手》,《人民日报》2014 年 9 月 15 日第 4 版。

李家鼎、杨玲、李瑞宁:《善意让回帖有力量》,《人民日报》2014 年 12 月 18 日第 18 版。

李建伟:《“火星文” 究竟在说什么》,《中国教育报》2007 年 9 月 4 日第 12 版。

李景端:《可用不可滥, 翻译要到位——也说字母词入典之争》,《人民日报》2012 年 10 月 5 日第 4 版。

李景瑞：《低俗语言非治不可》，《人民日报》2015 年 10 月 22 日第 24 版。

李凯：《媒体评价须警惕两大误区》，《人民日报》2017 年 7 月 30 日第 5 版。

李力、徐宁：《“祖安文化”外还有“阴阳话术”：不带脏字就无公害?》，《半月谈》2020 年第 20 期。

李良荣：《培育正能量充沛的网络主流文化》，《人民日报》2017 年 9 月 10 日第 5 版。

李林：《〈网络低俗语言调查报告〉发布》，《中国青年报》2015 年 6 月 4 日第 8 版。

李林：《新一年，改革也是“蛮拼的”》，《中国青年报》2015 年 2 月 10 日第 6 版。

李梦馨：《多少流行语，假文学之名以行》，《大众日报》2021 年 12 月 30 日第 12 版。

李思辉：《“文物表情包”展现了严肃与娱乐的冲突美》，《光明日报》2019 年 3 月 25 日第 2 版。

李昕：《加强义务教育阶段学生汉字书写能力》，《人民政协报》2010 年 3 月 12 日第 6 版。

李咏瑾：《提笔忘字背后的“失语”困境》，《南方日报》2019 年 4 月 30 日第 4 版。

李宇明：《发布年度新词语的思考》，《光明日报》2007 年 8 月 24 日第 10 版。

李韵、吕梦：《亲，你怎么看网络语言》，《光明日报》2013 年 2 月 23 日第 6 版。

李增辉：《网民在哪，政务新媒体就在哪》，《人民日报》2015 年 2 月 12 日第 20 版。

李峥嵘：《给“失写症”开方》，《北京晚报》2013 年 9 月 13 日第 40 版。

李政葳：《国家网信办集中查处一批违法违规色情、赌博和占卜网站》，《光明日报》2019 年 4 月 21 日第 3 版。

李政葳、张紫璇：《能发表情绝不打字——移动互联网时代社交文化新观察》，《光明日报》2017 年 4 月 17 日第 5 版。

郦波：《汉字百年经历的四次危机》，《北京日报》2014 年 9 月 22 日第 20 版。

梁昌杰：《“官话”为何用上“网络体”》，《人民日报》2011 年 9 月 6 日第 11 版。

梁昌杰：《提升社会管理“微素养”》，《人民日报》2012 年 3 月 7 日第 10 版。

廖玒：《传得久远要靠内容》，《人民日报》2015 年 8 月 20 日第 12 版。

刘芳、朱建钢：《深圳共青团全会“四会套开”》，《中国青年报》2013 年 3 月 22 日第 6 版。

刘敏：《“媒介素养”教育的价值》，《光明日报》2020 年 6 月 4 日第 14 版。

刘阳：《治理网络恶语不可头痛医头》，《人民日报》2015 年 10 月 22 日第 17 版。

刘仰：《表情包会弱化理解和表达能力吗》，《文摘报》2017 年 9 月 26 日第 3 版。

刘泽溪、张鹏禹：《〈网络信息内容生态治理规定〉今年 3 月 1 日起施行　拔除网络生态“杂草”》，《人民日报》（海外版）2020 年 1 月 15 日第 8 版。

鲁平：《网络不是语言粗鄙之风的温床》，《人民日报》2016 年 1 月 21 日第 17 版。

罗希、毕若旭、程思：《近六成受访大学生表示自己不能脱离表情包》，《中国青年报》2021 年 12 月 13 日第 8 版。

马熹哲、任佳、丁姗姗：《外交部“淘宝体”招聘被指卖萌　负责人称效果好》，《法制晚报》2011 年 8 月 2 日第 22 版。

茅亩：《网络热词入典应正确辨别》，《光明日报》2016 年 7 月 22 日第 2 版。

南帆：《微信表情包：网络空间的一种“软性”符号》，《光明日报》

2020 年 7 月 22 日第 16 版。

牛春梅：《汉字的网络化生存，不必焦虑》，《北京日报》2017 年 12 月 15 日第 15 版。

蒲晓磊：《韩爱丽委员建议修订国家通用语言文字法》，《法制日报》2019 年 3 月 13 日第 4 版。

齐亚尼：《警惕“阴阳话术”带来的负面影响》，《中国教育报》2020 年 11 月 6 日第 2 版。

饶高琦：《表情包毁不了语言》，《光明日报》2018 年 5 月 3 日第 11 版。

饶高琦：《语言生活离不开语体意识》，《光明日报》2021 年 8 月 15 日第 5 版。

任姗姗：《毕业致辞，拒绝“娱乐”过火》，《人民日报》2012 年 7 月 19 日第 24 版。

任姗姗：《从造字造词到造“体” 网络“文体”，风头正劲》，《人民日报》2011 年 11 月 17 日第 24 版。

任胜利：《多点语言样板 提升语言质量——访国家语言文字工作委员会副主任、教育部语信司司长李宇明》，《人民日报》2007 年 1 月 12 日第 16 版。

若尘：《淘宝体啥的，都是浮云》，《中国青年报》2011 年 7 月 20 日第 2 版。

佘宗明：《让“甄嬛体”演讲飞一会儿》，《华西都市报》2012 年 7 月 2 日第 4 版。

沈阳、陆俭明：《语言文字无小事》，《光明日报》2018 年 1 月 28 日第 12 版。

沈祖春：《认识与应对“汉字危机”》，《光明日报》，2014 年 05 月 10 日第 7 版。

盛玉雷：《善用我们的语言宝库》，《人民日报》2019 年 4 月 3 日第 5 版。

施经研：《粗暴浮夸的网络语言有百害而无一利》，《光明日报》2018 年 5 月 22 日第 2 版。

史竞男、王子铭:《四部门启动“剑网2019”专项行动:重点整治自媒体“洗稿”和图片市场》,《光明日报》2019年4月27日第7版。

史兆琨:《网络语言暴力何时休?》,《检察日报》2018年4月17日第4版。

宋晖:《根治语言低俗化“顽疾”修复网络生态清新网络空间》,《人民日报》2016年3月17日第7版。

宋建武:《人工智能是虚假新闻的“克星”》,《人民日报》2017年3月23日第14版。

宋卫平:《如何看待“网络语言”》,《光明日报》2006年12月7日第8版。

苏培成:《高考为何不能使用网络语言》,《光明日报》2012年6月9日第6版。

孙颖:《“标题党”博眼球　多家网站被点名》,《北京晚报》2017年1月23日第7版。

谭人玮:《文化部批评劲舞团“火星基地”封杀“火星文”》,《南方都市报》2008年7月16日第32版。

谭妍爽、曾利君:《“××文学”缘何频频引发网络狂欢》,《光明日报》2021年7月14日第13版。

汤嘉琛:《警惕“自媒体江湖”侵蚀语文》,《光明日报》2017年4月13日第2版。

唐春成、段菁菁:《你还会写多少汉字》,《人民日报》2013年8月9日第8版。

唐敏:《首届汉字书写和传承高峰论坛在京举行》,《人民日报》2013年9月24日第24版。

田静:《是维护汉语规范,还是压制语言创新　网络用语禁上广播电视惹争议》,《人民日报》(海外版)2014年12月8日第6版。

万秀斌、黄娴:《让青年工作“潮”起来》,《人民日报》2013年12月3日第19版。

汪冰:《你已进入表情包时代》,《中国青年报》2016年5月6日第

10 版。
汪磊:《网络语言“情”与“理”之思》,《光明日报》2017 年 1 月 15 日第 12 版。
王长江:《苏士澍的鼓与呼》,《光明日报》2014 年 5 月 30 日第 5 版。
王晨:《进一步贯彻实施好〈国家通用语言文字法〉》,《中国人大》2016 年第 19 期。
王丹:《我们该为满屏 yyds 而担忧吗?》,《光明日报》2021 年 8 月 24 日第 2 版。
王殿卿:《汉字教育攸关文化传承发展》,《人民日报》2017 年 5 月 4 日第 7 版。
王广燕:《拐着弯炫富,“凡尔赛文学”活该被“拆”》,《北京日报》2020 年 11 月 11 日第 11 版。
王国强:《用制度破除八股》,《中国青年报》2009 年 10 月 26 日第 3 版。
王莉:《汉字手写能力未可乐观》,《光明日报》2010 年 11 月 22 日第 1 版。
王品芝:《官员当“网红” 55.9% 受访者表示有利于当地发展就行》,《中国青年报》2016 年 9 月 27 日第 7 版。
王品芝、李丹妮:《遇到好笑的事儿,我却只会说“哈哈哈”》,《中国青年报》2019 年 3 月 21 日第 8 版。
王漱蔚:《网络语言暴力现象的防范与治理》,《光明日报》2013 年 8 月 26 日第 7 版。
王伟健:《南京警方推出“凡客体”防范传单》,《人民日报》2011 年 5 月 6 日第 11 版。
王晓凡、韩俊杰:《“火星文”:个性娱乐,还是洪水猛兽》,《中国青年报》2007 年 8 月 20 日第 9 版。
王兴全:《净化网络空间应标本兼治》,《文汇报》2016 年 6 月 30 日第 1 版。
王彦、汪荔诚:《标题要有话好好说》,《文摘报》2017 年 4 月 4 日第 6 版。

王亦君：《防止网络语言暴力有赖于民主法制的完善》，《中国青年报》2006年12月4日第3版。

王钟的：《不是所有的亚文化都值得尊重与包容》，《中国青年报》2020年7月15日第2版。

王钟的：《叱咤一时的“火星文”消失在网络时代的烟云中》，《中国青年报》2019年10月10日第2版。

维辰：《“废话文学”的无用之用》，《南方日报》2021年9月17日第A4版。

魏晓明、靳晓燕：《“凡客”“咆哮”：盛有时，用有度》，《光明日报》2011年5月6日第10版。

吴晋娜：《别让粗俗网语玷污中文之美》，《光明日报》2017年1月6日第5版。

吴晋娜：《话说“网语”是与非——访语言学家张巨龄》，《光明日报》2015年1月9日第4版。

吴娟：《网络语言不规范引起关注》，《文汇报》2000年6月26日第8版。

吴姗：《“网俗”有了负面清单》，《人民日报》2016年11月17日第14版。

吴晓东：《网络流行“舌尖体”》，《中国青年报》2014年5月18日第3版。

吴新元：《“改文风”先要认清鹄的》，《人民日报》2011年10月25日第24版。

吴月辉：《触屏时代，不当“屏奴”》，《人民日报》2013年9月22日第8版。

小鱼：《南京理工大学录取通知使用“淘宝体”惹争议》，《中国青年报》2011年8月8日第11版。

肖成年：《网络上的“新奇语言”》，《光明日报》1999年5月26日第10版。

肖舒楠、刘子曦：《76.6%受访者感觉网上人身攻击现象普遍》，《中国青年报》2011年8月4日第7版。

肖莹佩：《网民炮轰："囧""BT"》，《天府早报》2010 年 3 月 10 日第 11 版。
谢军：《表情包也要有"法治脸"》，《人民日报》2018 年 3 月 2 日第 5 版。
谢伟锋：《政务微博：幽默应有度》，《光明日报》2016 年 12 月 20 日第 2 版。
邢帆：《只会"666""哈哈哈"电脑正在排挤人脑》，《长江日报》2019 年 4 月 10 日第 4 版。
熊建：《写字困境能否突围》，《人民日报》2013 年 3 月 15 日第 9 版。
徐慧玲：《提笔忘字，你多久没写字了?》，《海南日报》2019 年 4 月 23 日第 11 版。
徐建中：《剥去网络语言"阴阳话术"的华丽外衣》，《荆门日报》2020 年 11 月 7 日第 2 版。
徐敬宏：《网络低俗用语和语言暴力必须治理》，《人民日报》2016 年 8 月 16 日第 20 版。
徐啸寒、吴雪丽、蓝静：《专家痛斥火星文糟蹋汉字　90 后网友反击》，《广州日报》2009 年 5 月 21 日 17 版。
徐毅成：《治理网络语言暴力刻不容缓》，《人民日报》2012 年 3 月 23 日第 17 版。
许朝军：《改变"提笔忘字"不仅仅是恢复写字课》，《中华读书报》2014 年 2 月 12 日第 8 版。
许婕、周易：《98.8%受访者曾提笔忘字》，《中国青年报》2013 年 8 月 27 日第 7 版。
许苗苗、徐鹏飞：《"标题党"的语言暴力》，《人民日报》2015 年 1 月 23 日第 24 版。
许晴：《今天如何好好"说话"》，《人民日报》2019 年 5 月 17 日第 11 版。
言恭达、谭景春、赵世举：《提笔忘字，忘掉的不仅仅是"字"》，《光明日报》2019 年 4 月 9 日第 7 版。
阎岩：《思想扭曲的网文该休矣》，《光明日报》2020 年 2 月 4 日第

2 版。
杨程:《公安微博真的很给力》,《中国青年报》2011 年 9 月 29 日第 12 版。
杨谧、王斯敏:《国家一级演员孙丽英委员:用净语良言替代网络粗俗用语》,《光明日报》2016 年 3 月 13 日第 6 版。
杨雪梅:《中国网络语言文明论坛举办》,《人民日报》2016 年 8 月 1 日第 8 版。
杨玉龙:《网络时代别患上“语言贫乏症”》,《北京青年报》2019 年 3 月 22 日第 A2 版。
姚喜双:《辩证看待“火星文”》,《人民日报》2008 年 10 月 14 日第 11 版。
叶子:《用“表情包”亮出你的态度》,《人民日报》(海外版)2020 年 10 月 9 日第 8 版。
尹长森:《拯救“失写症”》,《人民日报》2018 年 1 月 4 日第 19 版。
游思行:《汉语综合应用能力测试开考》,《人民日报》2011 年 12 月 25 日第 4 版。
于德清:《咆哮体是一种叙事病毒》,《新京报》2011 年 3 月 23 日第 2 版。
于江郴:《浇灭网络谣言的“火”》,《人民日报》2013 年 8 月 29 日第 14 版。
于洋、张音、吴姗、李瑞宁、张欣:《别让“语言任性”弄脏网络》,《人民日报》2016 年 5 月 5 日第 14 版。
余冰玥:《“废话文学”“发疯文学”……为什么大家喜欢不好好讲话》,《中国青年报》2021 年 9 月 28 日第 9 版。
余明辉:《过半网友:强烈支持抵制网络低俗语言》,《法制晚报》2015 年 6 月 4 日第 2 版。
余明辉:《青年“语言表达日益匮乏”不能都让网络背锅》,《光明日报》2019 年 3 月 25 日第 2 版。
俞明骁:《人大代表政协委员热议中文教育——不要损害汉语的美丽》,《新民晚报》2005 年 3 月 9 日。

袁伟：《网络语言治理，立法要先行》，《光明日报》2017 年 6 月 4 日第 12 版。

佚名：《网络语言令人忧　流行用语须规范》，《人民日报》2001 年 2 月 27 日第 2 版。

张炳剑：《离不开“表情包”是否意味着我们表达的贫瘠》，《钱江晚报》2019 年 12 月 27 日第 16 版。

张淳艺：《只会说“哈哈哈”是一种现代病》，《烟台晚报》2019 年 3 月 23 日第 3 版。

张璁：《对“自媒体”违规采编发布财经类信息开展专项整治》，《人民日报》2021 年 8 月 28 日第 4 版。

张璁：《中央网信办开展春节网络环境整治专项行动：集中整治网络暴力、散播谣言等问题》，《人民日报》2022 年 1 月 26 日第 12 版。

张凡：《自媒体也要讲求章法与底线》，《光明日报》2018 年 5 月 17 日第 2 版。

张丰：《警惕“出口成脏”的“祖安文化”污染校园》，《新京报》2020 年 7 月 16 日第 A03 版。

张盖伦：《网络热词泛滥的背后，或许是思想的贫乏》，《科技日报》2019 年 3 月 29 日第 7 版。

张贺：《中宣部等召开专题座谈会：抵制网络低俗语言倡导文明用语》，《人民日报》2015 年 8 月 15 日第 4 版。

张健：《对“新成语”莫持成见》，《辽宁日报》2013 年 12 月 16 日第 8 版。

张健：《敬惜字纸，语言不可游戏》，《人民日报》2012 年 7 月 20 日第 12 版。

张黎：《网络语言，到底该规范什么》，《光明日报》2019 年 7 月 13 日第 12 版。

张力为：《面对网络生造字，你怎么看?》，《人民日报》（海外版）2015 年 3 月 23 日第 5 版。

张宁：《解读表情包》，《光明日报》2017 年 4 月 17 日第 5 版。

张烁：《〈通用规范汉字表〉收字 8105 个　汉字有了哪些新规矩》，

《人民日报》2013 年 8 月 28 日第 12 版。
张烁:《莫让新闻变“尖叫”》,《人民日报》2013 年 8 月 22 日第 17 版。
张涛:《书法纳入中小学考试确有必要》,《中华读书报》2019 年 3 月 13 日第 8 版。
张薇:《网络语言盛行:“新意迭出”还是“汉语危机”?》,《光明日报》2014 年 12 月 30 日第 9 版。
张薇、郭佳、李政葳:《规范网络用语是媒体义不容辞的责任——“抵制网络低俗语言、倡导文明用语”专题座谈会发言摘登》,《光明日报》2015 年 8 月 15 日第 6 版。
张文凌、董宇欢:《一个区民政局长的微博问政》,《中国青年报》2013 年 4 月 7 日第 1 版。
张焱:《表情包沟通,尽在不言中》,《光明日报》2021 年 12 月 17 日第 11 版。
张洋:《国家网信办:规范传播深入整治网络“标题党”》,《人民日报》2017 年 1 月 14 日第 4 版。
张洋:《净化网络语言座谈会召开》,《人民日报》2015 年 6 月 3 日第 12 版。
张洋:《条例何以屡被误读》,《人民日报》2014 年 7 月 9 日第 7 版。
张洋:《责任丢了人气涨了人心慌了——“环保董良杰”、网络大 V“薛蛮子”悔过道歉》,《人民日报》,2013 年 9 月 27 日第 4 版。
张洋、余荣华:《网络任性转载:是病,得治》,《人民日报》2015 年 10 月 16 日第 4 版。
张颐武等:《“抵制网络低俗语言、倡导文明用语”座谈会发言摘要》,《中国青年报》2015 年 8 月 15 日第 2 版。
张颖炜:《不能听任网络詈词“绞杀”汉语之美》,《光明日报》2015 年 9 月 15 日第 2 版。
张中江:《“玛雅体”带火侃“余生”》,《北京晨报》,2012 年 12 月 4 日第 1 版。
赵婀娜:《中国语言生活状况报告发布 2011 年“降生”594 条新词

淘宝体被广泛应用》，《人民日报》2012 年 5 月 30 日第 14 版。
赵世举：《重视网络空间语言的规划与治理》，《光明日报》2018 年 1 月 11 日第 11 版。
赵雪、曹彦男：《微博通缉令中的互文现象》，《光明日报》2013 年 2 月 23 日第 6 版。
赵亚辉、赵永新、朱慧卿：《网络表达如何远离“暴力”》，《人民日报》2008 年 9 月 25 日第 11 版。
赵永新、赵亚辉：《采取综合措施防治“网络暴力”》，《人民日报》2008 年 9 月 19 日第 2 版。
赵振江：《网络低俗语言是一种语言“雾霾”》，《东方早报》2015 年 6 月 3 日第 26 版。
郑晋鸣：《规范使用网络语言》，《光明日报》2016 年 6 月 20 日第 1 版。
钟新：《央视汉字听写大会成微博最热》，《海南日报》2013 年 8 月 9 日第 15 版。
周洪波：《网络语言的位置》，《光明日报》2001 年 8 月 22 日第 B1 版。
周洪波：《新词语冲击波的是是非非》，《光明日报》2000 年 6 月 15 日第 6 版。
周龙：《每个人心里都有个“元芳”》，《光明日报》2012 年 10 月 18 日第 2 版。
周天一：《从敬重文字开始》，《人民日报》2012 年 3 月 27 日第 24 版。
朱传欣：《表情包让交流更贴近》，《人民日报》2020 年 7 月 28 日第 20 版。
朱磊：《政务微博这样“接地气”》，《人民日报》2013 年 1 月 24 日第 14 版。
朱宁宁：《拿什么净化网络低俗语言》，《法制日报》2020 年 6 月 2 日第 5 版。
朱四倍：《抑制“网语倒灌”更需社会价值引导》，《光明日报》2016

年5月16日第2版。
朱小龙:《生编硬造的网络用语有损汉语审美》,《光明日报》2014年12月2日第2版。
庄庆鸿:《公民社会学会质疑》,《中国青年报》2012年8月6日第3版。
邹建华:《政务微博的最大价值是与小道消息赛跑》,《中国青年报》2012年11月4日第3版。

政府文件和官方皮书

国家版权局印发:《关于规范网络转载版权秩序的通知》,国家版权局网,https://www.ncac.gov.cn/chinacopyright/contents/12228/346313.shtml,2015年4月22日。
国务院办公厅印发:《国务院办公厅关于全面加强新时代语言文字工作的意见》,中国政府网,http://www.gov.cn/zhengce/zhengceku/2021-11/30/content_5654985.htm,2021年11月30日。
教育部等六部门印发:《教育部等六部门关于联合开展未成年人网络环境专项治理行动的通知》,教育部网,http://www.moe.gov.cn/srcsite/A06/s7053/202008/t20200826_480306.html,2020年8月19日。
教育部、国家语委印发:《教育部 国家语委关于印发〈国家语言文字事业“十三五”发展规划〉的通知》,教育部网,http://www.moe.gov.cn/srcsite/A18/s7066/201701/t20170113_294774.html,2016年8月23日。
教育部、国家语委印发:《教育部国家语委关于印发〈国家中长期语言文字事业改革和发展规划纲要(2012—2020年)〉的通知》,教育部网,http://www.moe.gov.cn/srcsite/A18/s3127/s7072/201212/t20121210_146511.html,2012年12月10日。
教育部语用司印发:《教育部语用司关于举办“首届全国大中小学生规范汉字书写大赛”的通知》,教育部网,http://www.moe.gov.cn/s78/A18/tongzhi/201006/t20100621_174274.html,2009年3月

20 日。

中共中央办公厅、国务院办公厅印发：《关于加强网络文明建设的意见》，中央人民政府网，http：//www. gov. cn/zhengce/2021-09/14/content_5637195. htm，2021 年 9 月 14 日。

中国互联网络信息中心：《第 49 次〈中国互联网络发展状况统计报告〉》，中国互联网络信息中心网，https：//www. cnnic. net. cn/NMediaFile/old_ attach/P020220721404263787858. pdf，2022 年 2 月 25 日。

教育部语用司印发：《对十三届全国人大三次会议第 3950 号建议的答复》，教育部网，http：//www. moe. gov. cn/jyb_ xxgk/xxgk_ jyta/jyta_ yys/202011/t20201113_499824. html，2020 年 10 月 19 日。

国家新闻出版广电总局印发：《关于广播电视节目和广告中规范使用国家通用语言文字的通知》，国家广播电视总局网，http：//www. nrta. gov. cn/art/2014/11/27/art_31_747. html，2014 年 11 月 27 日。

“中国语言生活状况报告”课题组编：《中国语言生活状况报告 2005（上编）》，商务印书馆 2006 年版。

“中国语言生活状况报告”课题组编：《中国语言生活状况报告 2007（上编）》，商务印书馆 2008 年版。

“中国语言生活状况报告”课题组编：《中国语言生活状况报告 2008（上编）》，商务印书馆 2009 年版。

“中国语言生活状况报告”课题组编：《中国语言生活状况报告 2009（上编）》，商务印书馆 2010 年版。

教育部语言文字信息管理司组编：《中国语言生活状况报告 2011》，商务印书馆 2011 年版。

教育部语言文字信息管理司组编：《中国语言生活状况报告 2012》，商务印书馆 2012 年版。

教育部语言文字信息管理司组编：《中国语言生活状况报告 2013》，商务印书馆 2013 年版。

教育部语言文字信息管理司组编：《中国语言生活状况报告 2014》，商务印书馆 2014 年版。

教育部语言文字信息管理司组编:《中国语言生活状况报告 2015》,商务印书馆 2015 年版。

教育部语言文字信息管理司组编:《中国语言生活状况报告 2016》,商务印书馆 2016 年版。

国家语言文字工作委员会组编:《中国语言生活状况报告 2017》,商务印书馆 2017 年版。

国家语言文字工作委员会组编:《中国语言生活状况报告 2018》,商务印书馆 2018 年版。

国家语言文字工作委员会组编:《中国语言生活状况报告 2019》,商务印书馆 2019 年版。

国家语言文字工作委员会组编:《中国语言生活状况报告 2020》,商务印书馆 2020 年版。

国家语言文字工作委员会组编:《中国语言生活状况报告 2021》,商务印书馆 2021 年版。

国家语言文字工作委员会组编:《中国语言文字事业发展报告 2020》,商务印书馆 2020 年版。

国家语言文字工作委员会组编:《中国语言政策研究报告 2021》,商务印书馆 2021 年版。

网络文章/新媒体文章

艾梧:《文风是小事吗?》,人民网,http://opinion.people.com.cn/n1/2018/0704/c1003-30125559.html,2018 年 7 月 4 日。

白瀛、史竞男:《新闻出版广电总局要求规范新媒体采编抵制假新闻严防“标题党”》,新华社,http://www.gov.cn/xinwen/2017-08/30/content_5221360.htm,2017 年 8 月 30 日。

曹林:《不用“yyds”“绝绝子”就不会说话了?》,微信公众号“新华每日电讯”,https://mp.weixin.qq.com/s/E64rKBNYDlUgRx13UFNtqw,2021 年 9 月 1 日。

陈茜:《上千个账号被处置!40 位代表联名建议》,微信公众号“中国青年报”,http://news.cyol.com/gb/articles/2022-03/08/content_

xgnPxsVxO. html，2022 年 1 月 26 日。

陈青冰：《“每过去 60 秒钟就失去了一分钟”，野生文学玩梗为何盛行?》，微信公众号“半月谈”，https：//m. gmw. cn/2022-01/13/content_1302761503. htm，2022 年 1 月 13 日。

陈善炜、马文龙：《祖安人，你是否无话可说》，微信公众号“清华大学清新时报”，https：//mp. weixin. qq. com/s/8Bd9O0rhk2MUmCTXfriAug，2020 年 5 月 8 日。

陈爽、栀晞：《火遍全网的“阴阳怪气文学”是什么梗?》，文化产业评论，https：//www. 163. com/dy/article/GKKA56590519CS5P. html，2021 年 9 月 23 日。

戴一：《YYDS 背叛了汉语吗》，微信公众号“澎湃新闻”，https：//mp. weixin. qq. com/s/MYKvfXzM697Bs1bagwjeJA，2021 年 08 月 25 日。

单羽：《凡尔赛文学背后体现的当代社会价值观》，光明网，https：//wenyi. gmw. cn/2021-01/28/content_34579520. htm，2021 年 1 月 28 日。

樊宏伟：《新华社聚焦疫情下的“震惊体”网文：骇人标题引发老年人恐慌》，新华社客户端，https：//t. ynet. cn/baijia/31690678. html，2021 年 12 月 6 日。

傅振国：《英语蚂蚁在汉语长堤打洞》，人民网，http：//www. people. com. cn/GB/32306/33232/10449570. html，2009 年 11 月 25 日。

耿建扩、陈元秋：《“墨韵智能·书法进校园助力项目”正式启动》，光明网，http：//difang. gmw. cn/2018-09/29/content_31469580. htm，2018 年 9 月 29 日。

辜波：《全国政协委员言恭达：失写症正蔓延应设“汉字节”》，人民政协网，http：//www. rmzxb. com. cn/c/2017-03-08/1395502. shtml?n2m = 1，2017 年 3 月 8 日。

贺超：《美媒称拼音输入取代书写汉字面临空前危机》，中国新闻网，https：//world. huanqiu. com/article/9CaKrnJnWIm，2010 年 7 月 19 日。

黄河：《从表情包看网络狂欢的文化基因》，光明网，https：//wycz.

gmw. cn/2017-04/18/content_26530174. htm，2017 年 4 月 18 日。

蒋芳、贝赫：《“祖安文化”出圈入侵校园，该制止了!》，半月谈网，http：//www. banyuetan. org/jrt/detail/20200711/1000200033134991594449608600672700_1. html，2020 年 7 月 11 日。

教育部语信司：《“汉语盘点 2013”揭晓》，教育部网，http：//www. moe. gov. cn/s78/A19/A19_ztzl/ztzl_yywzfw/shenghuoxz/201312/t20131223_161120. html，2013 年 12 月 12 日。

教育部语用司：《关注语言社会应用热点问题——教育部语用司在京召开语言社会应用热点问题座谈会》，教育部网，http：//www. moe. gov. cn/s78/A18/s8357/moe_806/s3142/201001/t20100127_78904. html，2002 年 8 月 27 日。

李爱平：《内蒙古：持续打击假媒体、假记者》，中国新闻网，https://www. chinanews. com. cn/gn/2017/01-22/8132314. shtml，2017 年 1 月 22 日。

李亮：《30 余家网站代表承诺共同打击网络语言暴力》，环球网，https://www. chinanews. com. cn/gn/2012/02-21/3686408_2. shtml，2012 年 2 月 21 日。

李晓喻：《报告称中国网络语言低俗化问题突出》，中国新闻网，https://www. chinanews. com. cn/sh/2015/06-02/7316618. shtml，2015 年 6 月 2 日。

林峰：《文章不会写了吗?》，人民网，http：//opinion. people. com. cn/n1/2018/0702/c1003-30098611. html，2018 年 7 月 2 日。

刘奕湛：《教育部：学生汉语能力下降　正制定学生写字标准》，中国政府网，http：//www. gov. cn/jrzg/2011-05/13/content_1863190. htm，2011 年 5 月 12 日。

卢奕贝：《“凡尔赛文学”冲上热搜是怎么回事?》，界面新闻网，https://www. jiemian. com/article/5242855. html，2020 年 11 月 9 日。

罗宇凡：《国家网信办部署开展跟帖评论专项整治》，新华社，http://www. gov. cn/xinwen/2016-06/22/content_5084369. htm，2016 年 6 月 22 日。

马君豪：《联合早报：汉字书写危机不是电脑手机的错》，中国新闻网，https：//www. chinanews. com. cn/hb/2014/09-02/6553263. shtml，2014 年 9 月 2 日。

尼尼微：《这届小学生，用 yyds 写作文》，微信公众号“看客insight”，https：//mp. weixin. qq. com/s/dJ9XU9yHaMrt_CFX4ecdcw，2021 年 7 月 19 日。

人民网：《2011 年末，新浪微博盘点“年度微博体”》，人民网微博，https：//tech. sina. com. cn/i/2011-12-14/08526495833. shtml，2011 年 12 月 14 日。

任冠青：《“糖水爷爷”遭网暴，好事是如何变坏的?》，中国青年网，http：//news. youth. cn/jsxw/202208/t20220813_13917912. htm，2022 年 8 月 13 日。

盛玉雷：《“祖安人”出没，能为“亚文化”带盐吗》，微信公众号“人民日报评论”，https：//mp. weixin. qq. com/s/UZ7mRQHjxMdsya9bKt7Kg，2020 年 7 月 17 日。

史竞男：《国家新闻出版广电总局整治低俗网络节目“papi 酱”系列视频被勒令整改》，新华社网，http：//www. gov. cn/xinwen/2016-04/18/content_5065482. htm，2016 年 4 月 18 日。

淑霞：《清华将在 2018 级学生中启动“写作与沟通”必修课　2020 年覆盖所有本科生》，清华新闻网，http：//news. tsinghua. edu. cn/publish/thunews/9649/2018/20180518220911686342882/20180518220911686342882_. html，2018 年 5 月 18 日。

孙山、杜园春：《78.7% 受访者有过被标题党“欺骗”的经历》，中青在线，http：//theory. cyol. com/content/2017-05/23/content_16106118. htm，2017 年 5 月 23 日。

王亦君：《流量经济助推“粉丝骂战”　明星诉网友侵害名誉权案件七成被告为青少年》，中国青年报客户端，https：//shareapp. cyol. com/cmsfile/News/201912/19/web305716. html，2019 年 12 月 19 日。

王莹：《文字传承有自身规律　无需谈“新”色变》，新华网，http：//www. xinhuanet. com/politics/2015-03/24/c_127611661. htm，2015 年

3 月 24 日。

吴敏平、谢平江、程景伟:《人大代表建议屏蔽“囧”等字 网友意见一边倒》,中国新闻网,http://www.chinanews.com.cn/cul/news/2010/03-10/2162602.shtml,2010 年 03 月 10 日。

谢樱:《网络生造词“十动然拒”蹿红:用一种诗意品味人生的失意》,新华网,http://www.xinhuanet.com//politics/2012-11/16/c_113701511.htm,2012 年 11 月 16 日。

徐建中:《“阴阳话术”,要害在于“阴”》,台海网,http://www.taihainet.com/comment/plzw/2020-11-06/2444297.html,2020 年 11 月 6 日。

徐可:《“标题党”“图片党”该收手了》,中国青年网,http://pinglun.youth.cn/shsz/201510/t20151009_7189609.htm,2015 年 10 月 9 日。

徐颖:《“YYDS”“绝绝子”会进入“十大流行语”榜单吗?》,微信公众号“咬文嚼字”,https://mp.weixin.qq.com/s/c7jzk0bjXbJQObIoItKGTA,2021 年 8 月 30 日。

杨乐:《凡尔赛文学:精致的炫耀》,微信公众号“语言文字周报”,https://mp.weixin.qq.com/s/9Es9UtJUBZ5tJb0SyyTDPA,2020 年 12 月 14 日。

一酱:《祖安文化成了亚文化?官媒能管住祖安男孩和女孩吗?》,微信公众号“考新闻”,https://mp.weixin.qq.com/s/3h-fSy5hUkWklieVtsQ1Sw,2020 年 7 月 18 日。

佚名:《苹果新专利曝光:支持多语言混输,emoji 表情也能识别》,雷科技网,http://www.leikeji.com/article/18998,2018 年 6 月 25 日。

佚名:《腾讯首次公开标题党识别专利:基于人工智能》,快科技网,https://j.eastday.com/p/161468895577012502,2021 年 3 月 2 日。

佚名:《学者析网络谣言十大特性 吁以六大态度应对》,中国新闻网,http://www.chinanews.com.cn/sh/news/2009/12-07/2003421.shtml,2009 年 12 月 7 日。

佚名：《颜文字动画电影北京大学路演　引领二次元主题》，新浪网，http：//comic. sina. com. cn/dongman/2016-09-12/doc-ifxvukhx4919630. shtml，2016 年 9 月 12 日。

易之：《“凡尔赛文学”不过是用高级掩盖贫瘠》，中国青年报客户端，http：//m. cyol. com/app/2020-11/10/content _ 18846995. htm，2020 年 11 月 10 日。

又观：《中国人不自信了吗?》，人民网，http：//opinion. people. com. cn/n1/2018/0703/c1003-30106201. html，2018 年 7 月 3 日。

与归：《“祖安文化”感染校园，不能坐视不管》，光明网，http：//guancha. gmw. cn/2020-07/13/content _ 33989564. htm，2020 年 7 月 13 日。

张晨阳：《阴阳怪气，为什么成了当下最流行的社交用语传染病?》，澎湃新闻，https：//m. thepaper. cn/baijiahao _ 14495923，2021 年 9 月 15 日。

张黎明：《凡尔赛文学与“诈作富贵体”》，光明网，https：//wenyi. gmw. cn/2020-12/02/content_34422181. htm，文艺评论频道 2020 年 12 月 2 日。

张伟泽、邓煜洲：《北京市网信办通报多起网络媒体“标题党”违规案例》，央视网，http：//m. news. cctv. com/2016/12/05/ARTIni-JaZsjmOXWYVfMWWjmD161205. shtml，2016 年 12 月 5 日。

张旭：《交通运输部辟谣“全国高速 7 月 20 日免通行费”：典型的标题党》，中新网客户端，https：//www. chinanews. com. cn/sh/2020/07-23/9245945. shtml，2020 年 7 月 23 日。

张宇：《对话李浩燃：人民日报为何炮轰“悬疑新闻”?》，人民网，http：//politics. people. com. cn/n/2014/0919/c1001-25696735. html，2014 年 9 月 19 日。

张中江：《“梦”被选为中国年度汉字　“十八大”入选十大流行语》，中国新闻网，https：//www. chinanews. com. cn/cul/2012/12-20/4424245. shtml，2012 年 12 月 20 日。

赵晔娇：《“提笔忘字”折射汉字文化困境　人大代表呼吁“笔画先

行”》，中国新闻网，http：//www. chinanews. com/cul/2017/03-11/8171508. shtml，2017 年 3 月 11 日。

朱小峰：《“祖安文化”流行，教育该如何反思》，红网，https：//hlj. rednet. cn/content/2020/07/19/7682082. html，2020 年 7 月 19 日。

后　记

网络进入现实生活，即使从 1994 年算起，也不过三十来个年头。可它对我们的影响却非常彻底，用“翻天覆地”形容毫不为过。我的博士学位论文就选了网络语言（准确地说是“网络语料”）作为对象，关注的是名词性短语动词性短语的语法结构变异以及相关语言学理论问题。做完后我发现，网络真是个大宝藏！因为它为我们展示各种想法和实施各种行为提供了无数可能。取之不尽用之不竭，此之谓也！自此那时起，我也就与网络语言产生了解不开的缘分。

研究网络中的语言使用，除了关注形义结构问题，它所映射的社会意义同样非常有趣，而且现实价值更为突出。我在念博士期间没有系统进行过社会语言学的研究，不敢轻易提出一些“假想”。后来，我才慢慢有了通过语言问题观察社会，然后再回到语言的看法。尤其是这最后一步，让我触动很大，因为这是我自己的专业领域，只有回到此领域才能体现专业性。但这谈何容易！于是，所有对网络语言生活的讨论我都非常谨慎，必须以严肃的调查为先导。也就是先走出“通过语言问题观察社会”这第一步。这就是这本小书写作的动机。

我 2017 年进入中国语情与社会发展研究中心，是头一回接触到语情监测这个领域。与各位老师熟络的过程中见识到了语法学之外更多的语言研究方向。后来参与的工作多了，慢慢体会到语言学与社会可以深度绑定的一个点：社会群体的“语言意识”——大众有意去学习语言、使用语言和讨论语言话题的意愿。这刚好与我念博士时发表的讨论语言认同的文章联系了起来，因而兴趣也就更大。2019 年 8 月，因为参加国家语委举办的第五期中青班后可以申报相应的课题，我当时为想不到合适的主题发愁。赵世举老师 2018 年在《光明日报》上的《重视网络空间语言的规划与治理》以及此前的《国家软实力建设亟待研究和应对的重要语言问题》给了我不少想法，于是就申报了“基于语情监测的网络空间语言失范现象及对策研究”这样一个课题。在做课题的过程中，我慢慢将语言意识、语情监测、语言规范、语言政策等关键词进一步串了起来，就形成了这本书的雏形。

我的写作还有另一个很直接的动机，就是想充分利用中心监测的语情数据。中心从 2009 年就一直在做监测工作，已经积累了海量优质数据，是各类标榜“大数据”的资源库所不能比的。加之互联网上的资源往往存储时间不长，想要得到范围更广、时间更久远的材料真还不是一件容易的事。虽然中心组编了《中国语情档案丛书》以客观记录当时的语言生活情况，但还可以做更深的“研究”，比如历时维度的整理与分析。于是中心的监测成果就成了我写作中非常重要的依据。这也是书稿能够顺利完成的一个重要原因。

本书写作过程中赵老师一直给予我各种鼓励和督促，让我记忆尤深。我记得是 2019 年下半年，他跟我们年轻老师交流时鼓励我们可以选定某个特定主题来进行语言生活研究，撰成书稿，中心可组织评审并以丛书形式资助出版。我当时报就了网络语言规范这个主题。后来他多次督促，而且成稿后给了我许多中肯的意见。赵老师的视野、高效和严谨让我受益匪浅，使我对学术更加敬畏。这本书起因是赵老师的文章，中间不断催促，一直到出版，都得到了他的悉心指导，令我感动不已。

感谢语情研究中心的出版资助，让我的写作没有后顾之忧。感谢书稿评审专家对本书送审稿的意见和建议。

感谢本书责任编辑许琳老师的精细编校，她的付出大大提升了本书的质量。

最后，谢谢互联网这个为我提供无限语言数据的源泉！

覃业位

2022 年 4 月 28 日